Mit offenen Armen
Die Geschichte des Frankfurter Bürgerhospitals

Mit offenen Armen

Die Geschichte des Frankfurter Bürgerhospitals

Thomas Bauer

Herausgegeben vom Bürgerhospital Frankfurt am Main e. V.

Impressum

© 2004 Bürgerhospital Frankfurt am Main e.V.
Dr. Senckenbergische Stiftung, Frankfurt a. M.
Projektleitung: red kommunikationsmanagement, Frankfurt a. M.
Grafische Gestaltung: Zapp/Klier Diplom-Designer-Team, Frankfurt a. M.
Druck & Papier: ColorDruck Leimen, Leimen

Printed in Germany
ISBN 3-00-015247-4

Das Bürgerhospital ist ein modernes Krankenhaus mit wechselvoller Geschichte.
Der Arzt Johann Christian Senckenberg hatte im Dezember 1765 seine Stiftung zur
Hebung der Frankfurter Gesundheitspflege um ein Hospital zur freien Versorgung
erkrankter Bürger und Beisassen erweitert. Nur in dem vor 225 Jahren am 21. März 1779
nicht weit vom Eschenheimer Tor in der heutigen Stiftstraße eröffneten Bürgerhospital
konnten sich Frankfurter Bürger in stationäre Behandlung begeben. Im Regelfall
wurden Kranke bis ins frühe 19. Jahrhundert in den eigenen vier Wänden von
Familienangehörigen gepflegt. Wer es sich leisten konnte, schickte nach
einem approbierten Arzt.

Die frühneuzeitlichen Mediziner waren in schweren Fällen nur zu oft machtlos. Für den
vermutlich an einer Angina pectoris leidenden ersten Patienten des Bürgerhospitals
konnte der Hospitalarzt im Frühjahr 1779 nicht viel mehr tun, als ein sauberes Bett und
gesunde Ernährung bereitzustellen. Aufgrund steigender Einwohnerzahlen wurde im Laufe
des 19. Jahrhunderts die Bettenkapazität des Bürgerhospitals von ursprünglich zwölf auf
rund 140 erhöht. Gleichzeitig expandierte die einst nur das Hospital zum Heiligen Geist
und das Bürgerhospital umfassende Frankfurter Krankenhauslandschaft bis um 1900 auf
rund 25 Einrichtungen zur stationären Krankenpflege. Mit der Entwicklung der Anästhesie,
der Antisepsis und vor allem der Asepsis begann der medizinische Fortschritt Einzug in
die Krankenhäuser zu halten. Aus den gefürchteten „Armenspitälern" wurden allgemein
anerkannte medizinische Einrichtungen.

Die 1907 erfolgte Verlegung des Bürgerhospitals an die Nibelungenallee bildet eine
tiefe Zäsur in der Geschichte des Krankenhauses. Auf Betreiben von Oberbürgermeister
Franz Adickes hatte die Administration der Dr. Senckenbergischen Stiftung im Vorfeld der
Universitätsgründung das Stiftungsgelände am Eschenheimer Tor an die Stadt verkauft
und über den Erlös die Neubauten der wissenschaftlichen Institute und des Bürgerhospitals in den Randbezirken der Stadt finanziert. Die Dr. Senckenbergische Stiftung
zählte im September 1912 zu den elf Gründern der Frankfurter Universität.

Heute ist das Bürgerhospital mit 302 Betten ein Akutkrankenhaus der Regelversorgung,
das sich als Akademisches Lehrkrankenhaus der Johann Wolfgang Goethe-Universität ganz
im Sinne des Stifters Senckenberg in der Ausbildung des medizinischen Nachwuchses
engagiert. Das Zusammenspiel von Traditionsbewusstsein, modernster Medizintechnik und
menschlicher Zuwendung geben dem die Kranken mit offenen Armen aufnehmenden
Bürgerhospital eine besondere Note.

Dr. med. Kosta Schopow

Vorstandsvorsitzender des Vereins Bürgerhospital Frankfurt am Main e. V.
und Vorsitzender der Administration der Dr. Senckenbergischen Stiftung

Inhalt

Vorwort

„War ich zufrieden von Herzen"
Das alte Bürgerhospital in der Stiftstraße
1779–1907

Der erste Patient – Johann Matthäus Auernhammer 10

Johann Christian Senckenberg und seine Stiftung 14

Das Bürger- und Beisassen-Hospital bis zur Revolution 1848/49 25

Ein Neubau mit Hindernissen
Das Bürgerhospital in der preußischen Stadt 38

Pflegesätze und Freibetten – auf dem Weg zum modernen Krankenhaus 50

Der Vertrag mit der Stadt 60

„Die Kranken fühlen sich sehr wohl"
Das neue Bürgerhospital an der Nibelungenallee
1907 – 2004

Der Neubau im Nordend 1907 66

Im Ersten Weltkrieg und die „goldenen" Zwanzigerjahre 71

Das Bürgerhospital unter dem Hakenkreuz 85

Das Antlitz des Bürgerhospitals
Nachkriegszeit und Ausbau in den Fünfzigern 94

Krankenhäuser in Not
Schwesternmangel und Kostenexplosion 1960 bis 1980 110

Ein modernes Akutkrankenhaus
der Regelversorgung – das Bürgerhospital bis zur Jahrtausendwende 121

Anhang

Zeittafel 152

Bildergalerie Bürgerhospital 2004 156

Krankenhausleitung 160

Anmerkungen 161

Literaturverzeichnis 172

„War ich zufrieden von Herzen"
Das alte Bürgerhospital in der Stiftstraße
1779 – 1907

Der erste Patient –
Johann Matthäus Auernhammer

Johann Matthäus Auernhammer war krank. Der 74 Jahre alte ehemalige Gastwirt „Zum schwarzen Bock" in Sachsenhausen klagte am 19. Februar 1779 von einem Augenblick auf den anderen über ein schmerzhaftes Druckgefühl in der Brust und über Kurzatmigkeit. Hilfe suchend wandte sich Auernhammer an

Aufnahmeschein für Johann Matthäus Auernhammer ausgestellt am 19. Februar 1779.

das nicht weit vom Eschenheimer Tor entfernt erbaute, kurz vor der Eröffnung stehende Bürgerhospital und wurde sofort dabehalten. Der Befund des Hospitalchirurgen Justus Gerhard Jonas lautete auf „Engbrüstigkeit", was aus heutiger Sicht auf eine Angina pectoris, eine Funktionsstörung der Herzkranzgefäße, hindeutet. Vom Krankenwärter Wallraff nach Ungeziefer abgesucht und mit frischer Wäsche eingekleidet, begab sich der vom Allgemeinen Almosenkasten unterstützte Auernhammer als erster Patient des Bürgerhospitals in eines der noch leer stehenden Krankenzimmer im ersten Stockwerk. Der Herzkranke bekam schon bald Gesellschaft, denn bis zur offiziellen Einweihung am 21. März 1779 beherbergte das Hospital bereits fünf Patienten.[1]

Nach bald achtjähriger Bau- und Vorbereitungszeit konnte das von Baumeister

Joseph Therbou geplante Bürgerhospital Ende März 1779 Hinter der Schlimmen Mauer (heute: Stiftstraße 30) feierlich eröffnet werden. Über dem Portal der spätbarocken Hauptfassade empfing eine von dem Frankfurter Bildhauer Johann Michael Datzerat gestaltete, die Arme öffnende Christusstatue die zahlreich eintreffenden Festgäste. Die Übersetzung einer zwischen der Figur und dem Haupteingang angebrachten lateinischen Inschrift lautet: „Bürgerliches Kranken-Hospital, welches dem Heiland Jesus Christus zu Ehren, aus Liebe zu den armen Bürgern durch Bemühung und auf Kosten des hiesigen Doctoris Medicinae und Physicus ordinarius Johann Christian Senckenberg, im Jahr 1770 auf- und eingerichtet, durch die Mildtätigkeit der Bürger erweitert worden."[2] Der evangelische Prediger und Hospitalseelsorger Johann Andreas Claus rückte an jenem denkwürdigen Sonntagnachmittag im März 1779 folgerichtig die christlichen Motive des auf der Hospitalbaustelle tödlich verunglückten Wohltäters Johann Christian Senckenberg in den Mittelpunkt seiner Einweihungsrede. Gott der Herr, so der Kerngedanke der ansonsten ziemlich weitschweifigen Ansprache, habe Senckenbergs Herz geleitet, als er das Bürgerhospital zur unentgeltlichen Aufnahme kranker armer Bürger und Beisassen stiftete. Pfarrer Claus bat den Herrgott, das Hospital vor Feuer und anderen Katastrophen sowie vor „Zank und Zwietracht" zu bewahren und sich der bedürftigen Patienten zu erbarmen. Abschließend segnete Claus „alle diejenige, die mit der Verwaltung derselben, und mit der Oberaufsicht darueber beladen sind."[3]

Die Leitung des Bürgerhospitals ruhte 1779 auf den Schultern von Friedrich Caspar Knapper. Der frühere Schulmeister zu Oberrad und nunmehrige Hospitalmeister unterstand direkt der Administration der Dr. Senckenbergischen Stiftung und war für den Einkauf von Lebensmitteln, das Instandhalten des Gebäudes und das Führen der Bücher verantwortlich.

Fassaden-Aufrisse des Bürgerhospitals ohne und mit Christusstatue, 1770/71.

Knapper hatte das Krankenwärter-Ehepaar Wallraff, die Köchin und die Hausmagd zur Arbeit anzuhalten und wieder zu Kräften gekommene Patienten zu leichten Tätigkeiten heranzuziehen. Bei seinen Rundgängen vergewisserte sich der Hospitalmeister bei Auernhammer und den anderen Patienten und Pfründnern, ob es ihnen an etwas fehlte. Pfründner kauften sich in das Spital ein, um dort einen gesicherten Lebensabend zu verbringen. Was die richtige Zubereitung der Krankenkost und die allgemeine Reinlichkeit betraf, wurde Knapper von seiner zur Hospitalmeisterin ernannten Ehefrau tatkräftig unterstützt. Die Hospitalmeisterin verwaltete zudem die Wäschekammer und kümmerte sich um die Reinigung der Schmutzwäsche durch die „Waschweiber". Die Stiftung gewährte den Knappers freie Wohnung im Erdgeschoss des Bürgerhospitals und zahlte dem Hospitalmeister einen Jahreslohn von 75 Gulden.[4]

Eine Etage über dem Hospitalmeister wohnte das Ehepaar Wallraff. Die Wohnung der Wärter lag aus gutem Grund zwischen den Krankenzimmern für Frauen und Männer, denn bei Verlust seines Dienstes hatte Wallraff „keine Gemeinschaft und kein Hin- und Herlaufen der Rekonvalescenten aus der Manns in die Weiberstube und umgewandt, noch auch kein unnötiges Stehen und Plaudern zwischen beiderlei Geschlecht auf den Gängen und Pläzzen im Spital oder im Garten zu gestatten."[5] Der hochbetagte Auernhammer ist wohl kaum noch auf ein amouröses Abenteuer ausgewesen. Im Hospitalalltag lauerten im zwischenmenschlichen Bereich jedoch genügend andere Reibungspunkte. So mussten die auf dem Wege der Besserung befindlichen Patienten ihre Morgentoilette unter freiem Himmel an einem Brunnen im Hof des Bürgerhospitals erledigen, während die Bettlägerigen von dem Wärter beziehungsweise der Wärterin gewaschen

Das Christusstandbild des Bürgerhospitals, undatierte Zeichnung.

11

Allgemeine Spitalgesetze.

1) Die in diesem Spital aufgenommenen Kranken, sollen die ihnen erzeigten Wohlthaten und Pflege, mit schuldiger Dankbarkeit gegen GOtt annehmen.

2) Jedermann soll sich des Fluchens, Schwörens und des Mißbrauchs des Namens GOttes enthalten.

3) Bei dem Morgen- Abend- und Tisch-Gebet, und bei den gewöhnlichen gottesdienstlichen Uebungen, soll sich jedermann andächtig bezeigen.

4) Den Herren Administratoren, desgleichen dem Spitalmeister soll jeder den gebührenden Respect beweisen, auch den Befehlen des Spitalmeisters genau nachkommen.

5) Die Krankenwärter soll niemand in ihren Verrichtungen stöhren, noch sich gegen selbige widerspenstig bezeigen.

6) Es soll auch kein Kranker dem Krankenwärter für seine geleistete Dienste, irgend ein Geschenk, es bestehe worinnen es wolle, anbieten oder geben.

7) Wenn ein Kranker eine gegründete Klage gegen den Spitalmeister oder Krankenwärter hätte, so soll er solche bei den Herrn Administratoren anbringen.

8) Die Kranken sollen sich still und ruhig, auch untereinander friedfertig betragen, keiner den andern bedrohen, schimpfen, mit Unnamen belegen, oder wohl gar schlagen.

9) Alle leichtfertige und unziemliche Worte und Geberden, auch Karten und Würfel und dergleichen Spiele, wie auch das Tabakrauchen werden gänzlich untersagt.

10) Niemand soll etwas an Speiß, Trank, Kleidungsstücken, oder wie es Namen haben mag, entwenden.

11) Jeder soll seine vom Spital-Medico verordnete Arzneyen zu gehöriger Zeit und Ordnung wohl gebrauchen, und sich nicht unterstehen, etwas von Arzneyen wegzuschütten, oder heimlich zu verstecken.

12) Ausser den vom Spital gereichten Speisen und Trank, soll kein Kranker, ohne Vorwissen und Gutbefinden des Spitalmeisters, sich etwas von Speisen und Trank, von jemand ausser dem Spital heimlich zustecken oder holen lassen.

13) Ohne Erlaubniß des Spitalmeisters darf niemand aus dem Spital gehen, noch über die erlaubte Zeit aussen bleiben.

14) Es sollen die Mannspersonen aus den Weiberstuben, und die Weibspersonen aus den Mannsstuben bleiben, es müßte dann mit Erlaubniß des Spitalmeisters geschehen.

15) Desgleichen wird das unnöthige Stehen und Plaudern zwischen den Manns- und Weibspersonen auf den Vorplätzen und Gängen des Spitals untersagt.

16) Wann die Reconvalescenten mit Erlaubniß des Spital-Medici in den Garten spazieren dörfen gehen, so sollen sie bloß in den Gängen bleiben, und nicht in die Quartiere, oder hinter das Treibhaus gehen, auch nichts von Blumen abbrechen, oder etwas aus dem Garten entwenden.

17) Alle Kranken sollen sich, so viel ihre Kräfte erlauben, der Reinlichkeit befleißigen, und wenn sie zu schwach dazu, den Krankenwärter, um sie zu säubern und zu reinigen, ansprechen.

18) Auch sollen alle Morgen, bald nach dem Aufstehen, vor dem Gebet, alle Reconvalescirende, wann es der Spital-Medicus nicht ausdrücklich ihnen verbotten hätte, und auch des Nachmittags, ehe sie zu Tische gehen, sich in den Hof begeben, und sich unter der Aufsicht des Krankenwärters waschen.

19) Wer gegen eins oder das andere dieser vorstehenden Gesetze handelt, macht sich der Wohlthaten des Spitals verlustig, und muß das Spital räumen, oder wird auch, nach Beschaffenheit der Umstände, auf vorhergehendes Ansuchen Hochobrigkeitlicher Hülfe, härter bestraft.

Allgemeine Spitalgesetze, März 1779.

wurden. Neben dem mehrmals am Tag durchzuführenden Aufschütteln der Betten und Lüften der Zimmer gehörte auch das Austeilen der Mahlzeiten zu den Pflichten der Krankenwärter. Machte der Hospitalarzt oder der Chirurg Visite, hatte der Wärter über Veränderungen im Befinden der einzelnen Patienten zu berichten und dem Wundarzt beim Wechseln von Verbänden zur Hand zu gehen. Anschließend eilte Wallraff mit den neu ausgestellten Rezepten zur Einhorn-Apotheke, um die verordneten Arzneien zu besorgen. Mit Argusaugen wurde darauf geachtet, dass die Patienten ihre Medizin auch einnahmen und nicht etwa heimlich wegschütteten. Gegenüber den Kranken sollten sich die Wärter „mitleidig, geduldig, freundlich und unverdrossen erzeigen; alles Fluchen, alle ärgerliche Reden und Zank, wie auch die Leichtfertigkeit, die Trunkenheit und das Tabak rauchen meiden."[6] Die Patienten und Pfründner hatten sich ihrerseits an die im Bürgerhospital überall

Die

wohlthätige Regierung Gottes
auf Erden.

Eine

Einweihungs-Rede

in dem

zur Senckenbergischen Stiftung gehörigen

neuerbauten

Burger- und Beysassen-Hospital

allhier,

am Sonntage Judica, 1779.

gehalten

von

Johann Andreas Claus,
Evangelischen Prediger, und vorjezt Seelsorger der Kranken
in diesem Hospital.

Frankfurt am Mayn.
Wird zum Besten des Burger- und Beysassen-Hospitals in den hiesigen
Buchläden auf Druckpapier um 15 kr. und auf Schreibpapier
um 20 kr. verkauft.

Titelblatt der Einweihungsrede vom 21. März 1779.

aushängenden „Allgemeinen Spitalgesetze"
zu halten und sollten sich „still und ruhig, auch
untereinander friedfertig betragen, keiner den
andern bedrohen, schimpfen, mit Unnamen belegen, oder wohl gar schlagen."[7] Wer gegen die
Hausordnung verstieß, musste das Spital verlassen. Für die aufreibende Pflege der Kranken
bekamen die Wallraffs freie Kost und Logis im
Hospital zuzüglich fünfzig Gulden Jahreslohn.

Der Arzt Johann Jacob Reichard übte für die
Dr. Senckenbergische Stiftung ab 1778 eine
Doppelfunktion aus. Als Stiftsarzt beaufsichtigte Reichard schon seit 1773 das Theatrum
anatomicum, den botanischen Garten und die
Bibliothek. Der gebürtige Frankfurter wohnte
mietfrei in dem an der Ecke Eschenheimer
Gasse und Hinter der Schlimmen Mauer
gelegenen, dem Bürgerhospital benachbarten
Stiftshaus und bezog ein jährliches Salär von
fünfzig Gulden. Im Dezember 1778 übernahm
Reichard auch noch die Arztstelle am
Bürgerhospital und hatte laut Dienstvertrag
den Kranken „ihre verlohrne Gesundheit wieder
herzustellen,"[8] nicht mehr und nicht weniger.
Gegenüber den Herzproblemen Auernhammers
war Reichard jedoch beim damaligen Stand der
Medizin machtlos. Der Hospitalarzt besuchte
jeden Morgen die Patienten, stellte Rezepte aus
und verordnete gegebenenfalls Diätkost, wofür
sein bisheriges Gehalt als Stiftsarzt auf 75

Gulden angehoben wurde. Für den Wundarzt
Justus Gerhard Jonas bildete die Berufung zum
Chirurgen des Bürgerhospitals lediglich ein
Nebenamt. Der Hospitalchirurg stellte bei den
Neuaufnahmen die erste Diagnose, ließ zur
Ader, zog Blasen oder brachte Klistiere
zur Anwendung. Abgesehen von einem eher
bescheidenen auf 15 Gulden festgelegten
Grundgehalt für die besagten Routinetätigkei-
ten berechnete Jonas „Fallpauschalen", die
zwischen acht Kreuzern für einen Verband-
wechsel und maximal 15 Gulden für die
Schienung und Heilung einer Oberschenkel-
fraktur betragen konnten.[9]

Im Herbst 1779 waren alle zwölf Betten des
Bürgerhospitals belegt. Hinzu kamen fünf
betagte Pfründner. Insgesamt verzeichnet die
Krankenhausstatistik für das Jahr 1779 44 auf
Kosten der Dr. Senckenbergischen Stiftung im
Bürgerhospital behandelte Patienten, darunter
viele „durch Armuth, Alter und Krankheit
unheilbar gewesene Personen", so dass nur
14 als geheilt entlassen werden konnten.[10] Der
erste Patient, Johann Matthäus Auernhammer,
hat das Bürgerhospital nach neun Monaten am
20. November 1779 wieder verlassen, danach
verliert sich seine Spur.

Johann Jacob Reichard (1743-1782).
Kupferstich von Cöntgen und Goepffert, 1782.

Johann Christian Senckenberg und seine Stiftung

Johann Christian Senckenberg (1707-1772) mit der Anatomie und dem Uhrtürmchen des Bürgerhospitals im Hintergrund. Gemälde von Anton Wilhelm Tischbein aus dem Jahr 1771.

Arzt und Stifter Johann Christian Senckenberg als Sonderling: „Der dritte Bruder, ein Arzt und ein Mann von großer Rechtschaffenheit, der aber wenig und nur in vornehmen Häusern praktizierte, behielt bis in sein höchstes Alter immer ein etwas wunderliches Äußere. Er war immer sehr nett gekleidet, und man sah ihn nie anders auf der Straße als in Schuh und Strümpfen und einer wohlgepuderten Lockenperücke, den Hut unterm Arm. Er ging schnell, doch mit einem seltsamen Schwanken vor sich hin, so dass er bald auf dieser bald auf jener Seite der Straße sich befand, und im Gehen ein Zickzack bildete. Spottvögel sagten: er suche durch diesen abweichenden Schritt den abgeschiedenen Seelen aus dem Wege zu gehen, die ihn in gerader Linie wohl verfolgen möchten. … Doch aller dieser Scherz und manche lustige Nachrede verwandelte sich zuletzt in Ehrfurcht gegen ihn, als er seine ansehnliche Wohnung mit Hof, Garten und allem Zubehör, auf der Eschenheimer Gasse, zu einer medizinischen Stiftung widmete."[11]

Als Sohn des Frankfurter Stadtarztes Johann Hartmann Senckenberg am 28. Februar 1707 geboren, sollte Johann Christian einst in die Fußstapfen des Vaters treten. Der promovierte Arzt Johann Hartmann war der Liebe wegen von Friedberg in der Wetterau nach Frankfurt am Main gezogen, wo er im November 1688 den Bürgereid ablegte. Obwohl in seiner zweiten, 1703 mit Anna Margarethe Raumburger eingegangenen Ehe bei dem in der Hasengasse wohnenden Johann Hartmann Senckenberg des Öfteren der Haussegen schief hing und er seine Frau in einer privaten Notiz als streitsüchtige „Xanthippe" beschimpfte, zeugte das Paar fünf Kinder: Heinrich Christian (1704-1768), Johann Christian (1707-1772), Conrad Hieronymus (1709-1739), Catharina Margarethe (1712-1713) und Johann Erasmus (1717-1795). Der erstgeborene Sohn, der bei Verwandten in Gießen aufwuchs, hatte beruflich den größten Erfolg. Nach einem Studium der Jurisprudenz in Gießen promovierte

Die beiden großen Frankfurter Goethe und Senckenberg, der überragende Dichter und der bewundernswerte Stifter, haben sich persönlich gekannt. Als junger Student hatte Johann Wolfgang Goethe im Oktober 1768 den mit 61 Jahren wesentlich älteren Johann Christian Senckenberg und das noch im Aufbau begriffene Stiftungsgelände am Eschenheimer Tor besucht. Später erinnerte sich Goethe in dem autobiographischen Werk „Aus meinem Leben. Dichtung und Wahrheit" an die drei Brüder Senckenberg und beschrieb dabei den

Heinrich Christian an der dortigen Universität 1729 zum Doktor der Rechte. Kaiser Franz I. wurde, als er 1745 zur Krönung in Frankfurt weilte, auf den inzwischen renommierten Staatswissenschaftler Senckenberg aufmerksam und ernannte ihn zum Reichshofrat. Heinrich Christian verlegte daraufhin seinen Wohnsitz nach Wien und kehrte zeitlebens nur noch zweimal nach Frankfurt zurück. Trotz der räumlichen Distanz führte der 1751 zum Reichsfreiherrn geadelte Heinrich Christian von Senckenberg insbesondere mit seinem Bruder Johann Christian einen regen Briefwechsel. In zweiter Ehe war der Reichsfreiherr mit Sophie Elisabeth von Palm verheiratet, die ihm zwei Söhne schenkte: Renatus Leopold Christian Karl (1751-1800) und Carl Christian Heinrich (1760-1842). Die beiden Brüder hinterließen keine Nachkommen, so dass mit ihnen die Frankfurter Linie der Familie Senckenberg erloschen ist.[12]

Johann Erasmus war das schwarze Schaf der Familie Senckenberg. Der Studienabbrecher hatte sich als Autodidakt ein umfassendes juristisches Wissen angeeignet und galt, ohne dass er offiziell unter die Advokaten der Vaterstadt aufgenommen wurde, als einer der fähigsten Rechtsanwälte Frankfurts. Von seinem einflussreichen Bruder Heinrich Christian und dem Kopf des Frankfurter Patriziats Friedrich Maximilian von Lersner protegiert, wurde Johann Erasmus Senckenberg 1746 in den Rat der Stadt gewählt. Das neue Ratsmitglied wandte sich jedoch schon bald gegen seine ehemaligen Förderer und bekämpfte mit allen Mitteln die Vormacht-stellung der adeligen Patriziergesellschaft Alten-Limpurg im Rat. Johann Erasmus entpuppte sich nach dem Urteil seines Biographen Georg Ludwig Kriegk als der „größte Rabulist, der jemals in Frankfurt gelebt hat."[13] Unentwegt attackierte Senckenberg den Rat, warf den Kollegen, teilweise zu Recht, Unfähigkeit, Korruption und andere Verfehlungen vor, schlug dabei aber einen äußerst beleidigenden Ton an. Kaiser Franz I. erhob den „Rabulisten" trotz eines Sittlichkeitsverbrechens und eines Fälschungsdelikts 1751 in den Freiherrnstand. Bis 1769 konnte Johann Erasmus von Senckenberg sein Unwesen treiben, dann

wurde er wegen der Verbreitung die Stadt und den Rat schädigender Druckschriften festge-nommen und in der Hauptwache eingekerkert. Das Untersuchungsverfahren wurde vom Rat und von Senckenberg, dem die Todesstrafe drohte, jahrzehntelang bewusst verschleppt. Ohne dass jemals ein Urteil ergangen war, verstarb Johann Erasmus von Senckenberg am 21. Juni 1795 in seiner Zelle an Altersschwäche. Ein Drittel seines Lebens hatte der Freiherr hinter Gittern verbracht und wurde so zu einem der prominentesten Häftlinge der Frankfurter Kriminalgeschichte.[14]

Die Eskapaden seines Bruders werden Johann Christian Senckenberg manch schlaflose Nacht bereitet haben. Vergeblich versuchte der Ältere immer wieder mäßigend auf den Jüngeren einzuwirken, wobei er im Grunde genommen dessen Kritik an dem Regiment der Patrizier-familien im Rat teilte. Der große „Christen-brand", bei dem im Juni 1719 ein von Fahr-, Schnur-, Ziegel- und Töngesgasse begrenztes Stadtviertel mit rund 400 Häusern, darunter auch das Wohnhaus „Zu den Drei Kleinen Hasen" der Familie Senckenberg, ein Raub der Flammen geworden war, hätte um ein Haar die akademische Ausbildung Johann Christians vereitelt. Wegen des Wiederaufbaus des Familiendomizils in der Hasengasse finanziell gebunden, musste Johann Hartmann Senckenberg im Oktober 1723 beim Rat um ein Stipendium für seinen Sohn nachsuchen. Das vom Rat umgehend bewilligte 100-Gulden-Stipendium konnte allerdings erst ab 1730 in Anspruch genommen werden, da der finanzielle Kraftakt des Wiederaufbaus die Immatrikula-tion Johann Christian Senckenbergs weiter verzögerte. Die Wartezeit wurde mit einer Hospitation beim Solmsischen Leibarzt Reich, anatomischen und chirurgischen Studien bei den Frankfurter Stadtärzten Büttner und Grambs sowie Unterweisungen in praktischer Heilkunde durch den Vater überbrückt. Im für damalige Verhältnisse fortgeschrittenen Alter von 23 Jahren nahm Senckenberg im April 1730 an der Universität Halle das lange herbei-gesehnte Medizinstudium auf. Voller Elan hörte der Erstsemester Vorlesungen in Medizin und in Botanik, die seinerzeit noch eine medizinische Hilfswissenschaft darstellte. In theologische Auseinandersetzungen an der Alma Mater

Heinrich Christian von Senckenberg (1704-1768). Kupferstich von J. M. Bernigeroth.

verstrickt, musste Senckenberg im Juli 1731 das Studium unverrichteter Dinge abbrechen. Der Lutheraner war in jungen Jahren von dem das Staatskirchentum ablehnenden evangelischen Theologen und Separatisten Johann Konrad Dippel beeindruckt und stand mit Pietisten, Inspirationsgemeinden und Herrnhutern in Verbindung. Tief religiös, verzichtete Senckenberg als ein „Christ außerhalb der Kirche" auf Gottesdienst und Abendmahl und geriet in den Ruf, ein Sonderling zu sein. Im April 1732 kehrte Johann Christian Senckenberg nach Frankfurt zurück und begann, vom Sanitätsamt stillschweigend geduldet, auch ohne Doktordiplom als Arzt zu praktizieren. Trotz Spannungen zwischen ihm und seiner Mutter zog der Studienabbrecher wieder in das Elternhaus in der Hasengasse. Mit Hilfe seines älteren Bruders Heinrich Christian holte Senckenberg nach erheblichen psychischen Problemen 1737 in Göttingen die Promotion zum Doktor der Medizin nach. Im Besitz der offiziellen Zulassung als Arzt in Frankfurt folgte Senckenberg dem väterlichen

Vorbild und engagierte sich zunächst als Physicus extraordinarius und seit 1755 als Physicus ordinarius für das Gesundheitswesen der Heimatstadt.[15]

Johann Christian Senckenberg war ein gefragter Arzt, dem das Wohl seiner Patienten sehr am Herzen lag. Der fromme Medicus machte in seiner Praxis, anders als von Johann Wolfgang von Goethe in „Dichtung und Wahrheit" behauptet, keinen Unterschied zwischen armen und reichen Kranken. Bei der Behandlung setzte Senckenberg auf Altbewährtes, indem er Diätkost, reichliches Trinken von Wasser, körperliche Bewegung und gelegentliches zur Ader lassen verordnete. Arzneimittel verschrieb Senckenberg nur mit Bedacht. „Die Aerzte", forderte Senckenberg, „müssen im eigenen Interesse ihre Kranken durch eine zweckmäßige Diät wieder herstellen, nicht aber an ihnen die Apotheker reich machen. Medikamente werden für eine Notlage, nicht aber zum Spaß und Affenspiel oder zum Spitzbubenrebbes gemacht. Ich verzichte deshalb, sobald wie angängig, auf Arzeneien und lasse den Genesungsvorgang der Natur und der Mäßigkeit des Patienten."[16]

Senckenbergs erste Ehefrau Johanna Rebecca, geb. Riese (1716-1743). Gemälde von Franz Lippold, 1744.

Senckenberg ging mit gutem Beispiel voran, nahm nur kleine Mahlzeiten zu sich, trank viel Wasser und genehmigte sich höchstens zu ganz besonderen Anlässen ein Glas Wein. Hausbesuche erledigte der Asket am liebsten zu Fuß. In einem handschriftlichen Nachruf auf seinen Onkel erinnerte sich Renatus von Senckenberg an einen gemeinsamen Abendspaziergang, bei dem der 65-jährige nach einem langen Arbeitstag so ein hohes Tempo vorlegte, dass er mit ihm kaum Schritt halten konnte. Renatus beschrieb den in die Jahre gekommenen Vatersbruder als klein und untersetzt, aber „feurig von Augen, und in allem seinem Thun überaus lebhaft."[17] Die zutreffendste Darstellung von Johann Christian Senckenbergs Aussehen bietet ein von dem Frankfurter Maler Johann Heinrich Wicker nach der Erinnerung und nach der Totenmaske 1772 gezeichnetes Brustbild im Profil. Das wesentlich bekanntere 1771 von Anton Wilhelm Tischbein angefertigte Ölbild Senckenbergs und auch das Gemälde von Ludwig Hauck aus dem Jahr 1748 gelten dagegen als zu unbestimmt und zu maniriert.

Doch, wie auch immer – dank Renatus von Senckenberg ist überliefert, dass der ernsthafte Wohltäter Senckenberg ein humorvoller Gesprächspartner sein konnte: „Im Umgang war er sehr munter, voller Anekdoten, und manchmahl recht wiziger Einfälle, dabei auch offt stachelicht, immer aber für den der von ihm lernen wollte sehr lehrreich. Letzteres zu sein ward ihm dadurch leicht, weil er würcklich einer der gelehrtesten Männer seiner Zeit war, wenn er schon in seinem ganzen Leben mehr durch Thaten als durch Schriften zu würcken sich bestrebte."[18]

Die 1742 geschlossene Ehe mit der betuchten Juwelierstochter Johanna Rebecca Riese wurde zu Senckenbergs glücklichstem Lebensabschnitt. Als Nachbarskinder aufgewachsen kannten sich die Eheleute von klein auf. Der junge Vater war untröstlich als Johanna Rebecca am 26. Oktober 1743 eine Woche nach der Geburt einer Tochter am Kindbettfieber verstarb. Das Töchterchen Anna Margarethe überlebte die Mutter nur um zwei Jahre und starb im Juli 1745 an einer Hirnhautentzündung. In seinem Schmerz ließ Senckenberg Mutter und Tochter posthum von dem bekannten Frankfurter Maler Franz Lippold porträtieren. Das Erbe der ersten Ehefrau bildete neben Senckenbergs ärztlichen Einkünften den Grundstock für das spätere Stiftungsvermögen. Wohl auch zur Versorgung des Kindes hatte der Witwer nach Ablauf des Trauerjahrs im Dezember 1744 mit Katharina Rebecca Mettingh, einer Freundin seiner verstorbenen Frau, zum zweiten Mal den Bund der Ehe geschlossen. Aber auch die zweite Gattin verstarb Ende 1747 an den Spätfolgen einer Geburt. Der im Juni 1747 entbundene Sohn war schon mit dreieinhalb Monaten an Tuberkulose verschieden. Nach diesen traurigen Ereignissen wagte es Senckenberg 1754 noch einmal, in den Stand der Ehe zu treten, und heiratete die Witwe Antonetta Elisabetha Ruprecht. Beide Ehepartner bereuten schon bald diesen Schritt und lebten seit Juni 1756 getrennt voneinander. Senckenbergs dritte Ehefrau starb am 13. September 1756, nachdem er sie als Arzt bis zuletzt behandelt hatte.[19] Die Gedanken des 49-jährigen mehrfachen Witwers kreisten fortan verstärkt um die Gründung einer Stiftung zur Hebung

des Frankfurter Medizinalwesens. In dem gedruckten Hauptstiftungsbrief vom 18. August 1763 nannte Johann Christian Senckenberg die schweren Schicksalsschläge, die „Ermangelung ehelicher Leibes-Erben" sowie die „Liebe zu meinem Vaterland" als Beweggründe, sein gesamtes Vermögen zu stiften. Der Hauptzweck der Stiftung war auf die „bessere Gesundheits-Pflege hiesiger Einwohner, und Versorgung der armen Kranken gerichtet."[20]

Johann Christian Senckenberg kannte als langjähriger Stadtarzt die Schwachstellen des Frankfurter Gesundheitswesens aus nächster Nähe. So war Mitte des 18. Jahrhunderts noch immer die 1668 verabschiedete Medizinalordnung in Kraft, nach der ein mit den vier Stadtärzten und abgeordneten Ratsherren besetztes Sanitätsamt sich mit allen die „Leibesgesundheit" berührenden Fragen zu befassen hatte. Die Hierarchie der nebenamtlichen Stadtärzte unterschied den vorsitzenden Physicus primarius – Senckenbergs Vater hatte

Johann Christian Senckenberg.
Federzeichnung
von Johann Heinrich Wicker, 1772.

Anna Margarethe Senckenberg (1743-1745).
Gemälde von Franz Lippold, 1745.

17

das Amt bekleidet –, die beiden Physici ordinarii und den nicht stimmberechtigten Physicus extraordinarius, der zudem noch das undankbare Amt des Pestarztes ausüben musste. Praktizierende Ärzte, Apotheker, Barbiere, Hebammen, kurz alle heilkundigen Personen, standen unter der Aufsicht des Sanitätsamts. Bevor sich beispielsweise ein Medicus als praktischer Arzt in Frankfurt niederlassen konnte, prüften die vereidigten Physici seine Zeugnisse über Studium und Promotion. Die Physici mitgerechnet waren 1729 in der rund 29.000 Einwohner zählenden Stadt Frankfurt 13 Medicis tätig.[21]

Im Verfassungskampf „Frankfurt contra Frankfurt" von 1705 bis 1732 schien sich auch für das Gesundheitswesen die Chance für Reformen aufzutun. Die Bürgerschaft der unmittelbar dem Kaiser unterstellten Reichsstadt nutzte im Jahr 1705 die Huldigung Josefs I., um den obrigkeitlichen Rat beim neuen Herrscher der Misswirtschaft und Korruption zu bezichtigen. Außerdem wurde dem Rat das den christlichen Händlern abträgliche Geschäftsgebaren der Juden angelastet. Dem Rat der Stadt Frankfurt gehörten seit alters her 42 Ratsherren, die zu gleichen Teilen drei Bänke besetzten, und der Schultheiß an.

Titelblatt der Frankfurter Medizinalordnung von 1667/68.

Da sich die ersten beiden Bänke fest im Griff des elitären Patriziats befanden und nur die dritte Bank Handwerkern offen stand, wurde die Stadtpolitik seit dem Mittelalter von dieser Führungsschicht beherrscht. Die Bürgerschaft hatte in Bezug auf die Zusammensetzung des Rats, der die auf Lebenszeit berufenen Mitglieder durch Zuwahl selbst ergänzte, keine Mitwirkungsrechte. Ab 1712 ließ der neue Kaiser Karl VI. die von den Bürgern gegen den eigenen Rat vorgebrachten Verfassungs- und Finanzbeschwerden von zwei Kommissionen in Frankfurt prüfen.[22] Der Verfassungsstreit neigte sich bereits dem Ende entgegen, als 1729 aus der Frankfurter Ärzteschaft heraus dem Kaiser eine „Vorschlag von Verbesserungen des Medizinalwesens in allhiesiger Stadt" betitelte Denkschrift zugeleitet wurde. Die Eingabe enthielt mit der angeregten Abfassung eines allgemein verbindlichen Arzneibuchs, der Aktualisierung der Arzneimitteltaxe, der Bildung eines Collegium medicum zum gegenseitigen Erfahrungsaustausch der Ärzte und der Errichtung eines Theatrum anatomicum eine ganze Reihe ernst zu nehmender Reformvorschläge. Umso enttäuschter waren die Verfasser der Denkschrift über die Verschleppung der Angelegenheit durch den Wiener Hofstaat und den Frankfurter Rat. Nach der Einholung von Gutachten und über 14-jähriger Beratungszeit entschieden die Ratsherren am 31. Dezember 1743 lapidar „Beruhets auf sich" und legten das wohl durchdachte Reformprogramm ad acta.[23]

Die Reformbedürftigkeit des Frankfurter Gesundheitswesens blieb unverändert bestehen, worüber sich natürlich auch der 1742 zum Physicus extraordinarius ernannte Johann Christian Senckenberg im Klaren war. Unter dem 10. November 1746 notierte Senckenberg in seiner kaum lesbaren Handschrift auf einen der vielen losen „Tagebuchzettel", dass er erstmals mit dem Physicus primarius Christof Le Cerf über die Idee einer Stiftung zur Hebung des Medizinalwesens gesprochen habe. Spätestens seit diesem Tag hatte Senckenbergs Leben ein Ziel. Vorerst verhinderten die Skandalgeschichten des jüngeren Bruders, die Eheprobleme mit seiner dritten Frau und übergeordnete Ereignisse, wie die französische Besatzung der Stadt im Verlauf des Siebenjährigen Krieges, die Verwirklichung der Stiftungsidee.[24]

Nachdem 1763 endlich wieder Frieden eingekehrt war, stand auch der Errichtung der Stiftung nichts mehr im Wege. Am 18. August 1763 vollzogen Johann Christian Senckenberg und die drei Ratsherren Friedrich Adolph von Glauburg, Johann Martin Ruppel und Johannes Siegner als Zeugen in aller Form den umfangreichen „Haupt-Stiftungs-Brief". Der Stifter setzte ein von den protestantischen Ärzten Frankfurts noch zu bildendes Collegium medicum als Erben ein und bestimmte die vier Stadtärzte zu Testamentsvollstreckern. Die Zinsen des 95.000 Gulden betragenden Stiftungskapitals mussten zu zwei Dritteln zur Förderung der Heilkunde verwandt werden und dienten zunächst allein der Unterhaltung des zum Stiftsgebäude umgewidmeten Wohnhauses Senckenbergs mit Bibliothek und Sammlungen. Im Stiftshaus in der Hasengasse sollte sich das Collegium medicum mindestens einmal im Monat einfinden, um zu beraten „was zu besserer Ausuebung der hiesigen Gesundheits-Pflege und Versorgung armer Kranken erforderlich seyn moegte."[25] Sobald über den Verkauf des zentral gelegenen Stiftshauses der Erwerb eines mehr zum Stadtrand hin orientierten Gebäudes mit Gartengelände finanziert werden konnte, war auch die Einrichtung einer Anatomie, eines chemischen Laboratoriums und eines botanischen Gartens mit Gewächshaus in Betracht zu ziehen. Indem Senckenberg der „Wissenschaft einen Tempel" errichtete, eröffnete er dem zuvor auf soziale Bereiche festgelegten Stiftungswesen ein neues Betätigungsfeld. Traditionale, genossenschaftliche Motive verbanden sich in der Senckenbergischen Stiftung mit den Zielen der bürgerlichen Aufklärung. Das dritte Drittel der Zinserträge hatte Senckenberg zum Besten armer Kranker, bedürftiger Arztwitwen und -waisen sowie alter Ärzte vorgesehen. Bis Ende 1765 auf 100.000 Gulden aufgerundet, ließ Senckenberg das Stiftungsvermögen vom Frankfurter Rechneiamt verwalten. Der Rat der Stadt bestätigte am 20. August 1763 die Stiftung und beauftragte von Glauburg und Ruppel, Senckenberg „den verbindlichsten Danck zu erstatten."[26]

Erste Aufzeichnung Senckenbergs über seine Absicht, eine Stiftung zu errichten. Tagebuchblatt vom 10. November 1746.

Die dauerhafte Selbstständigkeit der Stiftung war Johann Christian Senckenbergs größte Sorge. Schon 1752 hat Senckenberg auf einem der von ihm in großer Zahl hinterlassenen „Tagebuchzettel" festgehalten: „Meine Stiftung soll allezeit separiert bleiben und niemals vermengt mit Stadtsachen, damit nicht die Gewalt darüber in fremde Hände komme, die den heilsamen Endzweck vereiteln."[27] Kaum dass der Hauptstiftungsbrief unterschrieben und besiegelt war, schienen sich die Befürchtungen zu bewahrheiten. Dem Wohltäter kam zu Ohren, dass ausgerechnet der Ratsherr und Jurist Johannes Siegner, den er bei der Abfassung der Stiftungsurkunde als Rechtsberater hinzugezogen hatte, in einem Gasthaus in feuchtfröhlicher Runde bezogen auf die Senckenbergische Stiftung sinngemäß ausposaunt habe: „Dem wollen wir seine Freude lassen bis er stirbt, darnach soll es schon anders gehen."[28] Voller Sorge zog Senckenberg seinen Bruder am Wiener Hof ins Vertrauen. Als sich Heinrich Christian von Senckenberg 1764 anlässlich der Wahl und Krönung Josephs II. zum Römischen König in Frankfurt aufhielt und in einem darauf folgenden Briefwechsel formulierten die beiden Brüder wasserdichte Ergänzungen zum Hauptstiftungsbrief, um dem Rat auch in Zukunft jede Zugriffsmöglichkeit auf das Stiftungskapital zu verbauen. Nachdem sich die Zusätze in der Endredaktion befanden, schrieb Johann Christian Senckenberg am 15. Juni 1765 in einem Brief an seinen Bruder, im Hinblick auf den bevorstehenden Schachzug „wird man sehr große Augen im Römer darüber machen; da ich keiner Seele zuvor ein Wort davon sagen werde."[29]

Der Rat fühlte sich von den am 16. Dezember 1765 ausgefertigten Nachträgen zum Stiftungsbrief brüskiert und erteilte den Zusätzen erst nach wochenlanger Wartezeit eine offizielle Bestätigung. Die Stiftung führte seither den Namen „Dr. Senckenbergische Stiftung" und ein Siegel mit dem einen brennenden Berg darstellenden Wappen der Familie Senckenberg und der Überschrift: „Fundatio Senckenbergiana amore Patriae" (Senckenbergische Stiftung aus Liebe zur Vaterstadt). Außer mit diesen eher formalen Maßnahmen schob Senckenberg möglichen Begehrlichkeiten des Rats einen Riegel vor, indem er seinem Bruder Heinrich Christian und dessen männlichen Nachkommen Mitspracherechte in der mit den vier Stadtärzten besetzten Stiftungsadministration übertrug. Die Anordnung, dass nach einem etwaigen Aussterben der Familie seines älteren Bruders im Mannesstamm (was 1842 geschah) die Dekane der juristischen und medizinischen Fakultät der Universität Gießen zu „Coexecutoren" der Dr. Senckenbergischen Stiftung ernannt werden sollten, wurmte die Frankfurter Ratsherren über alle Maßen. Nach dem Willen des Stifters erschöpfte sich die Mitwirkung des Rates in der Verwaltung des Stiftungskapitals durch das Rechneiamt und in der Prüfung der Jahresrechnungen durch den Stadtschultheiß, den ältesten Syndicus und den Senior des Bürgerausschusses. Weitergehende Ansprüche des Rates wischte Senckenberg mit der Bemerkung vom Tisch:

Titelblatt der gedruckten Stiftungsbriefe, 1770.

„Medica müssen Medicis überlassen bleiben."[30] Inhaltlich erweiterte Senckenberg den Stiftungszweck um einen ganz entscheidenden Aspekt: Die Gründung des „Buerger- und Beysassen-Hospitals." Die Hälfte der zugunsten armer Kranker und bedürftiger Arztfamilien aus dem Stiftungsvermögen jedes Jahr zur Verfügung stehenden Mittel sollte künftig in das zur freien Versorgung erkrankter Frankfurter Bürger und Beisassen[31] vorgesehene Hospital investiert werden. Senckenberg war bewusst, dass ein Vorhaben dieser Größenordnung nur gelingen konnte, wenn sich andere „Christlich-gesinnte wohlhabende Leute" an der Finanzierung beteiligten.[32]

Krankenhäuser waren bis ins frühe 19. Jahrhundert als „Pforten zum Tode" gefürchtet. Im Regelfall wurden Kranke daher in den eigenen vier Wänden von Familienangehörigen gepflegt. Wer es sich leisten konnte, schickte nach einem approbierten Arzt. Selbstmedikation war gang und gäbe. In der Fremde lebende, bei Krankheit auf sich selbst gestellte Dienstboten, Handwerksgesellen oder

Tagelöhner bevölkerten zumeist die Hospitäler. Nur vor diesem Hintergrund ist zu verstehen, warum die zentrale Frankfurter Heilanstalt, das zwischen der Saalgasse und Mainufer gelegene Hospital zum Heiligen Geist, laut einer Verordnung aus dem Jahr 1725 nur „nothleidende arme kranke, fremde, und auch reisende Personen, die keine Freundschafft allhier haben"[33] unentgeltlich aufnahm. Bürger und Beisassen waren von der Pflege im Heilig-Geist-Hospital ausgeschlossen und wurden nur ausnahmsweise aufgrund besonderer Notlagen und gegen eine wöchentliche Gebühr von einem Gulden akzeptiert. Gleichzeitig sollten zu keiner Zeit mehr als sechs Betten mit bedürftigen Bürgern oder Beisassen der Stadt Frankfurt belegt sein.

Die Hospitalkosten der „Hausarmen" beglich in der Regel der 1531 zur Unterstützung in Not geratener Bürger und Beisassen gegründete, vom Rat kontrollierte Allgemeine Almosenkasten. Neben der Verteilung von Brot- und Geldspenden übernahm der Almosenkasten auch Arzt- und Apothekerrechnungen kranker „Hausarmer". Bis zur Eröffnung des Bürgerhospitals im Jahr 1779 war der Allgemeine Almosenkasten die Anlaufstelle für hilfsbedürftige kranke Bürger und Beisassen.[34] Johann Christian Senckenberg hielt es für dringend erforderlich, dem Defizit im Bereich der stationären Krankenpflege abzuhelfen. Der erste Hinweis auf die Absicht, seine Stiftung um eine Hospitalgründung zu erweitern, findet sich in einer Notiz vom 4. März 1765, die in dem für Senckenberg typischen, mit lateinischen Vokabeln gespickten Schreibstil abgefasst ist: „Quaeritur ob nicht von dem 1/3 revenu meines instituti medici vor Arme Kranke, die Einkünfte zu einem nosocomio civico [= Bürgerliches Kranken-Hospital] allhier zu verwenden sey. Vor cives und Beysassen ist gar nicht gesorgt da frembde das treffliche institutum, das Hospital haben."[35] Weil in der Hasengasse für einen Hospitalbau der Platz fehlte, musste die Dr. Senckenbergische Stiftung über kurz oder lang ihren Sitz verlegen.

Auf der Suche nach einem geeigneten Stiftungsgelände wurde Johann Christian Senckenberg Anfang 1766 fündig und erwarb

für 23.000 Gulden am Eschenheimer Tor ein rund drei Hektar großes, von der Stadtmauer, der Hinter der Schlimmen Mauer bezeichneten Gasse und der Radgasse begrenztes, mit zwei Häusern bebautes Gartengrundstück. Das an der Eschenheimer Gasse gelegene Hauptgebäude wurde bis Ende 1767 zum Stifts- und Wohnhaus mit Bibliothek,

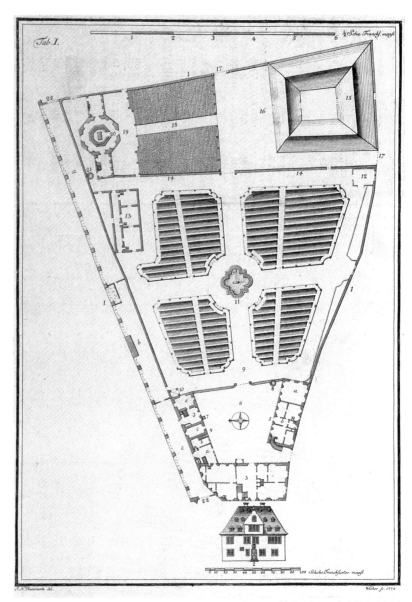

Lageplan des Stiftungsgeländes am Eschenheimer Tor mit Stiftshaus (2), Chemielabor (4e), Bibliothek (5), medizinischem Garten (9), Grabstätte (10), Gewächshaus (13), Bürgerhospital (15) und Anatomie (20). Kupferstich von J. H. Baeumerth und Johann Heinrich Wicker, 1770.

Versammlungsraum und chemischem Laboratorium umgebaut. An der Außenwand des Nordflügels kam mit einer Sondergenehmigung des Rates und nach persönlichen Entwürfen Senckenbergs die Gruft des Stifters

mit geschweiftem Schieferdach und kunst-
vollen Gittertüren zur Ausführung. In dem
Grabmal sollte Senckenberg einst zur letzten
Ruhe gebettet werden, da er „noch im Tode,
wenigstens dem Leibe nach, bei seiner Stiftung
sein wolle."[36] An anderer Stelle ließ der neue
Hausherr an dem Stiftungsgebäude eine
Sonnenuhr mit der viel sagenden Inschrift
„Me sol, vos umbra regit" (Mich leitet die
Sonne, euch der Schatten) anbringen.

Als Johann Christian Senckenberg 1768 in das
Stiftshaus am Eschenheimer Tor einzog, glich
das übrige Gelände noch einer Baustelle.
Kurz hintereinander begannen im Frühjahr und
im Sommer 1768 die Bauarbeiten für ein
beheizbares Gewächshaus und das Theatrum
anatomicum. Die Anatomie sollte ein nicht

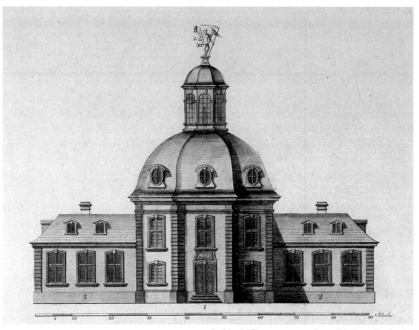

*Ansicht des Theatrum anatomicum. Kolorierter Kupferstich
von Johann Heinrich Wicker, 1770.*

länger zu akzeptierendes Provisorium beenden.
Seit 1740 hatten die in Frankfurt für Chirurgen
gehaltenen anatomischen Vorlesungen in
einem angemieteten Nebenraum des Gasthofs
„Zum Elephanten" in der Friedberger
Gasse stattgefunden. Nach Senckenbergs
Vorstellungen und Johann Heinrich Baeumerths
Entwürfen entstand an der nordöstlichen Ecke
des Stiftungsgeländes in zweijähriger Bauzeit
ein oktogonales Hauptgebäude mit zwei
Anbauten für die Küche der Anatomie und
das Präparatorium. Im Zentrum des

Achteckbaus stand der von aufsteigenden
Bankreihen umgebene Seziertisch. Auf der
die Kuppel des Hauptgebäudes abschließenden
Laterne platzierte Senckenberg sinnigerweise
eine Saturn-Statue mit Sanduhr und Sense
in den Händen. Der Vorlesungsbetrieb in dem
viel gerühmten Theatrum anatomicum konnte,
nachdem das Gebäude vollständig eingerichtet
war, 1776 beginnen. Wohlweislich hatte
Senckenberg der Verwirklichung des Medizinischen Instituts mit Bibliothek, Sammlungen,
Labor, Anatomie und Garten Vorrag gegeben:
„Wenn der Tod mich überraschen sollte,
ehe mein Werk ganz vollendet, so wird das
Krankenhaus nicht dabei leiden, aber desto
eher möchte man vergessen, dass ich der
Wissenschaft einen Tempel bauen wollte."[37]

Für den Bau des Bürgerhospitals suchte Johann
Christian Senckenberg noch potentielle
Mitstreiter, da „ein solches Unternehmen eines
Mannes Werk nicht seyn kann."[38] Namhafte
Spenden für den Hospitalbau blieben indessen
aus. Das 1767 angelegte Spendenbuch der
Dr. Senckenbergischen Stiftung verzeichnet bis
Dezember 1768 den Eingang von gerade
mal neunzig Gulden. Bis auf eine Ausnahme
handelte es sich bei den Kleinspenden um
„Gottespfennige". Beim erfolgreichen Abschluss
von Immobiliengeschäften oder Mietverträgen
herrschte damals der schöne Brauch, dass
die Vertragspartner eine kleine Spende,
den „Gottespfennig", an eine wohltätige
Einrichtung abführten. Obwohl es, wie gesagt,
um keine großen Beträge ging, beschwerte
sich der Allgemeine Almosenkasten beim Rat
über den Mitkonkurrenten und erwirkte
am 13. September 1768 den Erlass eines
Sammelverbots für die Dr. Senckenbergische
Stiftung. Senckenberg legte gegen das
Ratsdekret sofort Widerspruch ein und brachte
eine Druckschrift in Umlauf, in der er für seine
Stiftung die rechtliche Gleichbehandlung
forderte, zumal die „Gottespfennige" dem
gemeinnützigen Bürgerhospital zugute
kommen sollten. In einer privaten Notiz ließ
Senckenberg seinem Zorn über die Quertreibe-
reien des Rats freien Lauf: „Es sey ein desolater
Zustand in dem Römer, noch nie so elend
zugegangen, als jetzt. So hat man Stiftungen
wenn der Stiftungsbrief weg ist, das Capital in
den Sack gesteckt und nur allein der Namen

übrig ist. So hätten sie es meinem Capital auch gemacht. ... Das sind Regiments Spitzbuben!"[39] Das Verbot, „Gottespfennige" zu sammeln, wurde offenbar nicht in die Praxis umgesetzt, denn das Spendenbuch der Dr. Senckenbergischen Stiftung listet auch nach 1768 weitere Einnahmen auf und zwar mit steigender Tendenz. Die ersten beiden Großspender waren der Handelsmann Johann Heinrich Frohn und der Bankier Simon Moritz Bethmann, die 1770 und 1771 den Hospitalbau mit jeweils 1.000 Gulden förderten.

Der Stifter Senckenberg griff am frühen Abend des 9. Juli 1771 selbst zur Maurerkelle, um an der Ecke Hinter der Schlimmen Mauer und Radgasse eigenhändig den Grundstein für das Bürgerhospital zu legen. Mit der Aushebung der Baugrube war nach einem positiven Bescheid des Bauamts schon am 19. Juni 1771 begonnen worden. Die nach den Wünschen Senckenbergs gezeichneten Baupläne stammten von dem Architekten Therbou. Der Bauherr hatte sich nach einer Begutachtung des Frankfurter Hospitals zum Heiligen Geist sowie dem Studium der Grundrisse des Ulmer Spitals und der Berliner Charité hinsichtlich der Raumaufteilung gegen die üblichen großen Krankensäle und für kleinere Mehrbettzimmer entschieden. In dem zuerst als geschlossener Viereckbau geplanten zweistöckigen Zweckbau mit schönem Mansarddach lagen die Flure zum Innenhof und die Kranken- und Pfründnerzimmer zur Außenseite. Grundsätzlich sollte nach dem Willen Senckenbergs die Architektur der Heilanstalt dem Wohl der Patienten dienen: „Mein Bürger-Hospital will ich angenehm und nützlich machen, dass Kranke mit Plaisir darin(n)en sind, u(nd) Lust haben da zu seyn, auch ehe gesund werden."[40] Die Bauarbeiten kamen voran – im Herbst 1772 war das Gebäude mit der Hauptfassade sowie dem östlichen und dem nördlichen Flügel etwa zur Hälfte fertig gestellt.

Johann Christian Senckenberg hat die Eröffnung des Bürgerhospitals nicht mehr erlebt. Bei der Inspektion des gerade auf dem Nordflügel vollendeten Uhrtürmchens stürzte er am 15. November 1772 vom Baugerüst in die Tiefe. Per Boten von dem Unglück benachrichtigt, eilte Renatus von Senckenberg

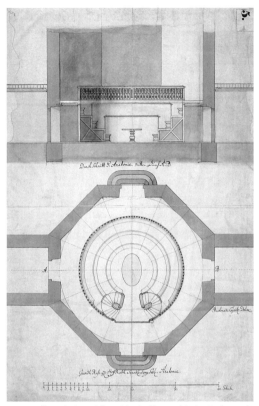

Querschnitt und Grundriss des Hauptgebäudes der Anatomie. Kolorierte Federzeichnung, um 1768.

von Wetzlar nach Frankfurt, wo er am 17. November eintraf. Rückblickend hat Renatus den letzten Tag im Leben seines Onkels rekonstruiert. Demnach hatte Johann Christian Senckenberg an jenem verhängnisvollen Sonntag im November 1772 nach dem Aufstehen zwar etwas über Schwindelgefühle geklagt, war dann aber mit „Jünglingsmunterkeit durch die Gassen nach seinen Patienten gelaufen."[41] Seine Mittagsmahlzeit nahm Senckenberg zu Hause ein, anschließend las er zur Erbauung eine Predigt. Als der Arzt am Nachmittag zu weiteren Hausbesuchen aufbrechen wollte, fasste er spontan den Entschluss, zuvor das noch eingerüstete Uhrtürmchen zu besteigen. Ob er dabei einen Fehltritt machte oder einen erneuten Schwindelanfall erlitt, kann nur vermutet werden. Kurz vor vier Uhr vernahmen Nachbarn auf der Baustelle ein lautes Poltern und fanden, als sie der Ursache nachgingen, den bewusstlosen, am Hinterkopf stark blutenden Senckenberg. „Man brachte ihn", so wurde Renatus berichtet, „in sein Wohnzimmer, legte ihn auf etwas Bettwerk, und versammelte Aerzte und Wundärzte, die alle aber gleich ihre

Mühe verlohren schäzten, wie sie es auch würklich war. Ungefähr um 8 Uhr desselben Abends gab Johann Christian Senckenberg, ohne ein Zeichen des Bewustseins die ganze Zeit hindurch gegeben zu haben, unter beständigem Bluten und Röcheln, seinen Geist auf. ... Ganz Frankfurt bedauerte seinen Verlust."[42]

Es war eine Ironie des Schicksals, dass ausgerechnet die sterbliche Hülle des Stifters, der noch zu Lebzeiten eine Sektion des eigenen Leichnams untersagt hatte, am 17. November 1772, da es sich um eine gewaltsame Todesursache handelte, als erste in der Anatomie

Senckenbergs Grabstätte am Stiftshaus. Lichtdruck von Carl Friedrich Fay, um 1900.

geöffnet wurde. Das Ergebnis der Sektion deutet auf einen Schädelbruch hin. Als Neffe und Testamentsvollstrecker veranlasste Renatus die Abnahme einer noch heute erhaltenen Totenmaske durch den Bildhauer Christian Benjamin Rauschner und kümmerte sich um die von Senckenberg bis ins Detail geregelte Beisetzung. Senckenberg hatte beizeiten aus dem grünen Brautkleid der ersten Ehefrau ein Sterbehemd schneidern lassen und einen nach seinen Wünschen gezimmerten Sarg erworben. Bei Fackelschein trugen am Abend des 18. November 1772 Frankfurter Chirurgen den Sarg des Stifters, gefolgt von Renatus von Senckenberg, den Mitgliedern der Stiftungs-

administration und zahlreichen Trauergästen, von der Anatomie durch den botanischen Garten zur Gruft am Stiftshaus. Auf der vom Verstorbenen selbst verfassten lateinischen Grabinschrift musste nur noch das Sterbedatum eingetragen werden, sie lautet übersetzt: „Gott dem Allmächtigen zu Ehren. In diesem Grabe liegt verwahrt der irdische Leib Johann Christian Senckenbergs, der in seinem Leben, durch die Güte des erbarmenden Gottes, ein redlicher Bürger und treuer Arzt gewesen ist, der die Erde für den Ort der Verbannung, den Himmel aber für sein Vaterland gehalten hat, dahin er freudig zurück gekehrt ist, als er durch einen sanften Tod die Freiheit erhielt, Im Jahr MDCCLXXII den XV. November, Geboren MDCCVII den XXVIII. Februar. Lerne zu sterben während du lebst: So hast du durch den Tod das Leben erworben; denn nur der wird gekrönt, der überwindet."[43]

Das Bürger- und Beisassen-Hospital bis zur Revolution 1848/49

Ohne den Spiritus Rector Senckenberg schlug für die Administration der Stiftung die Stunde der Wahrheit. Die mit den Frankfurter Ärzten Johann Christian Kisner (Vorsitzender), Johann Adolph Behrends, Friedrich Sigismund Müller und Philipp Bernhard Pettmann sowie vier weiteren angesehenen Bürgern besetzte Administration nahm mit Senckenbergs Neffen Renatus das Heft in die Hand, um nicht zuletzt in der Stadt das „schleichende Gemurmel, dass das Burgerhospital nicht zu seiner Vollkommenheit kommen wuerde"[44] zu beenden. Nach einem Kassensturz mussten die vier ärztlichen Administratoren sowie der Verleger Heinrich Remigius Brönner, der Apotheker Johann Jacob Salzwedel und die beiden Kaufleute Seeger Münch und Gottfried Schubert Anfang 1773 erkennen, dass der „Stiftung ein schwerer Stein zu heben, bevorstund."[45] Die offenen Rechnungen der Stiftung beliefen sich auf 21.000 Gulden, weshalb sich das von Johann Christian Senckenberg geerbte, überwiegend fest angelegte Vermögen auf 117.400 Gulden reduzierte. In einer gemeinsamen Krisensitzung beschlossen die Mitglieder der Administration und die drei städtischen Revisoren am 19. März 1773, die Zinserträge aus dem Stiftungsvermögen vorerst nicht mehr nur zu einem Drittel, sondern nahezu komplett in die Vollendung des halbfertigen Hospitalrohbaus zu investieren. Bevor die seit mehreren Monaten ruhenden Bauarbeiten am Bürgerhospital wieder aufgenommen wurden, kam es zu einer gravierenden Änderung der Grundrisse. Das um einen Innenhof als Viereck entworfene Gebäude sollte jetzt zugunsten von mehr Licht und Luft in Form einer nach Westen zum botanischen Garten hin geöffneten Dreiflügelanlage verwirklicht werden.[46]

Das Spendenaufkommen diktierte das Tempo der Bauarbeiten. Während der Rohbau des Bürgerhospitals Ende 1773 unter Dach und Fach war, verstrichen für den Innenausbau und die Einrichtung weitere fünf Jahre.

Die Bürgerschaft nahm an der Fertigstellung des Krankenhauses regen Anteil. Nach Senckenbergs Tod stieg unter den Frankfurtern die Bereitschaft, sich an den Kosten des im Entstehen begriffenen Bürgerhospitals zu beteiligen, deutlich an, so dass sich allein die bis Dezember 1777 eingetroffenen Geldspenden auf 19.000 Gulden addierten. Hinzu kamen nicht berechnete Handwerkerleistungen und Sachspenden von der Klistierspritze bis zur Stundenglocke für das Uhrtürmchen. Die von der Administration der Dr. Senckenbergischen Stiftung ab 1776 veröffentlichten „Stiftungs-Nachrichten" enthielten neben einer zusammenfassenden Darstellung der jüngsten Entwicklungen ein als Dank und Ansporn gedachtes namentliches Verzeichnis der Spender.

Unter den zahlreichen Gönnern ragte ein „ungenannter Wohlthaeter" heraus, der zwischen 1775 und 1779 insgesamt 33.600 Gulden für das Bürgerhospital stiftete. Erst nach dem Tod des großen Unbekannten im Jahr 1782 wurde bekannt, dass es sich bei dem anonymen

Förderer des Hospitals um den vermögenden Frankfurter Bankier Simon Moritz Bethmann gehandelt hatte. Als Teilhaber des florierenden Bank- und Handelshauses Gebrüder Bethmann gehörte der mit Johann Christian Senckenberg gut befreundete Simon Moritz zu den führenden Köpfen innerhalb der nicht ratsfähigen Bürgerschaft. Der kinderlose Guldenmillionär hatte das Bürgerhospital in seinem Testament mit 50.000 Gulden „zur Verpflegung armer kranker dahier verburgerter Personen" bedacht.[47] Das testamentarische Vermächtnis lag noch über den Gesamtkosten für den Bau und die Einrichtung des Hospitals in Höhe von knapp 45.000 Gulden. Auf einer von der Administration in Auftrag gegebenen Gedenktafel wurde Simon Moritz Bethmann ob seiner Großzügigkeit als „der andere Vater dieser Stiftung" geehrt.[48] Bethmanns Beispiel machte Schule; so hinterließ, um nur die beiden wichtigsten Zuwendungen zu nennen, die Witwe Anna Elisabetha Klotz 1794 dem Bürgerhospital über 53.000 Gulden und der Handelsmann Peter Meermann bestimmte 1797 das Spital zum Alleinerben seines circa 85.000 Gulden umfassenden Vermögens. Mit Hilfe der zahlreichen Groß- und Kleinspender wurde die Bettenkapazität des Bürgerhospitals von ursprünglich sechs bis zum Jahr 1786 auf dreißig erhöht.[49]

Im Winter 1782/83 wurden in der Stadt Stimmen laut, dass die Versorgung der Kranken im Bürgerhospital Mängel aufweise. Die Administration befragte daraufhin Patienten nach ihrer Meinung und sorgte bei begründeter Kritik für Abhilfe. Den positiven Gesamteindruck des Bürgerhospitals bestätigte der Reiseschriftsteller J. H. Campe in einem Bericht über Frankfurt am Main aus dem Jahr 1785, in dem er die „Reinlichkeit, Ordnung, Bequemlichkeit und Nettigkeit" des Spitals in den höchsten Tönen lobte: „Eigenschaften, die ich in einem so hohen Grade in keinem anderen Verpflegungshause jemals gesehen habe. Treppen, Fußböden, Wände, Fenster, Vorhänge, Betten – alles schien eben erst gescheuert und gewaschen zu sein, und durch das ganze Gebäude herrschte eine so vollkommen reine Luft, dass man durchaus nicht merken konnte, man sei in einem Krankenhause."[50] Das Bürgerhospital stand armen

Bombardement der Stadt Frankfurt am 13./14. Juli 1796.
Kolorierter Kupferstich von Johann Christoph Berndt.

Kranken und Alten offen. Johann Christian Senckenberg hatte dem Hospital eine Doppelfunktion gegeben, nach der sich auch alleinstehende alte Frauen und Männer als Pfründner in die Anstalt einkaufen konnten. Im Gegenzug erhielten die Pfründner bis zu ihrem Tod alles, was sie zum Leben brauchten, einschließlich ärztlicher Versorgung und Pflege bei nachlassender Gesundheit. Von dieser Möglichkeit der Altersversorgung machten 1779 fünf Pfründner Gebrauch. Der älteste überlieferte Pfründnervertrag regelte am 17. Juni 1787 die Aufnahme der Witwe Anna Maria Bärell. Die Witwe eines Schuhmachermeisters hatte sich „Alters und schwächlicher Gesundheits-Umständen halber, hauptsächlich aber um ihre noch übrige Tage in Ruhe zuzubringen"[51], für ein Dasein als Pfründnerin entschieden. Bärell übertrug der Dr. Senckenbergischen Stiftung ihren gesamten Besitz und verbrachte bis 1801 ihren Lebensabend im Bürgerhospital.

Das beschauliche Leben der Pfründner wurde im Juli 1796 jäh unterbrochen. Im Zuge der Revolutionskriege erschien der französische General Jean-Baptiste Kléber mit seinen Truppen vor der von dem österreichischen General Graf von Wartensleben gehaltenen Reichsstadt. Da der Österreicher die kampflose Übergabe Frankfurts ablehnte, begannen die auf der Holzhausen-Oede in Stellung gebrachten Batterien der Franzosen am 12. Juli 1796 die Stadt zu beschießen. Nachdem die Dr. Senckenbergische Stiftung die ersten beiden Kanonaden unbeschadet überstanden hatte, wurden im Laufe des 13. Juli alle möglichen Vorsichtsmaßnahmen getroffen. Wasserbütten auf den Dachböden des Bürgerhospitals, die beiden stiftungseigenen Feuerspritzen und die Deponierung transportabler Geräte und wichtiger Unterlagen im Keller des Stiftshauses sollten das Schlimmste verhindern. Als gegen 23 Uhr erneut ein schweres Bombardement einsetzte, suchten Pfründner und gehfähige Patienten in dem gesicherten Keller des Stiftshauses Schutz. Eine halbe Stunde später stand der nördliche Teil der Judengasse in Flammen. Um Mitternacht schlugen auf dem Stiftungsgelände mehrere Kanonenkugeln ein. „Gleich hernach", stand später in den „Stiftungs-Nachrichten" zu lesen, „fielen unter

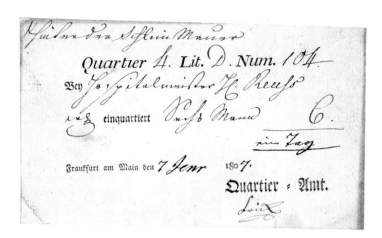

Einquartierung von sechs Soldaten bei Hospitalmeister Johann Wilhelm Reuß am 7. Januar 1807.

den vielen ueber saemmtliche Stiftsgebaeude geflogenen Bomben Drey in das Hospitalgebaeude, Eine in das Stiftshauß und Fuenfe in den botanischen Garten nieder, welche saemmtlich grosse Verwuestungen anrichteten; wobey aber die Vorsehung so wachte, daß, ohnerachtet die Bomben in dem Gange zwischen zwey mit Eilf Kranken belegten Stuben und in dem geplatteten Spitalhofe zersprangen, und die nah gelegenen Thueren und Waende, auch sonst die meisten untern zugelassenen Fenster zerschmetterten, dennoch Niemand an seinem Leibe der mindeste Schaden geschah."[52] Nur weil die explosiven Kanonenkugeln keine Brände entfachten, überstand die Stiftung den Artilleriebeschuss mit geringem Sachschaden. Nach dreitägigem Bombardement übergab der österreichische Graf die Stadt den Franzosen.

In den Koalitionskriegen der europäischen Mächte gegen das revolutionäre Frankreich haben französische Truppen die Reichsstadt Frankfurt mehrfach besetzt: 1792, 1796, 1800 und zuletzt 1806. Dabei hatte die Dr. Senckenbergische Stiftung weniger unter Kriegszerstörungen als unter Kontributionszahlungen und Einquartierungen zu leiden. An der 1796 von den französischen Besatzern geforderten Kriegskontribution von acht Millionen Livres musste sich die Stiftung zum Beispiel mit 10.000 Gulden beteiligen. Bis zum Ende der reichsstädtischen Zeit kletterten allein die aus dem vom Medizinischen Institut getrennt verwalteten Vermögen des Bürgerhospitals geleisteten Kontributionsbeiträge auf

20.000 Gulden. Obwohl das Hospital über ein beachtliches Vermögen von rund 400.000 Gulden verfügte, sorgte sich das Mitglied der Administration Johann Philipp Fingerlin im Juni 1806 um dessen Zukunft. In einem Lagebericht warnte Fingerlin angesichts der unsicheren Zeitläufte vor dem Rückgang an Schenkungen und an Zinseinnahmen sowie vor einem Wertverlust der in österreichischen Papieren angelegten Vermögensteile. Die Schere zwischen sinkenden Einnahmen und steigenden Patientenzahlen wurde immer größer. Von 139 Fällen im Jahr 1800 war die Anzahl der im Bürgerhospital unentgeltlich verpflegten Kranken binnen eines Jahrfünfts auf 242 gestiegen. „Daß sich dieser Hülfbedürftigen-Zahl", so Fingerlin, „im(m)er mehr vermehren wird, ist leider durch die traurige Zeitereignissen zu befürchten dann wo der vermögendern Bürger sich nicht mehr erlaubt auf den vorigen Fuß zu leben, und sich erforderlicher Einschrenkungen vorschreibt und vorschreiben muß, wo der Flor der Handlung abnim(m)t und dieserhalb weniger Hände beschäftiget, auf welche Classe der Bürger würket daß bestimmter und gewisser, als auf solche, die in Zeiten der Noth und der Krankheit ihre Zuflucht zu unserer Stiftung nehmen und besonders Winterzeit ihr Heil im Hospital suchen."[53] Die Bettenkapazität des Bürgerhospitals war innerhalb der letzten beiden Jahrzehnte von dreißig auf siebzig Plätze im Jahr 1806 mehr als verdoppelt worden. Um das Wohl der kranken Bürger und Beisassen kümmerten sich mit dem Hospitalarzt, dem Chirurgen, dem Hospitalmeister-Ehepaar, dem Buchhalter, dem Krankenwärter und drei Wärterinnen, dem Hausknecht, der Köchin und zwei Mägden insgesamt 13 Mitarbeiter, von denen bis auf die beiden Ärzte und den Buchhalter alle im Hospital wohnten. Damit das Bürgerhospital gar nicht erst in eine finanzielle Schieflage gerate, rief Fingerlin im Juni 1806 seine Kollegen in der Administration zu größtmöglicher Sparsamkeit auf.[54]

Die militärischen Niederlagen gegen Napoleon Bonaparte und der Austritt von 16 im Rheinbund unter französischem Schutz vereinten Fürsten aus dem Reichsverband bewogen Kaiser Franz II. am 6. August 1806 zur Auflösung des Heiligen Römischen Reichs Deutscher Nation.

Mit dem Untergang des alten deutschen Reiches stand auch die Reichsstadt Frankfurt vor einer Zeitenwende. Die Frankfurter verloren 1806 vorübergehend ihre „Freiheit" und gewannen unfreiwillig den Fortschritt. Im Rheinbundvertrag vom 12. Juli 1806 wurde die ehemalige Reichsstadt dem aufgeklärten letzten Mainzer Erzbischof Carl Theodor von Dalberg als Teil eines Fürstentums zuerkannt, welches 1810 von Napoleon zum Großherzogtum erhoben wurde. In Abhängigkeit von Frankreich und geleitet von den Idealen der Französischen Revolution setzte Dalberg während seiner kurzen Regierungszeit von 1806 bis 1813 in Frankfurt tief greifende Reformen durch. Der Großherzog schnitt viele alte Zöpfe ab, indem er als Zivilrecht den Code Napoléon einführte, die Gleichberechtigung aller Untertanen einschließlich der Juden erklärte und den christlichen Minderheiten die uneingeschränkte Religionsausübung ermöglichte. Als Patienten hatte das Bürgerhospital von Anbeginn sowohl Lutheraner als auch Reformierte und Katholiken akzeptiert, nur Juden blieben ausgeschlossen. Unter Dalberg gelang die längst überfällige Reform der seit 1668 gültigen Medizinalordnung. Die vom Großherzog am 20. Dezember 1810 erlassene Verordnung beließ die allgemeine Aufsicht über das Frankfurter Medizinalwesen

Carl Theodor von Dalberg (1744-1817).
Ölgemälde von Franz Seraph Stirnbrand, 1812.

bei den im „Sanitätscollegium" vereinigten Stadtärzten, enthielt aber natürlich auch zahlreiche Neuerungen, wie zum Beispiel die offizielle Aufforderung an alle Ärzte, die monatlichen Fortbildungsveranstaltungen der Dr. Senckenbergischen Stiftung zu besuchen.[55]

Carl Theodor von Dalberg hatte bei seinem Regierungsantritt den Stiftungen ihr Eigentum garantiert und diese Zusicherung am 9. Oktober 1806 im Rahmen einer Audienz gegenüber dem Vorsitzenden der Administration der Dr. Senckenbergischen Stiftung, Johann Adolf Behrends, nochmals bekräftigt. Die Bestandsgarantie schützte allerdings nicht vor konzeptionellen Eingriffen. Der Präfekt des großherzoglichen Departements Frankfurt, Friedrich Maximilian von Günderrode, nahm im März 1813 den Fall des krebskranken Grabenfegers und Bürgers Kühn zum Anlass, die Erweiterung des Bürgerhospitals um eine „Anstalt für unheilbare Kranke und schwache Personen" anzustreben. Im Januar 1813 war der an einer als krebsartig eingestuften Geschwulst am Bein leidende Kühn wegen akuter Beschwerden in der Brust in das Hospital eingeliefert worden. Nach der Behandlung der Brustschmerzen hatte die Hospitalleitung den krebskranken, arbeitsunfähigen Grabenfeger wieder entlassen. Auf Nachforschungen des Frankfurter Maire, Jakob Guiollett, warum im Bürgerhospital nicht auch die Krebserkrankung Kühns versorgt wurde, und auf den Vorstoß des Präfekten reagierte die Administration der Dr. Senckenbergischen Stiftung am 17. März 1813 mit einer ablehnenden Stellungnahme. Die Langzeitpflege unheilbar Kranker entsprach demnach nicht dem Auftrag der Stiftung und stellte aus Sicht der Administration eher eine Aufgabe des Staates dar. Außerdem engagierte sich das Bürgerhospital neben der Krankenbereits in der Altenpflege, so dass keine freien Kapazitäten mehr vorhanden gewesen sein sollen.[56]

Die Zahl der im Bürgerhospital jährlich behandelten Kranken stieg unaufhörlich und lag 1811 bei 316 Patienten. Um sich ganz auf die Hauptaufgabe konzentrieren zu können, wollte die Administration eigentlich das Pfründnerwesen aufgeben, als der 1812 verstorbene Buchdrucker und Senator Johann

Carl Brönner dem Hospital sage und schreibe 100.000 Gulden mit der Auflage vermachte, dass dort stets mindestens sechs arme, allein stehende, nicht unter sechzig Jahre alte Männer aus der Frankfurter Bürgerschaft auf Lebenszeit als Pfründner versorgt werden. Die Administration konnte das großherzige Vermächtnis unmöglich ablehnen und stellte ab 1813 für die Brönner'schen Pfründner drei Zweibettzimmer bereit.[57] Der Kunstmaler und Bürger Friedrich Christian Zschoche gehörte 1813 zu den ersten sechs Brönner'schen Pfründnern im Bürgerhospital. Als 62-jähriger arbeits- und mittelloser „Single" erfüllte Zschoche sämtliche Aufnahmebedingungen. Der verarmte Künstler durfte bei seinem Einzug ins Hospital einige ausgewählte Möbelstücke mitbringen und hatte ansonsten die Anweisungen des Hospitalmeisters zu befolgen.[58]

Das erste richtige Frankfurter Altenheim sollte aus dem 1817 in der Hammelsgasse als Anlaufstelle für „Arbeitende, Alte, Schwache und chronisch Kranke aus den drey christlichen Confessionen" eröffneten Versorgungshaus hervorgehen. In der Anfangszeit diente die Anstalt lediglich der Beschäftigung und Versorgung von „Tagespfleglingen", später wurde „die gänzliche Unterbringung alter und sicher Personen ..., die anderwärts keine Pflege erhalten können" zur Hauptaufgabe.[59] Zwei Wohltäter, der Bankier Heinrich Mylius und vor allem Freiherr Ludwig Friedrich Wilhelm von Wiesenhütten, haben Mitte des 19. Jahrhunderts mit umfangreichen Stiftungen und Vermächtnissen die Zukunft des seit 1911 dem Bürgerhospital benachbarten Alten- und Pflegeheims gesichert. Die Versorgung von Pfründnern bildete für das Bürgerhospital nur einen Nebenakzent. Das Hauptaugenmerk war auf die Krankenpflege gerichtet, an deren Qualität die Patienten zu Zeiten des Großherzogs von Dalberg offenbar nichts zu beanstanden hatten. Im März 1812 reimte der wegen einer Beinwunde behandelte Jacob Friedrich Ferber:

„Im wohltaetigen Buergerhospital
Lag ich in heftigen Schmerzen,
Obgleich mich drueckte ein schweres Schicksal,
War ich zufrieden von Herzen."[60]

Beim Besuch der Dr. Senckenbergischen Stiftung am 31. Juli 1809 hatte sich Carl Theodor von Dalberg vor allem für das Medizinische Institut interessiert und das Bürgerhospital mehr oder weniger links liegen gelassen. Dalberg hatte Großes mit der Stiftung vor, sie sollte einst die medizinische Fakultät der geplanten großherzoglichen Universität beherbergen. In einem von dem Beauftragten des Großherzogs und der Stiftungsadministration ausgehandelten Vertrag wurde am 22. Juli 1812 die unentgeltliche Mitbenutzung der Anatomie, des botanischen Gartens, des chemischen Labors und des Stiftshauses durch die offiziell als „Medizinisch-chirurgische Special-Schule" bezeichnete Fakultät vereinbart. Gegen die ursprünglich vorgesehene Einbeziehung des Bürgerhospitals in die Ausbildung der Medizinstudenten als Klinikum hatte sich die Administration erfolgreich widersetzt. Bevor der Lehrbetrieb aufgenommen werden konnte, mussten ein neues Laborgebäude errichtet, die Anatomie vergrößert und im Stiftshaus mehrere Hörsäle eingerichtet werden. Die am 9. November 1812 feierlich eröffnete „Special-Schule" blieb jedoch Episode, denn wenige Tage vor dem Beginn des Wintersemesters 1813/14 rückten Truppen der Koalition in Frankfurt ein. Großherzog von Dalberg hatte die Stadt bereits vor der verheerenden Niederlage Napoleons in der Völkerschlacht bei Leipzig für immer verlassen. Der Befreiungskrieg war nach der mehrtägigen Schlacht im Oktober 1813 zugunsten der gegen Frankreich geschlossenen Koalition europäischer Großmächte entschieden. In Frankfurt wurden die russischen und österreich-bayerischen Truppen als Befreier begrüßt. Die meisten Frankfurter hatten die Regierung Dalberg bis zuletzt als Fremdherrschaft empfunden. Während der Untergang des Großherzogtums die Schließung der „Medizinisch-chirurgische Special-Schule" nach sich zog, bewahrte die allgemeine politische Entwicklung das Bürgerhospital vor der bis zuletzt von der Präfektur angestrebten Erweiterung zum Kranken- und Siechenhaus.[61]

Frankfurt gehörte zu den Gewinnern des Wiener Kongresses 1814/15. Nach dem Sturz Napoleons verhandelten Monarchen und Staatsmänner in Wien über die politische Neuordnung Europas. Artikel 46 der Wiener Schlussakte erklärte Frankfurt zur Freien Stadt. Als souveräner Staat war Frankfurt neben den drei Hansestädten Hamburg, Bremen und Lübeck sowie 35 Fürstenstaaten Teil des Deutschen Bundes, der 1815 die Stelle des aufgelösten Heiligen Römischen Reichs eingenommen hatte. Die ehemalige Wahl- und Krönungsstadt wurde als Sitz des Bundestages, der sich im Thurn-und-Taxis-Palast an der Großen Eschenheimer Gasse versammelte, wieder zur „heimlichen Hauptstadt" der Deutschen. Mit der am 16. Oktober 1816 auf dem Römerberg von den Bürgern beschworenen „Constitutions-Ergänzungs-Acte" gab sich die Stadt, indem sie mit den meisten Dalbergischen Reformen brach, eine neue, rückwärtsgewandte Verfassung.[62]

„Die harten Jahre des Krieges", stellte die Administration der Dr. Senckenbergischen Stiftung 1819 erleichtert fest, „sind verschwunden, der Buerger kehrt zu seinen friedlichen Beschaeftigungen zurueck, die Neigung zu Kuensten und Wissenschaft kann sich freier entfalten, und so zeigt sich auch in unserer Vaterstadt ein allseitig vermehrtes Streben, die Intentionen des seeligen Stifters zu befoerdern und in Wirklichkeit treten zu lassen."[63] Das Bürgerhospital hatte die Kriegs- und Teuerungsjahre wesentlich besser überstanden als das Medizinische Institut. Im Unterschied zum Institut, das über die Zinserträge des Stiftungskapitals kaum die laufenden Ausgaben zu bestreiten vermochte, konnte das Hospital dank reichlich fließender Spendengelder sogar zusätzliche Rücklagen bilden. Der 66-jährige Johann Wolfgang von Goethe hatte im Spätsommer 1815 bei seinem letzten Frankfurt-Besuch nicht nur Augen für Marianne von Willemer, sondern der Dichterfürst unterzog auch die Dr. Senckenbergische Stiftung einer kritischen Betrachtung. Über die Diskrepanz zwischen dem Bürgerhospital und dem Medizinischen Institut sowie seine sonstigen Frankfurter Beobachtungen berichtete Goethe 1816 im „Morgenblatt für die gebildeten Stände". In dem Beitrag „Ueber Kunst und Altertum in den Rhein- und Maingegenden" beschrieb Goethe das Hospital als „palastähnlich" und vermögend und kam zu dem Ergebnis: „Hier bleibt nichts zu wünschen übrig."[64] Ganz anders verhielt es sich dagegen mit dem Medizinischen Institut, das der Dichter und Naturwissenschaftler in „Staub und Verborgenheit" versinken sah. Goethe rief die Frankfurter auf, sich verstärkt den fortschrittlichen Naturwissenschaften zuzuwenden, und schlug vor, eine botanische Vereinigung zu gründen, das verwaiste Chemielabor wieder in Betrieb zu nehmen und die Anatomie in eine physikalische Anstalt umzuwandeln. Zur Finanzierung dieses Maßnahmenbündels sollte ein Teil der Überschüsse des Bürgerhospitals

Gedenkblatt der Dr. Senckenbergischen Stiftung.

herangezogen werden. Mit Blick auf das im Medizinische Institut schlummernde Potenzial formulierte Johann Wolfgang von Goethe den bis heute gerne und viel zitierten Appell: „Es geziemt Frankfurt, von allen Seiten zu glänzen und nach allen Seiten hin tätig zu sein."[65]

Die Administration der Dr. Senckenbergischen Stiftung wollte die öffentliche Kritik nicht auf sich sitzen lassen. Im Sommer 1817 verbreitete die Stiftung eine anonyme Druckschrift, um sich speziell von dem Vorwurf der Untätigkeit zu befreien. Die vom Stifts- und Hospitalarzt Christian Ernst Neeff verfasste Schrift musste zwar Probleme des Medizinischen Instituts einräumen, bemühte sich aber redlich, die Neuordnung der Mineraliensammlung oder Anpflanzungen im botanischen Garten als erste Hoffnungsstrahlen hinzustellen.[66] Goethes Mahnruf fand in Frankfurt Gehör. Über die Gründung wissenschaftlicher Vereine kam das Medizinische Institut zu neuer Blüte. Auf Initiative des Anatomielehrers Philipp Jacob Cretzschmar und unter Mitwirkung der Stiftungsvertreter Neeff, Neuburg (Administration), Reus (Hospitalmeister) und Becker (Stiftsgärtner) erfolgte am 22. November 1817 die Konstituierung der Senckenbergischen Naturforschenden Gesellschaft. An dem 1821 von Stadtbaumeister Hess neben dem teilweise niedergelegten Stiftshaus am Eschenheimer Tor errichteten „Naturhistorischen Museum" beteiligte sich das Bürgerhospital mit 1.000 Gulden. Zwischen den nacheinander ins Leben gerufenen Physikalischen (1824), Geographischen (1836), Ärztlichen (1845) und Mikroskopischen Vereinen (1855), die alle mit dem Medizinischen Institut kooperierten und die Einrichtungen der Stiftung mitbenutzten, bestanden enge personelle Verflechtungen in Form von Doppelmitgliedschaften. Die Büchereien der Naturforschenden Gesellschaft, des Physikalischen und des Geographischen Vereins wurden 1850 zur Senckenbergischen Bibliothek vereinigt. Mitte des 19. Jahrhunderts bildete die Dr. Senckenbergische Stiftung das Zentrum der Naturwissenschaften in Frankfurt. Das Medizinische Institut stand nicht mehr im Schatten des Bürgerhospitals.[67]

Die Zeit war unterdessen auch im Bürgerhospital nicht stehen geblieben. Der

Pfarrer und Geschichtsschreiber Anton Kirchner hatte dem Hospital im Jahr 1818 eine ruhige und gesunde Lage sowie eine ausreichende Bettenkapazität attestiert. „Wer behaupten wolle", lobte Kirchner die Architektur der Krankenzimmer, „daß es bequemer sey, die Fenster in der Höhe anzubringen, wie es z. B. im großen Krankenhause zu Wien der Fall ist, sowohl um mehr Betten zu stellen, als um den Luftzug über den Kranken wegzuleiten, möchte übersehen, wie wenig das Kerkermäßige geeignet sey, Genesung zu fördern. Desto wohlthätiger ist der Blick in's Freie, desto vortheilhafter, je weniger dicht die Betten stehen."[68] Steigende Patientenzahlen sorgten bald auch im Bürgerhospital für beengte Verhältnisse. Im Vergleich zur Frankfurter Einwohnerzahl, die zwischen 1800 und 1825 noch relativ langsam von 38.100 auf 45.200 Seelen gewachsen war, hatte sich die Anzahl der pro Jahr im Bürgerhospital behandelten Kranken im selben Zeitraum deutlich stärker von 139 auf 376 Patienten erhöht. Mit kleineren Umbauten, wie dem mehrfach erfolgten Herausbrechen von Zwischenwänden, war dem Platzproblem auf Dauer nicht beizukommen. Erst die 1828 von Stadtbaumeister Johann Friedrich Christian Hess vorgenommene Verlängerung des östlichen Hospitalflügels entlang der Radgasse sorgte mit einer Ausweitung der Bettenkapazität von 72 auf 108 Plätze für eine deutliche Entspannung der Raumfrage. Der Anschluss an die neue städtische Quellwasserleitung und an das provisorische Kanalnetz verbesserten 1831/32 die Hospitalhygiene. Ein weiterer Fortschritt war die Einführung der Gasbeleuchtung im September 1852.[69]

Die Administration investierte nicht nur in Gebäude, sondern auch in die Arrondierung des Stiftungsgeländes. Durch den Ankauf zweier Bleichgärten brachte die Dr. Senckenbergische Stiftung 1846 das von Bleich-, Brönner- und Senckenbergstraße begrenzte, östlich an das ursprüngliche Stiftungsareal anschließende Terrain endgültig unter ihre Kontrolle. Über ein Tauschgeschäft mit der Stadtkämmerei, bei dem die Stiftung der Stadt für den Durchbruch der Senckenbergstraße (heute: Stephanstraße) benötigte Flächen abtrat, kam die Administration 1850 in den Besitz der das erweiterte

Stiftsgelände durchschneidenden Radgasse. Ungefähr dem Verlauf der heutigen Katzenpforte folgend wurde die Radgasse fortan für Passanten gesperrt und die dem Bürgerhospital gegenüberliegende Häuserzeile abgerissen. Die vis-a-vis zum Ostflügel des Hospitals erbauten Wohnhäuser hatten den Krankenzimmern viel Licht und Luft weggenommen. Außerdem unterband die Hospitalleitung mit der Niederlegung der Radgasse den vermutlich im Handel mit Genussmitteln bestehenden „schädlichen Verkehr" zwischen Anwohnern und Patienten.[70]

Die im Spital verabreichte Krankenkost ist seit eh und je für Patienten ein Reizthema, für Ärzte ein Bestandteil der Therapie und für Hospitalmeister in erster Linie ein Kostenfaktor gewesen. Um die Wirtschaftsführung und die Verpflegung der Patienten im Bürgerhospital auf eine solide Grundlage zu stellen, setzte der Vorsitzende der Administration und hauptberuflich als Arzt am Heilig-Geist-Hospital tätige Johann Conrad Varrentrapp 1839 eine Reform der Kostbestimmungen durch. Nach einer im Hospital zum Heiligen Geist bereits erprobten Methode wurden Art und Umfang der täglichen Mahlzeiten für Patienten und Personal normiert. So reichte die Krankenverpflegung je nach der Verfassung des Patienten von „Schwacher Kost", die nur einen über den Tag verteilt verabreichten Liter Schleim enthielt, über eine fleischlose Fieberdiät bis zur „Ganzen Kost", bestehend aus Milch und Milchbrot am Morgen, Suppe, Fleisch, Gemüse und Brot zum Mittagessen und nochmals Suppe, Fleisch und Brot am Abend. Kaffee, Bier oder Wein wurden nur mit ärztlicher Erlaubnis ausgeschenkt.[71] Den Angehörigen war es bei Krankenbesuchen streng verboten, irgendwelche Speisen oder Getränke mitzubringen. Vor 1839 hat es im Bürgerhospital für die Männerstation im Erdgeschoss und die im ersten Stockwerk untergebrachte Frauenabteilung anscheinend keine feste Besuchszeitregelung gegeben. Seit der im Mai 1839 eingeführten Begrenzung der täglichen Besuchszeit auf die Nachmittagsstunden von zwei bis fünf Uhr wurde der Kontakt zwischen den Patienten und ihren Angehörigen immer mehr eingeschränkt. Mit „Rücksicht auf die Ruhe und Pflege der Kranken" erlaubte die Administration 1857 Besuche nur noch an drei Wochentagen für maximal eine halbe Stunde.[72]

Ab 1842 bekam das Bürgerhospital einmal im Jahr Besuch von offizieller Seite. Die im Vorjahr verabschiedete neue Medizinalordnung der Freien Stadt Frankfurt hatte dem Sanitätsamt

Blick in die Radgasse von Norden, Januar 1850.

die „unmittelbare Aufsicht ueber saemmtliche Krankenanstalten" übertragen. Neben den beiden zentralen Einrichtungen, dem Hospital zum Heiligen Geist und dem Bürgerhospital, inspizierten die Stadtärzte das auf ansteckende Leiden und Geschlechtskrankheiten spezialisierte Rochushospital, die Anstalt für Irre und Epileptische, die Entbindungsanstalt sowie das Versorgungs- und das Waisenhaus. Entdeckten die Stadtärzte bei ihren Visitationen einen Mangel, informierten sie den Senat. Ferner verfügte die Medizinalordnung der Freien Stadt 1841, dass die Ausübung der „Wundarzneikunst" künftig nur noch nach Vorlage der ärztlichen Promotion gestattet werde. Die Aufwertung der zuvor vom Barbiergewerbe oder von Wundärzten ausgeübten Chirurgie führte in den bislang nur über innere Abteilungen verfügenden Krankenhäusern zur Einrichtung von zusätzlichen chirurgischen Stationen und markiert den Beginn des Facharztwesens. Im Bürgerhospital wurde 1850 unter der Leitung von Philipp Gustav Passavant für „äußere Fälle" eine Chirurgische Abteilung eröffnet.[73]

Gewehrfeuer und Kampfeslärm drangen am 18. September 1848 aus nächster Nähe zum Bürgerhospital. Aufständische und Soldaten lieferten sich um eine in der Bleichstraße errichtete Barrikade blutige Gefechte. Die über das gesamte Stadtgebiet verteilten Kampfhandlungen waren durch massive Proteste linker Demokraten und Republikaner gegen das Verhalten der seit dem 18. Mai 1848 in der Paulskirche tagenden Nationalversammlung in der Schleswig-Holsteinischen Frage ausgelöst worden. Preußen war mit Zustimmung der Nationalversammlung zunächst militärisch gegen die gewaltsame Einverleibung Schleswig-Holsteins durch Dänemark vorgegangen, hatte aber im August 1848 auf internationalen diplomatischen Druck und über die Köpfe der Abgeordneten des ersten gesamtdeutschen Parlaments hinweg mit dem Dänenkönig den unbefriedigenden Waffenstillstand von Malmö geschlossen. Als die Nationalversammlung am 16. September 1848 den Waffenstillstand nachträglich mit 257 gegen 236 Stimmen bestätigte, löste dies in der Öffentlichkeit eine Welle des Protests aus. Das Parlament forderte zur Abwehr von Unruhen preußische und österreichische Truppen an, die in der Nacht zum 18. September gerade noch rechtzeitig in Frankfurt eintrafen, um am darauf folgenden Nachmittag gegen die Aufständischen vorzugehen. Der blutig niedergeschlagene Septemberaufstand stärkte die reaktionären Kräfte und leitete den Niedergang der im Juni 1849 aufgelösten Nationalversammlung ein.[74]

Als das Militär am 18. September 1848 mit der Erstürmung der Barrikade in der Bleichstraße begann, eilte ein Mitglied der Administration der Dr. Senckenbergischen Stiftung zum Ort des Geschehens und erwirkte, dass die Verwundeten beider Seiten in das Bürgerhospital gebracht werden sollten. „Das Wärterpersonale", schilderte die 34ste „Stiftungs-Nachricht" den humanitären Einsatz, „folgte willig und mit freudiger Hingebung dem Führer auf den Kampfplatz und brachte mit eigner Lebensgefahr die schwer Verwundeten in sicheres Asyl. Es fand sich auch sogleich eine mehr denn hinlängliche Anzahl von Aerzten ein, die die Gefahr des Weges nicht scheuten und Assistenzhülfe darboten und tüchtig miteingriffen, so daß in möglichst kürzester Frist alle Verwundeten, Alle, die sich eben noch im feindlichen Kampfe entgegenstanden, unter einem friedlichen Dache freundliche Aufnahme, Hülfe, Verband und Erquickung fanden."[75] Sieben Aufständische mit Schussverletzungen und 32 verwundete Soldaten waren die traurige Bilanz der stundenlangen Gefechte in der Bleichstraße. Fünf schwer verwundete Soldaten und zwei Zivilisten erlagen ihren Verletzungen. Unter den in das Bürgerhospital eingelieferten Aufständischen befanden sich ein Tagelöhner, der innerhalb kurzer Zeit an einem Bauchschuss innerlich verblutete, ein Gerümpler, drei Handwerksgesellen, ein Steindeckermeister und eine durch einen Streifschuss nur leicht an der Hand verwundete Dienstmagd. Die sechs Zivilisten wurden am 19. und 25. September in das Hospital zum Heiligen Geist verlegt, wo schließlich ein weiterer Aufständischer an den Folgen seiner Schussverletzung verstarb. Bis auf drei litten alle im Bürgerhospital verbliebenen preußischen, österreichischen und kurhessischen Soldaten an Schusswunden. Die eiternden Schusskanäle wurden auf Anweisung des Hospitalarztes Johann Balthasar Lorey mit Salbenläppchen bedeckt, auftretendes Fieber mit Nitrum (Salpeter) behandelt. Opium sollte die Schmerzen lindern. Von der Nationalversammlung zum Reichsverweser und provisorischen Regenten eines angestrebten deutschen Gesamtstaates ernannt, besuchten Erzherzog Johann von Österreich, Kriegsminister von Peucker und andere hochrangige Militärs die verwundeten Soldaten im Bürgerhospital und „bezeugten ihre Zufriedenheit mit der medizinischen und chirurgischen Pflege und der sorgfältigen Krankenwartung und Kost."[76]

Der erst seit 1846 amtierende Hospitalarzt hatte mit der Versorgung der Verwundeten des Septemberaufstandes seine Bewährungsprobe bestanden. Unterstützung fand der bei seinem Amtsantritt 46-jährige Lorey bei einem alten Hasen, dem Hospitalchirurgen Lorenz Wilhelm Voigt, der seit 1813 im Bürgerhospital ein und aus ging. Als Mitbegründer des Ärztlichen Vereins sorgte Lorey dafür, dass ab 1846 gedruckte „Jahresberichte ueber das Dr. Senckenbergische Bürgerhospital" erschienen. So verzeichnete die Krankenhaus-

Der Abgeordnete Gustav Adolf Rösler gibt am 18. September 1848 unter Lebensgefahr den kämpfenden Parteien die Bedingungen eines Waffenstillstands bekannt.

statistik für das Jahr 1849 die Behandlung von 397 Patienten mit 13.079 Verpflegungstagen, was einer durchschnittlichen Verweildauer von 32,9 Tagen entspricht. Innerhalb eines Jahres haben 242 Patienten das Bürgerhospital geheilt verlassen, 35 Kranke konnten immerhin gebessert und 16 mussten ungeheilt entlassen werden. Insgesamt waren 58 Todesfälle zu beklagen, bei 46 Patienten wurde die Behandlung 1850 fortgesetzt.[77] Fast jede zehnte 1849 im Bürgerhospital gestellte Diagnose lautete auf Tuberkulose (Tbc). Die Infektionskrankheit galt lange Zeit als „Barometer der Volksgesundheit".[78] Da Überarbeitung, Mangelernährung oder ungesunde Luft- und Lichtverhältnisse der Wohnung die Ausbreitung der Lungenschwindsucht begünstigten, erschien Tbc als typische „Proletarierkrankheit". Zu den Symptomen der Krankheit zählten ein auffälliger Gewichtsverlust, das „Dahinschwinden", Fieber und ein mit Husten verbundener blutiger Auswurf. Zuerst nur für bedingt ansteckend eingestuft, gelang 1882 Robert Koch mit der Entdeckung des Tuberkelbazillus der Nachweis der außerordentlichen Infektiosität der Lungenschwindsucht, bald darauf wurde die

Übertragung der Tbc über die Tröpfcheninfektion durch Husten oder Niesen erkannt. Der Arzt des Bürgerhospitals, das 1846 ein erstes Mikroskop von Opticus Schick in Berlin für siebzig Gulden angeschafft hatte, konnte von alldem noch nichts wissen und mangels Antibiotika nur die hohe Tbc-Sterblichkeit registrieren. Von den 38 Tuberkulosekranken waren 1849 22 verstorben, doch auch den als gebessert entlassenen gab Lorey auf Dauer kaum eine Überlebenschance. Wurde eine Tbc im Frühstadium erkannt, bekämpfte Lorey den Husten und bemühte sich zugleich um eine Stärkung der Konstitution des Kranken durch „Oleum jecoris aselli" (Dorschlebertran), Flanellbekleidung und viel frische Luft.[79]

Bevor Wilhelm Conrad Röntgen 1895 die nach ihm benannten Strahlen und ihre Bedeutung für die Medizin entdeckte, erforderten das Erkennen und Beurteilen von Lungenerkrankungen ein hohes Maß an ärztlichem Können. Die Mediziner mussten ihre Diagnosen allein anhand von Perkussion, das heißt durch Beklopfen der Brust und Deutung des Klopfschalls, und durch das Abhören der Brust

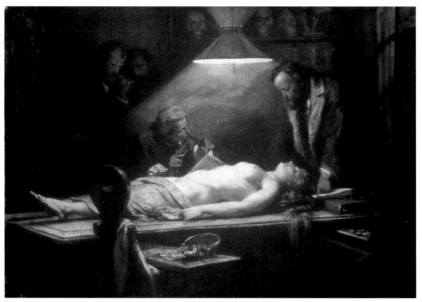

Sektion der „Schönen Frankfurterin". Am Kopfende steht Johann Christian Gustav Lucae, von 1851 bis 1885 Lehrer der Anatomie am Senckenbergischen Institut. Ölgemälde von Heinrich Hasselhorst, 1864.

mit dem 1819 entwickelten Stethoskop, der Auskultation, stellen. Johann Balthasar Lorey, der 1849 im Bürgerhospital 15 Lungenentzündungen ermittelt hatte, von denen sechs Fälle tödlich verliefen, warnte vor Kunstfehlern aufgrund übereilter Diagnosen: „Hier ist also der gereifte Arzt entschieden im Vortheile; er wird weniger leicht in Versuchung kommen, Zeichen an und fuer sich eine Bedeutung und Deutung zu geben, die sie nicht haben, und waehrend das Stethoscop in der Hand eines juengeren praktisch unerfahrenen Arztes moeglicherweise ein gefaehrliches Spielzeug werden koennte, das zu Mißgriffen in der Behandlung leiten koennte, so wird es dem erfahrenen Praktiker ein hoechst schaetzbares unersetzbares Huelfsmittel fuer die Diagnose sein ... Ist es doch, als ob durch dieses Instrument die Brustwandungen durchsichtig gemacht und die erkrankten Organe uns vor Augen gelegt wuerden!"[80]

Im Vergleich zu den Lungenkrankheiten blieben 1849 gastrointestinale Infekte im Bürgerhospital eine Randerscheinung, lediglich fünf Typhus-Fälle und ein an Cholera nostras (Gallenruhr) leidender Mann kamen in Behandlung. Insgesamt übertrafen die inneren Krankheiten mit 304 Patienten die chirurgischen mit 93 Fällen bei weitem. Der langjährige Hospitalchirurg Voigt hatte 1849 hauptsächlich

Wunden und Geschwüre zu versorgen sowie jeweils einen Bein-, Arm- und Schlüsselbeinbruch zu heilen. Bei der einzigen großen Operation musste Voigt am 19. Juli 1849 einer krebskranken Frau eine Brust amputieren. Die Patientin wurde am 5. September 1849 als geheilt entlassen, doch bereits nach wenigen Monaten traten neue Krebsgranulationen auf, so dass die Frau im Sommer 1850 nach schwerem Leiden verstarb. Voigts Tage waren ebenfalls gezählt, der Chirurg schloss am 26. September 1850 für immer die Augen. Im Oktober übernahm Philipp Gustav Passavant in Festanstellung die neu eingerichtete Chirurgische Abteilung. Während der Hospitalarzt Lorey als Leiter der Inneren Abteilung die Oberaufsicht über das Bürgerhospital behielt, war Passavant für die nun auch in separaten Krankensälen untergebrachten äußeren Fälle zuständig. Von dem mit 400 Gulden Jahresgehalt honorierten Chirurgen erwartete die Stiftungsadministration, dass er insbesondere mit Lorey und dem ebenfalls 1850 neu eingestellten Hospitalmeister Johann Christoph Reichard an einem Strang zog, „da nur durch gleichgesinntes Zusam(m)enwirken aller Beamten des Hauses ihre gemeinschaftliche Aufgabe, das Wohl der Kranken zu befördern, möglichst erfüllt werden kann."[81]

Bekanntgabe der neuen Besuchszeiten im „Frankfurter Intelligenz-Blatt" vom 19. Mai 1857.

Seit Oktober 1849 waren die Ärzte im Bürgerhospital zu dritt. Mit Georg Jacob Sackreuter hatte die Administration erstmals einen Assistenzarzt eingestellt. Der 28-jährige Sackreuter sollte während der auf zwei Jahre befristeten Anstellung dem Hospitalarzt und dem Chirurgen zuarbeiten und die Zeit zur

Vervollkommnung seiner praktischen Ausbildung nutzen. Dem Assistenzarzt wurden eine Reihe von Schreibarbeiten, wie das Führen der Krankengeschichten, des Arzneimittelbuchs und der Krankenhausstatistik, aufgebürdet. Sodann musste Sackreuter an Visiten und Operationen teilnehmen sowie Sektionen durchführen. Im Krankenhausalltag hatte sich der Assistenzarzt an der Aufsicht über die Patienten und die etwa zehn Krankenwärter und Wärterinnen zu beteiligen, neu eingestelltes Pflegepersonal wurde von ihm eingewiesen. „Um diese Pflichten eines Assistenzarztes wirklich zu erfüllen", forderte Paragraph 16 der von jedem Amtsinhaber zu unterschreibenden Instruktion, „ist der häufige Besuch der Krankensäle auch außer den ständigen Visiten zu jeder Tages- und Nachtzeit nothwendig und unerlässlich. Ebenso darf sich derselbe nicht auf zu lange Zeit aus dem Hospital entfernen, und er hat immer zu hinterlassen, wo er zu finden sey."[82] Der Dienst wurde den Assistenzärzten mit Kost und Logis im Bürgerhospital und 150 Gulden Jahresgehalt vergütet. Auf Sackreuter folgte 1851 Otto Michael Gwinner.

Innerhalb eines Vierteljahrhunderts stieg die Einwohnerzahl der Stadt Frankfurt am Main von 45.200 (1825) auf 59.700 (1850). Im selben Zeitraum erhöhte sich die Patientenzahl des Bürgerhospitals von 376 auf 452 pro Jahr. Die Eröffnung der chirurgischen Abteilung sorgte dafür, dass die Aufnahme von Kranken 1851 auf 548 hinaufschnellte. Trotz des zusätzlichen Assistenzarztes stieß das Bürgerhospital in den fünfziger Jahren des 19. Jahrhunderts wieder einmal an seine personellen und räumlichen Grenzen. In solch angespannter Situation mussten die vom Hospitalarzt Lorey in den Jahresberichten unter „Morbus fictitii" (vorgetäuschte Krankheit) aufgeführten Simulanten doppelt unangenehm auffallen. So hatten 1849 laut Lorey immerhin 13 Patienten ihre Krankheiten nur vorgetäuscht, um sich für eine Weile im Bürgerhospital durchfüttern zu lassen.[83] Der Frankfurter Mundartdichter und Verleger Friedrich Stoltze hat 1859 das Phänomen der „Morbus fictitii" im Bürgerhospital in dem Gedicht „Die Wintervögel"[84] in seiner unnachahmlichen Art verarbeitet.

Die Wintervögel

Un wann die Schwalb nach Süde schifft,
Um sich net ze verkälte,
Dhun sich im Senckeberjer-Stift
Die Wintervögel melde.

Sie sein da pinktlich alle Jahrn
Beim ehrschte Schnee ze gucke;
Sie wolle Holz un Lichter sparn
Un huste wie mischucke.

Un, ach, der best Lakritzsaft
Kann net ihrn Huste lindern!
Sie hawwe'n extra aageschafft,
Um hie ze iwwerwintern.

Es hilft en kää Berliner Sprit,
Kää Husteledder-Kaue, -
Doch sin se gut bei Appedit
Un dhun ääch gut verdaue.

Un sitze so im Waarme drei,
De Frihling abzewaarte,

Und's fehlt en nix als Eppelwei
Un Tuwak nor un Kaarte;

Doch wann des Frihlingsliftsche weht,
Der Winter dhut enteile,
Un Alles draus spaziere geht,
Da kriehn se Langeweile.

Un es verlässt se iwwer Nacht
Der Huste da, der beese,
Un morjens sein se uffgewacht
Un fihle sich genese.

Und's geht die Lung als wie geschmiert,
E Wunner for ihr Alter!
Un Abschidd nemme se gerihrt
Vom Reichard, dem Verwalter.

Un sage'm: Ach, die Abschiddsstund,
Die werrd uns schwer un bitter!
och läßt der Himmel uns gesund,
Sehn merr im Herbst uns widder!

Ein Neubau mit Hindernissen
Das Bürgerhospital
in der preußischen Stadt

Nekrologe geraten leicht in den Verdacht, dass sie das Lebenswerk des Verstorbenen überhöhen, zumal wenn sie den Verblichenen mit den Worten in den Himmel heben: „Was seit vierzig Jahren in Frankfurt Gutes und Gemeinnütziges geschehen ist, sind fast ausnahmslos Schöpfungen Varrentrapp's oder Werke seiner Mitarbeit."[85] Doch die Biographie des 1886 verstorbenen Georg Varrentrapp hält dieser Lobpreisung durchaus stand. Aus einer Arztfamilie stammend hatte der 1809 in Frankfurt geborene Varrentrapp ebenfalls Medizin studiert und 1842 die Nachfolge seines Vaters Johann Conrad als Oberarzt am Hospital zum Heiligen Geist angetreten. Neben seiner beruflichen Tätigkeit entwickelte Georg Varrentrapp ein beispielloses gesellschaftliches Engagement. Der Arzt und Hygieniker übte von der „Frankfurter Gemeinnützigen Baugesellschaft" bis zum „Verein zur Pflege im Felde verwundeter und erkrankter Krieger" unzählige Vorstandsfunktionen und Mitgliedschaften aus, sein bis heute nachwirkendes Lebenswerk ist die Durchsetzung der Abwasserentsorgung über eine systematisch angelegte Schwemmkanalisation. Varrentrapps kommunalpolitische Laufbahn begann 1842 und dauerte über vier Jahrzehnte. Der Mediziner gehörte von 1842

bis 1866 der Gesetzgebenden Versammlung an und war als Stadtverordneter von 1867 bis 1884 Wortführer der konservativen Nationalliberalen in der Frankfurter Kommunalpolitik.

Georg Varrentrapp war über die Vorgänge im Bürgerhospital stets bestens informiert, da sein Vater von 1817 bis 1852 den Vorsitz in der Administration der Dr. Senckenbergischen Stiftung inne hatte. So ist es einmal mehr der weitblickende Georg Varrentrapp gewesen, der 1846 als erster die Frage nach einem Neubau und dem zukünftigen Standort des Bürgerhospitals aufgeworfen hat. Der Hygieniker favorisierte eine Verlegung des Hospitals vor die Stadt und die schon unter Dalberg angestrebte Erweiterung der Heilanstalt um ein Siechenhaus (Pflegestation), an dem es in Frankfurt noch immer fehlte. Nachdem Varrentrapp den Stein ins Rollen gebracht hatte, wurde die Neubaufrage zunächst stiftungsintern weiter diskutiert, bevor 1852 in den „Stiftungs-Nachrichten" ein Beitrag über einen in den Bleichgärten geplanten Anbau für das Bürgerhospital erschien. Darin nannte die Administration die Mängel des über siebzig Jahre alten Hospitalgebäudes beim Namen: Die Patienten waren demnach teilweise in zugigen Mansardenzimmern und in als Durchgänge zwischen den Gebäudeflügeln genutzten Verbindungsräumen untergebracht, außerdem fehlte es, um nur die drei gröbsten Missstände aufzuzeigen, an Isolierzimmern für Schwerstkranke und Problemfälle. Mit keiner Silbe erwähnte die Administration die von Varrentrapp angeregte und von dem „Frankfurter Volksboten" in der Ausgabe vom 22. Februar 1852 öffentlich befürwortete Anbindung eines Siechenhauses an das Bürgerhospital.[86]

Für eine Realisation des Hospitalanbaus fehlten der Dr. Senckenbergischen Stiftung die Mittel. In einem 1857 eingerichteten Baufonds hatten

Geheimer Sanitätsrat Georg Varrentrapp (1809-1886). Lithographie nach einer Zeichnung von Valentin Schertle, um 1881.

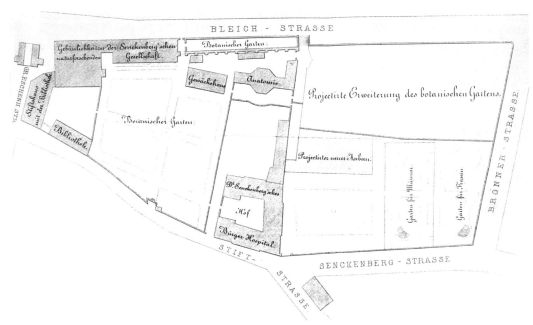

Das Stiftungsgelände mit dem projektierten Hospitalanbau, 1852.

sich bis 1861 aus vom Bürgerhospital erwirt-
schafteten Jahresüberschüssen und Spenden
nur 6.650 Gulden angesammelt. Ohne ein
Darlehen der öffentlichen Hand war das Projekt
nicht zu finanzieren. Um die Voraussetzungen
für eine Förderung des Hospitalanbaus durch
die Stadt Frankfurt zu erfüllen, schrieb die
Stiftungsadministration im Mai 1861 einen
Architektenwettbewerb aus. Das in der
Ausschreibung vorgegebene Bauprogramm war
mit den Hospitalärzten Lorey und Passavant
abgestimmt und von Georg Varrentrapp
begutachtet worden. Als Standort des neuen
Hauptgebäudes war ein Bauplatz in westöst-
licher Längsrichtung in den 1846 erworbenen
Bleichgärten vorgesehen. Auf jeder Etage des
dreistöckigen Hospitals sollten vier nach damaligen Maßstäben eher kleine Krankensäle mit
jeweils zehn Betten und einer abgetrennten
Schlafgelegenheit für die Wärterin sowie
mehrere Ein- und Zweibettzimmer eingeplant
werden. Das Verhältnis von einer Kranken-
wärterin zu zehn Patienten hatte Varrentrapp
in seinem Gutachten als zweckmäßig eingestuft: „Man hat für jeden Saal seine eigne
Wärterin; sie ist für Alles verantwortlich, was
daselbst sich ereignet; der Kranke schließt sich
leichter an ‚seine' Wärterin an; Kranke, welche
durch Unruhe, Irrewerden, Krampfanfälle,
heftigen Husten etc. die Anderen in ihrer Ruhe
stören (und man kann nicht alle solche Kranke
isoliren) üben ihren schädlichen Einfluß auf
eine geringere Zahl. Die Kräfte der Wärterin

sind vorausgesetzt, dass ihr alle Mägdearbeit
abgenommen ist, wenigstens in gewöhnlichen
Zeiten, d. h. wenn nicht allzuviele schwer
Erkrankte zugegen sind und nicht zu ange-
strengtes Nachtwachen erforderlich wird,
nicht übermäßig in Anspruch genommen."[87]
Für das Herzstück eines jeden Krankenhauses,
das „Operationszimmer", schrieb das Bauprogramm eine zentrale Lage im ersten
Obergeschoss vor. Den Alt- und den Neubau
des Bürgerhospitals sollte ein für Küche, Bäder
und Leichenkammer eingeplanter „Mittelbau"
verbinden. Die Gebäudetechnik trug den
Forderungen der Hospitalärzte Rechnung und
umfasste fließendes Wasser, Dampfheizung,
Gasbeleuchtung und Ventilation. Speziell zur
Frischluftzufuhr in den Krankensälen, aber
auch zum Heizen, Kochen oder Waschen sollte
eine Dampfmaschine aufgestellt werden, wobei
zu berücksichtigen war, „daß die Kranken nicht
durch ihr Geräusch oder Erschütterung gestört
werden."[88]

Bis zum Einsendeschluss am 1. November 1861
lagen dem mit Oberbaurat Knoblauch aus
Berlin, Bauingenieur Zenetti aus München und
den Frankfurtern Henrich, Mappes und
Varrentrapp hochkarätig besetzten Preis-
gericht vier Arbeiten vor. Nach zweitägigen
Beratungen vergab die Jury den mit 1.200
Gulden dotierten ersten Preis an den durch
„Zweckmäßigkeit und Schönheit" überzeugen-
den Entwurf des Architekten Oskar Pichler, der

gerade den Neubau der von Heinrich Hoffmann geleiteten Frankfurter Irrenanstalt erfolgreich fertiggestellt hatte. Nur der von Pichler auf 153.000 Gulden berechnete Baukostenvoranschlag wurde als zu niedrig erachtet und auf 250.000 Gulden nach oben korrigiert. Der zweite Preis ging an den Frankfurter Architekten Heinrich Burnitz. Unter Vorlage der beiden preisgekrönten Entwürfe ersuchte die

Prachtvolle Glückwunschadresse des Städelschen Kunstinstituts zur 100-Jahr-Feier der Dr. Senckenbergischen Stiftung am 18. August 1863.

Stiftung im April 1862 den Senat der Freien Stadt um ein unverzinsliches Darlehen in Höhe von 280.000 Gulden für den geplanten Hospitalanbau und ein neues Gewächshaus im botanischen Garten. Weil die Einnahmen nur die laufenden Ausgaben deckten und kein zu versilbernder Grundbesitz vorhanden war, benötigte die Dr. Senckenbergische Stiftung zum ersten Mal in ihrer Geschichte die finanzielle Unterstützung der Stadt. Die Administration verwies in ihrer den Neubau zu einer „Lebensfrage" für die Stiftung erklärenden Eingabe auf die entlastende Funktion des Bürgerhospitals für das städtische Gesundheitswesen und durfte sich in Anbetracht des am 18. August 1863 bevorstehenden 100-jährigen Stiftungsfestes durchaus berechtigte Hoffnungen auf einen positiven Bescheid machen. Doch die im Rahmen der 100-Jahr-Feier tatsächlich erteilte Zusage des Senats war an für die Stiftung unannehmbare Bedingungen geknüpft. Der Darlehensvertrag scheiterte dabei nicht an der heiklen Forderung der Stadt, für eine Straßenverbreiterung am Eschenheimer Tor das historische Stiftsgebäude abzureißen, sondern an der geplanten Verpflichtung des Bürgerhospitals, alle erkrankten Bürger, also auch an ansteckenden und chronischen Krankheiten leidende Patienten, aufzunehmen. Die Stiftungsadministration hatte zuletzt gegenüber dem Sanitätsamt die Anbindung eines Siechenhauses an das Hospital kategorisch abgelehnt: „Die nur altersschwach und mit andern körperlichen Gebrechen behaftet sind, gehören nicht in ein Spital, sondern müssen in dem Versorgungshause Aufnahme finden."[89]

Ein neues Gesprächsangebot der Administration brachte im März 1865 wieder Bewegung in die festgefahrenen Verhandlungen mit der Stadt. Die Stiftungsadministration signalisierte die Bereitschaft, gegen eine Abstandssumme von 70.000 Gulden Senckenbergs Stiftshaus niederzulegen und die vom Bauamt benötigten Flächen abzutreten – allerdings nur bei bedingungsloser Gewährung des für den Hospitalanbau und das Gewächshaus notwendigen 280.000 Gulden-Darlehens. Die städtischen Gremien gingen auf das Angebot ein und am 2. März 1866 beschloss der Senat sowohl den Ankauf des zur

Verbreiterung der Großen Eschenheimer Straße erforderlichen Grundstücks als auch das Darlehen für die beiden Bauprojekte der Dr. Senckenbergischen Stiftung.[90] Unter dem Datum des 29. Mai 1866 benachrichtigte die Administration das Bauamt über den Abriss des Stiftshauses. Mit dem nach Osten versetzten Neubau eines Bibliotheksgebäudes an der um 1840 in Stiftstraße umbenannten Gasse (früher: Hinter der Schlimmen Mauer) beauftragte die Stiftung den Architekten Carl Jonas Mylius. Für den 1865 verstorbenen Oskar Pichler engagierte die Administration den zweiten Preisträger des Architektenwettbewerbs, Heinrich Burnitz. Der am 31. Mai 1866 unterzeichnete Architektenvertrag verpflichtete Burnitz bis Ende Juli 1866 die erforderlichen Baupläne und Risse sowie einen detaillierten Kostenvoranschlag für den Hospitalanbau vorzulegen. Das Hospitalgebäude sollte im Oktober 1868 bezugsfertig sein, doch die politischen Ereignisse im Sommer 1866 durchkreuzten den ehrgeizigen Zeitplan.[91]

Der Preußische Adler verdrängte 1866 das Frankfurter Stadtwappen von den Schlagbäumen an der Stadtgrenze. Das neue Hoheitszeichen versinnbildlichte die von König Wilhelm befohlene Einverleibung Frankfurts in den preußischen Staat. Zu spät hatte sich die

Gartenseite des Bürgerhospitals.
Fotografie von Carl Friedrich Mylius aus dem Jahr 1866.

„heimliche Hauptstadt" des Deutschen Bundes im Bruderkrieg des Jahres 1866 von Österreich losgesagt und für neutral erklärt. Die siegreichen Preußen besetzten Frankfurt am 16. Juli 1866. Als sich das Kriegsgeschehen auf Frankfurt zubewegte, war am 28. Juni 1866 rasch noch der „Hülfsverein für kranke und verwundete Krieger" gegründet worden, aus dem 1897 die lokale Organisation des Roten Kreuzes hervorgehen sollte. Der Hilfsverein unternahm mit einem gemieteten Dampfschiff mehrere Fahrten für Lazarettbedarf zu den Kriegsschauplätzen mainaufwärts und transportierte auf dem Rückweg kranke und verwundete Soldaten aus Wertheim, Miltenberg

Ausschiffung von Verwundeten am Mainkai im August 1866. Bleistiftzeichnung von Heinrich Hasselhorst, 1866.

und Aschaffenburg nach Frankfurt, von denen einige wenige im Bürgerhospital Aufnahme fanden.[92] Den Übergang von der Freien zur preußischen Stadt besiegelten das Gemeindeverfassungsgesetz vom 25. März 1867 und die rechtliche Einbindung in das Königreich Preußen am 1. Oktober 1867. Das Gemeinde-

Heinrich Mumm von Schwarzenstein, Stadtverordnetenvorsteher Anton Theodor Brentano und Stadtrat Anton Heinrich Emil von Oven. Da mit der Annexion durch Preußen die Auflösung des Sanitätsamtes einhergegangen war, galt es einen neuen Modus für die Berufung der ärztlichen

Die zwischen dem 1875 fertiggestellten Hospitalanbau und der Senckenbergstraße errichteten Lazarettbaracken. Kolorierte Zeichnung von Peter Barth.

verfassungsgesetz verankerte die kommunale Selbstverwaltung durch Magistrat und Stadtverordnetenversammlung. Der auf Vorschlag der Stadtverordneten vom König ernannte Oberbürgermeister war Vertreter des Staates und Leiter der Stadtverwaltung in einer Person und somit ein Mittler zwischen Krone und Kommune. Die Verfassungsänderungen hatten unmittelbare Auswirkungen auf die Zusammensetzung der Administration der Dr. Senckenbergischen Stiftung. Als städtische Revisoren der Stiftung amtierten seit Juni 1868 der Oberbürgermeister, der Vorsitzende der Stadtverordnetenversammlung und das älteste rechtsgelehrte Magistratsmitglied; in der Erstbesetzung waren das Daniel

Administrationsmitglieder zu finden. Ab 1870 wurden die ärztlichen Administratoren aus den Frankfurter Medizinern evangelisch-lutherischer Konfession zugewählt.[93]

Die „Sorge für Leben und Gesundheit" der Frankfurter lag bei der Polizeiverwaltung. Die königliche Regierung in Wiesbaden hatte im Dezember 1868 die Auflösung des Frankfurter Sanitätsamtes angeordnet und „alle die öffentliche Gesundheitspflege betreffende(n) Gegenstände" dem Polizeipräsidenten Guido von Madai anvertraut. Über die öffentlichen und privaten Krankenanstalten wachte von nun an das Auge des Gesetzes. Auf die verfassungsrechtlichen Umwälzungen reagierte die Dr. Senckenbergische Stiftung mit geänderten Aufnahmebedingungen für das Bürgerhospital. Nachdem der Beisassen-Stand schon in freistädtischer Zeit aufgehoben worden war, wandelte sich mit dem Gemeindeverfassungsgesetz der Begriff des „Bürgers" in den des „Einwohners". In der ursprünglich für kranke bedürftige Bürger und Beisassen gegründeten Heilanstalt sollte daher nach einem im Februar 1870 von den Administratoren, Coexecutoren und Revisoren gemeinsam gefassten Beschluss neben den ehemaligen Bürgern auch den Angehörigen der Stadt, „welche als Einwohner im Sinne des §. 6 des Gemeindeverfassungs-Gesetzes seit länger als einem Jahre hier wohnen und mindestens ein Jahr lang die sie betreffenden Gemeindeabgaben bezahlt haben, im Falle der Erkrankung Aufnahme" gewährt werden.[94] Mit dem einschränkenden Hinweis auf die Begrenztheit der Mittel und des Platzes glich die Administration 1875 die Aufnahmebedingungen für das Bürgerhospital erneut der preußischen Gesetzgebung an, indem sie das medizinische Hilfsangebot auf alle diejenigen ausdehnte, die einen Anspruch auf öffentliche Unterstützung in Frankfurt besaßen. Das Freizügigkeitsgesetz und das 1870 erlassene Unterstützungswohnsitzgesetz hatten jedem Deutschen die freie Wahl seines Wohnorts und im Falle einer wirtschaftlichen Notlage die Inanspruchnahme der örtlichen öffentlichen Armenhilfe garantiert.[95] Die Beanspruchung des Bürgerhospitals ist in den ersten Jahren der preußischen Stadt auffallend stark gestiegen. Innerhalb eines Jahrzehnts (1865 – 1875) kletterte die Zahl der Patienten und der Verpflegungstage von 649 Kranken/ 16.637 Tagen auf 834/ 44.773.

Das Anbauprojekt des Bürgerhospitals fiel in eine denkbar schwierige Zeit. Nachdem die Stadt im Juli 1866 bereits eine Kontributionszahlung von fast sechs Millionen Gulden geleistet hatte, forderten die siegreichen Preußen plötzlich weitere 25 Millionen Gulden, was unter den Frankfurtern verständlicherweise große Verbitterung auslöste. Trotz versöhnlicher Gesten blieb die Atmosphäre zwischen Preußen und Frankfurtern vergiftet und die finanzielle Lage der Stadt über Jahre völlig offen. Das Auseinanderdividieren des Vermögens und der Schulden Frankfurts in einen staatlichen und einen städtischen Teil gestaltete sich weitaus komplizierter als die verfassungsrechtliche Einbettung in das Königreich Preußen, zumal die Stadtverordnetenversammlung mit dieser Materie die Forderung auf Rückerstattung der geleisteten Kontributionszahlungen verknüpfte. Als die Dr. Senckenbergische Stiftung im April 1868 bei der Stadt wegen des im März 1866 zugesagten Darlehens über 280.000 Gulden vorstellig wurde, vertröstete der Magistrat die Administration auf die Zeit nach einer Rezessvereinbarung mit Preußen.[96] Bis zur Freigabe des Darlehens sollten zwei im Sommer 1869 auf dem erweiterten Stiftungsgelände entlang der Senckenberg-Straße errichtete Baracken die Platzprobleme des Bürgerhospitals überbrücken. Die von dem Architekten Carl Jonas Mylius entworfenen Holzbaracken waren jeweils für elf Krankenbetten und eine abgeteilte Schlafstelle für den Krankenwärter ausgelegt, verfügten über Gas- und Wasseranschluss sowie über einen Abtritt. Zur besseren Belüftung bestanden die Seitenwände der auch als „Krankenzelte" bezeichneten Baracken aus verstellbaren Holzjalousien und Leinwandbespannungen. Im Deutsch-Französischen Krieg 1870/71 bewährten sich die beiden Provisorien als Lazarettbaracken.[97]

Die drei Westbahnhöfe begründeten die Bedeutung der Stadt Frankfurt als erster Etappenplatz an der Grenze zu Süddeutschland im Krieg von 1870/71. Am Main-Neckar-Bahnhof trafen die Verwundetentransporte aus Frankreich ein. Von dort aus verteilten die freiwilligen Helfer des im Juni 1866 gegründeten „Vereins zur Pflege im Felde verwundeter und erkrankter Krieger" die Soldaten auf die Frankfurter Lazarette. Unter den mit der Eisenbahn ankommenden Verwundeten blieben in der Regel nur die Schwerverletzten in der Stadt; die Transportfähigen wurden an andere Kommunen weitergeleitet. Die Sanitäter mit den Rotkreuzarmbinden brachten am 10. August 1870 den Musketier Adolph Ebert als ersten Kriegsverwundeten in das Bürgerhospital. Die fast täglich im Hospital neu eintreffenden Soldaten wurden zunächst in die beiden Baracken eingewiesen und bei Wintereinbruch in einen beheizten Krankensaal des Hospitalgebäudes verlegt. Augusta, die Königin von Preußen, besuchte am 24. September 1870 im Bürgerhospital ihre an Schusswunden, Bajonettstichen oder Granatsplitterverletzungen leidenden Untertanen, um ihnen Mut zuzusprechen. Bis zur Aufhebung des Lazaretts durch die Militärbehörden im April 1871 hatten Ärzte und Krankenwärter mit vereinten Kräften 82 Soldaten zumeist erfolgreich behandelt, nur zwei Schwerverwundete konnten nicht gerettet werden. Überglücklich dankte der Vater des am 22. August 1870 mit einem komplizierten „Fracturschuß des Oberarms" in das Bürgerhospital eingelieferten Musketiers Conrad Burck dem Hospitalmeister Reichard für die Benachrichtigung über Fortschritte im Heilungsprozess seines 23 Jahre alten Sohns: „Ihren werten Brief vom 5. d(es) M(onats) haben wir erhalten", antwortete Melchior

Einweisungsschein für den verwundeten Musketier Conrad Burck („Borch") in das Bürgerhospital vom 22. August 1870.

Burck im November 1870 aus dem kleinen Ort Garbenteich in Oberhessen, „und mit der größten Freude für ein Elternherz, das Sie sich denken können, darin gelesen, daß nun die Gefahr, die unserm Kinde drohte, mit Gottes Hülfe soweit vorüber ist. Wie manche kummervolle Stunde, wie manche schlaflose Nacht haben wir schon seit der Verwundung unseres Sohnes durchlebt, ... Vergelten können wir Ihnen das nicht, was Sie all an unserm Kinde gethan haben, nehmen Sie den Dank, welchen Ihnen nur ein um das Leben ihres Kindes besorgtes Elternherz bringen kann für die That."[98]

Mitten im Deutsch-Französischen Krieg wurde in Frankfurt über die öffentliche Unterstützung und über den Standort für den Anbau des Bürgerhospitals, der praktisch einem Neubau

gleichkam, gestritten. Das unerwartet günstige Ergebnis der im Februar 1869 in Berlin getroffenen Rezessvereinbarung – der Staat erstattete der Stadtgemeinde alles in allem drei Millionen Gulden – hatte für eine Konsolidierung des Frankfurter Haushalts gesorgt. Auf diesen Moment hatte die Dr. Senckenbergische Stiftung sehnlichst gewartet, um erneut die Auszahlung des unverzinslichen Darlehens anzumahnen. Als der Magistrat in der Sitzung der Stadtverordneten vom 4. März 1870 die Ausgabe der 280.000 Gulden für den Anbau des Bürgerhospitals und das inzwischen bereits errichtete Gewächshaus beantragte, schienen alle Hindernisse beiseite geräumt. Da erhob die israelitische Gemeinde Einspruch. Seit 1853 im Besitz der staatsbürgerlichen Gleichstellung wurde Juden unter Verweis auf Senckenbergs „Haupt-Stiftungs-Brief" von der Administration nach wie vor die Behandlung im Bürgerhospital verwehrt. Mit Unterstützung einiger Stadtverordneter, darunter der einflussreiche Herausgeber der „Frankfurter Zeitung", Leopold Sonnemann, forderte die israelitische Gemeinde für das Bürgerhospital eine Aufnahmeregelung ohne Unterschied der Religion, anderenfalls sollte von der „Verwendung städtischer Mittel zu exclusiven Zwecken" Abstand genommen werden.[99] Nach langer Debatte scheiterte die israelitische Gemeinde zwar mit ihrem Anliegen, das Bürgerhospital für jüdische Einwohner zu öffnen, aber sie erreichte wenigstens, dass die Stadtverordnetenversammlung am 13. Dezember 1870 die Bewilligung des 280.000 Gulden-Darlehens mit dem Wunsch an den Magistrat verband, eine Verständigung zwischen der Gemeinde und der Administration herbeizuführen. Bis das „christliche Bekenntnis" aus den Aufnahmebedingungen des Bürgerhospitals gelöscht wurde, verstrichen noch etliche Jahre, denn erst ab April 1881 war der Zugang „allen bedürftigen Einwohnern" möglich.

Der Standort des Bürgerhospitals war innerhalb der Ärzteschaft umstritten. Das „Frankfurter Journal" stellte in der Ausgabe vom 22. Mai 1870 die Lage des Hospitals wegen der angrenzenden Wohnbebauung grundsätzlich infrage. Einerseits würden die „Ausdünstungen der Kranken" die Gesundheit der Bewohner der

Bleich-, Brönner- und Senckenberg-Straße gefährden, andererseits die Häuserzeilen eine ausreichende Frischluftzufuhr für die Heilanstalt behindern. Der namentlich nicht genannte Autor des Journal-Artikels hielt die Verlegung des Bürgerhospitals „vor die Stadt" eindeutig für die bessere Lösung, zumal der Hospitalanbau den wissenschaftlichen Einrichtungen auf dem Stiftungsgelände jegliche Möglichkeit zur Erweiterung nehmen würde, was wiederum in nicht allzu ferner Zukunft die Gründung einer Universität auf dem Areal am Eschenheimer Tor behindern könnte. „In der jüngsten Zeit", ließ der Zeitungsschreiber durchblicken, „warf sich lebhaft die Idee auf, Frankfurt zur Universität zu machen."[100] Zunächst sollte der Ärztliche Verein zur Standortfrage des Bürgerhospitals gehört werden. Die „Commission für Hospitalbau" der Ärztevereinigung befasste sich jedoch erst ein halbes Jahr später auf Antrag von Georg Varrentrapp mit dem Problem. Die am 19. Dezember 1870 vorgelegte Stellungnahme der Kommission enthielt nichts wirklich Neues und wiederholte die Bedenken des im Mai erschienenen Zeitungsberichts. Zur Lage in der Innenstadt bemerkten die Gutachter Johannes Bärwindt, Emanuel Marcus und Fritz Julius Stiebel: „Daß dadurch eine genügende Ventilation des ganzen Terrains verhindert ist und eine stagnirende Luftschicht entsteht, welche nicht nur für das Hospitalgebäude selbst schädlich ist, sondern auch einen Infectionsheerd für die Nachbarschaft bilden kann, bedarf keines Beweises."[101] Außerdem störe der Straßenlärm die Ruhe der Kranken. Die Kommission kam zu dem abschließenden Urteil, dass der dringend benötigte Neubau des Bürgerhospitals am Stadtrand entstehen sollte. Vom Magistrat mit dem Gutachten des Ärztlichen Vereins konfrontiert, entgegnete im März 1871 die Administration, dass der Abstand zwischen dem Hospital und der umgebenden Wohnbebauung groß genug und die von vorbeifahrenden Fuhrwerken verursachte Geräuschkulisse halb so schlimm sei. Über vierzig Jahre wurde die Arrondierung des Stiftungsgeländes betrieben, um an der von Johann Christian Senckenberg ausgewählten Stelle zu expandieren. Im Rahmen des Architektenwettbewerbs habe 1861 kein Preisrichter, auch nicht Georg Varrentrapp,

Bedenken gegen den angestammten Standort vorgebracht, darüber hinaus berge ein Umzug des Bürgerhospitals für die Dr. Senckenbergische Stiftung „gar nicht zu übersehende pecuniäre Opfer."[102] Der Magistrat musste wohl oder übel die Position der Stiftung akzeptieren.

„Heute zum Anfange der ersten Grundarbeiten", ist unter dem Datum 4. Oktober 1871 einem kleinen Notizbuch mit den Vorkommnissen beim Neubau des Bürgerhospitals zu entnehmen, „war es wundervoll heiteres

Hauptfassade des Hospitalanbaus. Fotografie von Gottfried Vömel.

Wetter."[103] Ein gutes Jahr nach dem ersten Spatenstich war der Rohbau fertig und am 14. Juni 1875 konnten die ersten Patienten vom Alt- in den Neubau des Bürgerhospitals verlegt werden. Auf der Südseite des dreistöckigen Gebäudes befanden sich auf jeder Etage vier Krankensäle mit jeweils elf Betten sowie mehrere Arzt- und Isolierzimmer. Zur Nordseite lagen die Korridore und zwei Treppenhäuser. Die Grenze zwischen den Geschlechtern verlief in der Mitte des stattlichen Neubaus, so dass

Nr. 89. Frankfurt a. M.   15. Jahrgang.   Sonntag, 16. April 1899.

Kleine Presse.

Stadtanzeiger und Fremdenblatt.

Frankfurter Stiftungen.
Die Pfründner-Anstalt im Bürgerhospital.

Ph. Fr. Christ. Kröger.   Senator Joh. K. Brönner.   Kath. Elisab. Klingling.

Nic. Gräffendeich.   Joh. Jac. P. Wackendorff.   Joh. Roth.

im Ostteil die Frauen- und im Westteil die Männerstationen untergebracht waren. Parallel zum Auszug der Patienten begannen im alten Bürgerhospital die Umbauarbeiten. Verwaltungs-, Küchen- und Vorratsräume, Wohnungen für den Hospitalmeister und den Assistenzarzt sowie Zimmer für das Gesinde und die Pfründner wurden her- beziehungsweise neu eingerichtet. Im Sommer 1879 zogen sämtliche zuvor in benachbarten Wohnhäusern einquartierte Pfründner in das alte Hospitalgebäude. Stiftungen des Juweliers Kröger (1854), des Kaufmanns Gräffendeich (1865), des Malers Wackendorff (1874) und des

Schneidermeisters Roth (1878) hatten die Anzahl der Pfründner-Plätze im Bürgerhospital von sechs auf circa zwanzig erhöht. Das dem Hospital von der 1857 verstorbenen Katharina Elisabetha Klingling hinterlassene Erbe von 21.000 Gulden ermöglichte die Versorgung einer weiteren betagten Pfründnerin. Während oben reger Betrieb herrschte, lagerten in den vermieteten Kellergewölben des alten Bürgerhospitals rund 140 Fässer der Weinhandlung Seckbach & Co. Die offizielle Einweihung des Hospitalanbaus wurde zehn Jahre nach der Annexion der Stadt Frankfurt am Jahrestag der Dr. Senckenbergischen Stiftung, dem 18. August 1876, gefeiert.[104]

Gutes Pflegepersonal war nur schwer zu bekommen. In der ersten Hälfte des 19. Jahrhunderts lag im Bereich der Krankenpflege noch vieles im Argen. Die Wärterinnen und Wärter entstammten hauptsächlich aus den Unterschichten und waren für ihre Tätigkeit nicht ausgebildet, viele hatten zuvor als Dienstboten gearbeitet. Abhilfe versprachen katholische Schwesternorden und evangelische Diakonissen. Nachdem sich um 1810 in dem von Napoleon besetzten Rheinland französische Krankenpflegeorden niedergelassen hatten, wurden von Barmherzigen Schwestern bald auch auf deutschem Boden katholische Pflegegenossenschaften errichtet, die aus den ihnen anvertrauten Krankenhäusern wahre Musteranstalten formten. Auf Seiten der protestantischen Kirche ergriff der in Eppstein im Taunus geborene Pfarrer Theodor Fliedner die Initiative und gründete 1836 den „Evangelischen Verein für christliche Krankenpflege in der Rheinprovinz und Westfalen". Unter Berufung auf die Bibel bezeichnete Fliedner die von ihm in einem zum Mutterhaus umfunktionierten Hospital in Kaiserswerth bei Düsseldorf in der Krankenpflege ausgebildeten Schwestern als Diakonissen. Über die Verwendung der von einem Arzt in praktischer Pflege geschulten Diakonissen entschied das Mutterhaus: Sie konnten entweder im eigenen Haus, in einer auswärtigen Krankenanstalt oder in der Gemeindepflege eingesetzt werden. Obwohl in Frankfurt seit 1860 Barmherzige Schwestern (Arme Dienstmägde Jesu Christi) stationiert waren und 1874 das Diakonissenhaus in der Eschersheimer Landstraße seine Pforten

geöffnet hatte, nahm das Bürgerhospital weder zu den katholischen Ordensschwestern noch zu den evangelischen Diakonissen Kontakt auf.[105] Um 1867 beschäftigte das Hospital der Dr. Senckenbergischen Stiftung vier Krankenwärterinnen und vier Wärter, die keinem Orden angehörten und ausschließlich pflegerische Tätigkeiten ausübten. Jede Pflegekraft war für einen der sieben mit elf bis 17 Patienten belegten Krankensäle verantwortlich. Das „Wartpersonal" sollte den Kranken mit „Liebe und Freundlichkeit" begegnen und die folgenden ärztlichen Anordnungen ausführen: „Hinreichende Verbettung der Kranken, das Nähren der schwer Erkrankten, das Umstellen ihrer Betten mit Schirmen, das Eingeben der Arznei, die Darreichung von Aufschlägen, Senfteigen, Setzen von Klystiren, Blutegeln, Schröpfköpfen u(nd) dergl(eichen)."[106] Neu eingestelltes „Wartpersonal" arbeitete der Assistenzarzt ein.

Das Verhältnis zwischen dem unqualifizierten „Wartpersonal", der Hospitalleitung und den Patienten barg jede Menge Konfliktstoff. Ein im Archiv der Dr. Senckenbergischen Stiftung entdecktes Personalbuch enthält für den Zeitraum von 1857 bis 1876 Namen, Beschäftigungsdauer und gegebenenfalls Entlassungsgründe der Krankenwärterinnen und -wärter im Bürgerhospital. Die von mehreren anonymen Schreibern, darunter der 1850 als Büroarbeiter eingestellte und 1867 zum Buchhalter der Stiftung ernannte Robert Schrotzenberger, in dem Personalverzeichnis eingetragenen Bemerkungen beziehen sich zumeist auf Verfehlungen, die zur Entlassung des Betreffenden geführt haben. Die Beurteilungen erfolgten oft mit barschen Worten, sind manchmal beleidigend und wohl nicht immer als objektiv anzusehen. Gleichwohl gewährt das Personalbuch tiefe Einblicke in den Hospitalalltag zur Mitte des 19. Jahrhunderts. Der im Februar 1858 als Krankenwärter eingestellte Andreas Schmidt wurde schon nach zwei Monaten wieder verabschiedet, weil er trotz mehrmaliger Verwarnung im Krankensaal Zigarre geraucht und Patienten entgegen der ärztlichen Anweisung Kaffee ausgeschenkt hatte. Obwohl die Hospitalleitung mit den dienstlichen Leistungen von Georg Johann Gebhard eigentlich ganz zufrieden war, musste

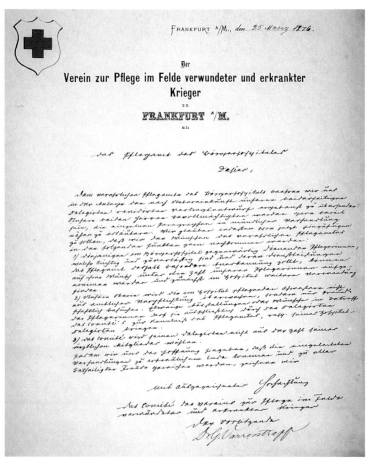

Von Georg Varrentrapp in der Schwesternfrage an das Bürgerhospital gerichtetes Schreiben vom 25. März 1876.

der Wärter am 6. Januar 1869 gehen, weil er ein Verhältnis mit der Küchenmagd des Hospitals hatte. Mit ihrem Liebhaber wurde auch die schwangere Magd vor die Tür gesetzt. Während andere ihren Arbeitsplatz im Bürgerhospital wegen Trunkenheit oder Gewalttätigkeit verloren, litt Jacob Dominikus Mitterle unter der psychischen Belastung. Der 20-jährige Wärter quittierte im Oktober 1870 schon nach einer Woche den Körper und Seele strapazierenden Dienst, da er „das Geschäft nicht ertragen" konnte.[107]

Wärterinnen mussten unter anderem wegen Charakterlosigkeit oder Liebesaffären ihren vorzeitigen Abschied nehmen. Als sich im August 1867 gleich mehrere Patienten über die schlechte Betreuung durch die 40-jährige Pflegerin Elisabeth Schulz beschwerten, wurde ihr sofort gekündigt. Über ihre Kollegin Christine Vetter heißt es im Personalbuch: „Eine schlechte, grobe mit boshaftem Maule

versehene Person, welche die anderen Wärterinnen schlecht macht ... Sie wurde am 4. Nov(ember) wegen niederträchtigem Betragen aus dem Hause gejagt."[108]
Das gleiche Schicksal ereilte Ende September 1875 Maria Renker: „Ein rohes, lüderliches, ordinäres Frauenzimmer im Hause bekannt unter dem Namen ‚Fuldern' steht im Verdacht der Schwangerschaft. Hatte sich am 28. abends vor der Porte mit ihrem Kerl unanständig herumgeknutscht, wurde deßhalb fortgejagt."[109] Die hohe Fluktuation und die mangelhafte Qualifikation des „Wartpersonals" bereiteten der Administration der Dr. Senckenbergischen Stiftung zunehmend Kopfzerbrechen, stand doch der Ruf des Bürgerhospitals auf dem Spiel. Im späten 19. Jahrhundert kam es aufgrund des vergleichsweise niedrigen Entwicklungsstandes der Medizin noch mehr auf die Qualität der Pflege denn auf die ärztliche Kunst an. Zugespitzt formuliert bestand die eigentliche Leistung des frühmodernen Krankenhauses in der Stärkung der Selbstheilungskraft des Körpers, indem Patienten ein „sauberes Bett" und die richtige Ernährung geboten wurde. Die Administration war sich über den Nachholbedarf des Bürgerhospitals in puncto Pflegequalität völlig im Klaren.[110]

Der 1866 im Preußisch-Österreichischen Krieg gegründete „Verein zur Pflege im Felde verwundeter und erkrankter Krieger" hatte sich in Friedenszeiten der Ausbildung von Krankenschwestern zugewandt und 1873 in der Königswarterstraße ein „Krankenpflege-Pensionat" eröffnet, aus dem das heutige Rote Kreuz Krankenhaus hervorgegangen ist. Mit der Anfrage, ob Rotkreuzschwestern die Krankenpflege im Bürgerhospital übernehmen könnten, rannte die Administration der Dr. Senckenbergischen Stiftung im Februar 1876 bei dem Vereinsvorsitzenden und alten Bekannten Georg Varrentrapp offene Türen ein. Der Einsatz in dem neu erbauten Bürgerhospital bot den Vereinsschwestern die willkommene Gelegenheit, sich in einer größeren Anstalt weiterzubilden. Die Stiftung schloss am 10. Mai 1876 mit dem Verein einen Vertrag über die Entsendung von zunächst sechs Schwestern und einer Oberwärterin zur Betreuung der Frauenabteilung im Bürgerhospital. Das alte

„Wartpersonal" sollte baldmöglichst abgefunden und durch weitere Rotkreuzschwestern ersetzt werden. Der Verein berechnete dem Bürgerhospital für jede Schwester monatlich dreißig Mark.[111] Außerdem waren bei freier Kost und Logis von der Administration pro Schwester dreißig Mark Jahresbeitrag in deren Altersversorgungskasse einzuzahlen. Als die alten Wärterinnen aus Protest aus dem Dienst des Bürgerhospitals austraten, verdoppelte der „Verein zur Pflege im Felde verwundeter und erkrankter Krieger" im Juni 1876 kurzerhand die Anzahl der gestellten Krankenschwestern auf zwölf.[112]

Die Aufgaben der Rotkreuzschwestern im Bürgerhospital regelte bis ins Kleinste genau eine 36 Paragraphen umfassende Instruktion. In allen die Krankenpflege berührenden Dingen hatten die Schwestern die Anordnungen der Hospitalärzte zu befolgen, hinsichtlich der Hausordnung waren sie dem am 1. Mai 1876 zum Hospitalmeister ernannten Philipp Reichard unterstellt. Neu aufgenommene Patienten wurden von den Rotkreuzschwestern in Empfang genommen, einer gründlichen Körperhygiene unterzogen, frisch eingekleidet und in ein „vorschriftsmäßig hergerichtetes Bett" verfrachtet. Die Bestandteile eines kompletten Krankenlagers listete Paragraph 19 der Instruktion auf: ein Bettgestell, ein Strohsack oder eine Sprungfedermatratze, eine Rosshaarmatratze, ein Strohkissen, zwei Federkopfkissen, zwei Betttücher, eine Wolldecke und ein Federbett zum Zudecken. Normalerweise sollten Kopfkissen und Betttücher alle zwei Wochen, bei Bedarf aber auch öfter gewechselt werden. Den ihnen zugewiesenen Krankensaal durften die Schwestern nur kurzzeitig verlassen, da sie die Patienten im Auge zu behalten hatten, um in Notfällen den Assistenzarzt

zu alarmieren. Das Verabreichen der Medikamente, die Ausgabe der Mahlzeiten und das Reinigen der Krankenzimmer gehörte zu den Routineaufgaben der Pflegerinnen im Bürgerhospital. Um die Reinhaltung der übrigen Gebäudeteile kümmerte sich die am 1. Juli 1876 als Haushälterin eingestellte Schwester des Hospitalmeisters, Anna Reichard. Die Haushälterin beaufsichtigte das Küchen- und Hauspersonal einschließlich der Putzfrauen, darüber hinaus verwaltete sie die Lebensmittelvorräte und das Wäschedepot. Für die ihnen anvertrauten Patienten opferten sich die Rotkreuzschwestern im Bürgerhospital förmlich auf. Der Arbeitstag begann für die Pflegekräfte im Sommer frühmorgens um fünf Uhr dreißig und endete „in der Regel" um neun Uhr abends. Alle drei Wochen stand den Schwestern ein freier Sonntagnachmittag zu, für dringende Besorgungen durften sie jede Woche für drei Stunden in die Stadt gehen. An den 14-tägigen öffentlichen Gottesdiensten im Betsaal des alten Bürgerhospitals haben zur Erbauung gewiss auch Rotkreuzschwestern teilgenommen. Pfarrer Wehner besuchte seit 1852 wöchentlich die Patienten als „Krankentröster".[113]

Das Jahr 1876 bildet einen Wendepunkt in der Geschichte des Bürgerhospitals. Mit der offiziellen Einweihung des Hospitalneubaus und der Verpflichtung von Rotkreuzschwestern wurden die Weichen für eine Professionalisierung des Krankenhauses gestellt – es begann eine neue Zeit.

Pflegesätze und Freibetten – auf dem Weg zum modernen Krankenhaus

Im Rechnungsjahr 1876/77[114] schrieb das Bürgerhospital rote Zahlen, so dass der Grundsatz unentgeltlicher Krankenpflege nach fast einhundert Jahren durchbrochen werden musste. Auf der Suche nach den Ursachen für das Defizit gab sich der Administrationsvorsitzende der Dr. Senckenbergischen Stiftung, Johann Georg Hermann Kloß, nicht mit dem nahe liegenden Verweis auf die deutlich gestiegenen Patientenzahlen und Verpflegungstage oder die höheren Lebenshaltungskosten zufrieden. Der 73 Jahre alte Arzt Kloß sah auch in den neu entwickelten Heilmethoden und Medikamenten einen ganz entscheidenden Kostenfaktor und erinnerte „an mehrere ältere, längst adoptirte oder neuere Arzneistoffe, deren einziger Fehler ist, daß sie sehr theuer sind, und an die glänzenden entschieden raschen Erfolge, welche durch große Dosen erzielt werden, deren Höhe vor wenigen Jahrzehnten unsere Vorgänger mit Entsetzen erfüllt haben würden. Und vollends in der Wundarzneikunst!

Das Bürgerhospital mit dem linkerseits angrenzenden Gebäude des Physikalischen Vereins. Lichtdruck von Carl Friedrich Fay, um 1900.

Hier werden jetzt unter dem Schutze eines feinsten Sprühregens antiseptischer Substanzen, mit nachträglich umständlichem Verbande, Operationen der verwegensten Art mit einer Kühnheit ausgeführt, die vor noch nicht langer Zeit selbst von furchtloscn, erfahrenen Collegen dem Vorwurf frevelhafter Wagestücke ausgesetzt waren, und bei denen gleichwohl mindere Gefährlichkeit, Abkürzung des Krankenlagers, raschere Herstellung der Arbeitsfähigkeit, kurz Resultate erzielt werden, die zu unseren Studienzeiten unerhört waren. Dieser ganze Apparat mit seinem Zubehör ist aber umständlich, verlangt große Aufmerksamkeit und richtiges Zusammenwirken eines bis zu dem geringsten Dienste gut geschulten Heilpersonals. Der Aufwand an Verpflegungskosten addirt sich schneller zusammen, aber den Segen davon hat der Kranke, welcher gegen sonst im Durchschnitt rascher und vollständig wieder in den Besitz des kostbaren Gutes der Gesundheit gelangt."[115]

Seit 1877 ringt das Bürgerhospital um angemessene Pflegesätze. Das Krankenhaus wurde zu einem Zuschussbetrieb, nachdem die Zahl der Einwohner im preußischen Frankfurt innerhalb eines Jahrzehnts von rund 77.000 auf über 103.000 im Jahr 1876 gestiegen und damit einhergehend die Anzahl der im Bürgerhospital geleisteten Verpflegungstage von 33.600 (1866) auf ihren vorläufigen Höchststand von 46.200 (1876) emporgeschnellt war. Diesen Ansturm konnte das Bürgerhospital, das 1876 über ein Zinseinkommen von knapp 60.000 Mark verfügte, bei einem durchschnittlichen Aufwand von drei Mark fünfzig pro Patient und Tag nicht mehr bewältigen. In einem Brandbrief legte die Administration im März 1877 dem Magistrat die finanziellen Schwierigkeiten des Bürgerhospitals dar. Aus eigener Kraft, so der Administrationsvorsitzende Kloß, könne das Hospital künftig im Durchschnitt nur noch 46 Patienten pro Tag unentgeltlich versorgen. Die Stiftung schlug den Behörden eine Vereinbarung vor, wonach diese dem Bürgerhospital ab dem 47sten Patienten aufwärts einen Pflegesatz von drei Mark fünfzig erstatten sollten, denn ohne die von Johann Christian Senckenberg gegründete Heilanstalt hätte die Stadt Frankfurt schon längst für viel Geld ein eigenes Krankenhaus erbauen müssen. Nach diesem Wink mit dem Zaunpfahl vereinbarte die für das städtische Armenwesen zuständige Polizeisektion mit der Administration, dass die Stiftung ab 1. Juli 1877 nur noch 38 Freibetten für arme Kranke im Bürgerhospital unterhalten sollte. Weitere Patienten konnten von der Polizeisektion nach vorheriger Überprüfung ihrer Bedürftigkeit und anschließender Entrichtung eines Pflegesatzes von drei Mark in das Hospital eingewiesen werden. Wer seinen Unterstützungswohnsitz nicht in Frankfurt hatte, geisteskrank war, an Pocken, Syphilis, Krätze oder Inkontinenz litt, dem blieb grundsätzlich die Aufnahme in das Bürgerhospital verwehrt. Kinder unter zwölf Jahren wurden ebenfalls abgewiesen. Aus städtischer Sicht enthielt der Vertrag mit der Administration der Dr. Senckenbergischen Stiftung ein wichtiges Schlupfloch: „Der Polizei-Section bleibt es unbenommen für die zur Aufnahme in das Bürgerhospital sich meldenden Patienten eine anderweitige billigere Pflegestätte auszumitteln, und auf diese Weise die Zahl der für ihre Rechnung in dem Senckenberg'schen Hospital zu verpflegenden Patienten thunlichst zu vermindern."[116]

Das Bürgerhospital verzeichnete 1877/78 einen noch nie da gewesenen Einbruch der Belegungszahlen. Von einem Rechnungsjahr auf das andere sackte die Menge der geleisteten Verpflegungstage von 46.175 auf 14.769 ab. Die Polizeisektion hatte von ihrem Einweisungsrecht in das Hospital kaum Gebrauch gemacht, die Hilfsbedürftigen möglichst in kostengünstigere Krankenhäuser, wie die private Dr. Bockenheimer'sche Klinik, die nur einen Pflegesatz von einer Mark fünfzig berechnete, geschickt und dadurch den Patientenschwund im Bürgerhospital ausgelöst. Die Administration beendete im März 1878 das dem Stiftungszweck entgegenlaufende Abkommen mit der Stadt, hielt fortan zwanzig Freibetten für nachweislich in Armut lebende Kranke bereit und nahm ansonsten „Selbstzahler" zu einem Pflegesatz von drei Mark auf. Ein Jahr später machten die Administration und

die Polizeisektion einen neuen Versuch und vereinbarten zu einem Pflegesatz von zwei Mark die Versorgung von bis zu vierzig Schützlingen der städtischen Armenbehörde im Bürgerhospital, bei einer garantierten Belegung von durchschnittlich zwanzig Patienten. Obwohl die Polizeisektion darüber im Bilde war,

Bürgerhospital

der

Dr. Johann Christian Senckenberg'schen Stiftung.

Zur Aufnahme in das Bürgerhospital sind nach den bestehenden Bestimmungen solche Kranke berechtigt, welche das hiesige Bürgerrecht oder den Unterstützungswohnsitz Dahier besitzen und nicht Mitglieder einer Krankenkasse sind, und zwar, soweit die vorhandenen Freibetten nicht belegt sind, **unentgeltlich**, im Uebrigen aber gegen Vergütung von **drei Mark** für jeden Verpflegungstag unter Vorausbezahlung für 14 Tage, immer aber nur unter der Voraussetzung, daß die Mittel der Stiftung und deren Räumlichkeiten die Aufnahme gestatten.

Von der Aufnahme sind ausgeschlossen:

1) Personen, welche an **ansteckenden Krankheiten** (Blattern, Flecktyphus, Cholera, Scharlach, Diphterie, venerischen Krankheiten, Krätze,) Geisteskrankheiten, Epilepsie, oder an solchen chronischen unheilbaren Krankheiten leiden, welche nicht mehr Gegenstand ärztlicher Behandlung sind; ferner Solche, die ihrer baldigen Niederkunft entgegensehen;

2) Kinder unter sechs Jahren.

Die Aufnahme findet, **dringliche Fälle ausgenommen,** nur in den Stunden von 8 bis 12 Uhr Vormittags und 3 bis 5 Uhr Nachmittags statt, nachdem die Anmeldung unter Vorlage der erforderlichen Legitimationspapiere erfolgt ist.

Die Dringlichkeit einer Aufnahme außerhalb vorstehender Zeit ist durch ärztliche Bescheinigung nachzuweisen.

Besuche bei den Kranken werden nur **Montags, Mittwochs** und **Freitags** in den Stunden von 2 bis 3 Uhr Nachmittags gestattet.

Frankfurt a. M., 15. Juli 1890.

5057u **Die Administration der Dr. Senckenberg'schen Stiftung.**

dass der Pflegesatz von zwei Mark nicht die Kosten deckte, empfahl sie im Februar 1882 dem Magistrat, eine vom Bürgerhospital beantragte Erhöhung des Tarifs auf zwei Mark fünfzig abzulehnen. Die Behörden befürchteten, mit einem positiven Bescheid bei den anderen Krankenhausträgern ähnliche Begehrlichkeiten zu wecken. „Die Krankenpflege", warnte die Polizeisektion, „belastet absolut und relativ das Armenbudget am stärksten."[117]

Der Magistrat kam der Administration im Juni 1882 insofern entgegen, als dem Bürgerhospital möglichst keine kostenintensiven Patienten zugewiesen werden sollten. Der im zweiten Anlauf mit der Polizeisektion zustande gekommene Vertrag sorgte bis 1884 (23.381 Verpflegungstage) für eine zufriedenstellende Belegung. Im darauf folgenden Jahr stellte sich allerdings erneut ein empfindlicher Rückgang der Patientenzahlen ein. Frankfurt, eine im Jahr 1880 rund 137.000 Einwohner zählende Stadt, verfügte bis dato nicht über ein allgemeines städtisches Krankenhaus. Stiftungen, wie das Hospital zum Heiligen Geist, das Bürgerhospital und die Anstalt für Irre und Epileptische, trugen die Hauptlast der Krankenpflege. Das von der Stadt gestiftete Rochushospital blieb eine den Infektionskranken vorbehaltene Spezialanstalt. Hinzu kamen noch etwa 14 kleinere private Spitäler und Kliniken für Kinder (Clementine-Mädchen-Spital), Juden (Israelitisches Gemeindehospital), Arme (Armenklinik) oder Augenkranke (Dr. Steffan'sche Augen-Heilanstalt).

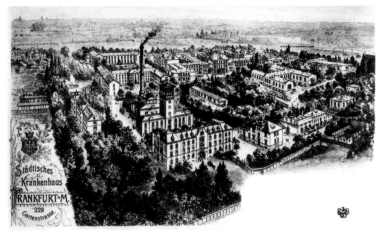

Das Städtische Krankenhaus Sachsenhausen.
Ansichtspostkarte vom 20. April 1907.

Auf Beschluss der Stadtverordnetenversammlung wurde im März 1882 unterhalb Sachsenhausens mit dem überfälligen Bau eines allgemeinen städtischen Krankenhauses begonnen. Im Pavillonstil entstanden im ersten Bauabschnitt das zunächst inneren sowie Haut- und Geschlechtskrankheiten vorbehaltene Krankenhaus und, durch eine Mauer getrennt, das Blattern-Hospital. Dem Armenamt unterstellt nahm das aus dem Rochushospital hervorgegangene Städtische Krankenhaus Sachsenhausen am 1. April 1884 den Betrieb

auf. In Frankfurts größter Heilanstalt wurden im Rechnungsjahr 1885/86 1.125 Patienten behandelt und 35.354 Verpflegungstage gezählt. Zum Vergleich: Das Bürgerhospital verzeichnete im selben Zeitraum lediglich 466 Patienten und 17.859 Verpflegungstage.[118]

Im Städtischen Krankenhaus erwuchs dem Bürgerhospital ein übermächtiger Konkurrent, zumal der im Mai 1883 zum Stadtarzt ernannte Alexander Spieß bei der Einweisung erkrankter Schützlinge des Armenamts in die Frankfurter Hospitäler darauf hinwirkte, dass die Verteilung „unter möglichster Wahrung der medicinischen, zugleich aber auch der städtischen Interessen geschiehe."[119] Im Klartext bedeutete dies, dass die bedürftigen Kranken bevorzugt in das Städtische Krankenhaus kamen. Über die Auswirkungen dieser Einweisungspraxis informierte der Armenarzt Carl Bardorff am 31. August 1885 die städtische Armenbehörde: „ Als ich heute früh nach unserer Alumne Roh im Bürgerhospital sah, wurde mir die dringende Bitte ausgesprochen, das Armenamt möge doch Kranke dorthin einweisen, da die Säle fast alle leer stehen."[120] Zur Überwindung der Krise setzte die Administration der Dr. Senckenbergischen Stiftung ihre Hoffnungen auf den Abschluss von Verträgen mit den neuen Krankenkassen.

Bis zur Verabschiedung des Krankenversicherungsgesetzes durch den Reichstag am 15. Juni 1883 hatten sich Arbeiter und kleine Angestellte ärztlichen Beistand nur in den seltensten Fällen leisten können. Das Gesetz zur Versicherung im Krankheitsfall war ein Schachzug von Reichskanzler Otto von Bismarck, um den politischen Gegner zu schwächen und die Arbeiterschaft für den monarchischen Staat zu gewinnen. Mit Zuckerbrot und Peitsche bekämpfte der konservative preußische Aristokrat die aufstrebende Sozialdemokratie. Auf das am 21. Oktober 1878 erlassene repressive Reichsgesetz „wider die gemeingefährlichen Bestrebungen der Sozialdemokratie" (Sozialistengesetz) folgte zwischen 1883 und 1889 zur Linderung der größten Not ein Paket von Sozialgesetzen, die den Arbeitern Unterstützungen bei Krankheit, Unfall, Invalidität und Alter zugestanden. Die Sozialgesetzgebung begann mit der

Krankenversicherung, da hierbei auf die Erfahrungen der schon seit längerem existierenden Hilfskassen zurückgegriffen werden konnte.

Gewerbliche Arbeiter, deren Jahreseinkommen 2.000 Mark nicht überstieg, waren ab 1883 versicherungspflichtig, wobei die an die Krankenkassen abzuführenden Beiträge in Höhe von durchschnittlich zwei bis drei Prozent des Lohns zu zwei Dritteln von den Versicherten und zu einem Drittel von den Arbeitgebern aufgebracht wurden. Im Krankheitsfall übernahm die Kasse die Kosten der Behandlung durch einen Vertragsarzt, des Krankenhausaufenthalts und der verordneten Medikamente. Bei Arbeitsunfähigkeit gewährte die Versicherung ab dem dritten Tag für bis zu 13 Wochen ein Krankengeld von maximal zwei Mark pro Arbeitstag. Da ein am Existenzminimum lebender Haushalt mit vier Personen wöchentlich rund 25 Mark benötigte, stürzte die Krankheit des Haupternährers eine Arbeiterfamilie auch nach 1883 in schwere materielle Not. Der Versicherungsschutz beschränkte sich zunächst nur auf die Person des Arbeiters oder Angestellten und erstreckte sich mithin nur auf ein Fünftel der Erwerbstätigen beziehungsweise auf weniger als ein Zehntel der Gesamtbevölkerung. Familienangehörige konnten erst seit 1892 gegen Zahlung eines monatlichen Zusatzbeitrages mitversichert werden. Während die Vielzahl der bereits vorhandenen Betriebs-, Innungs- oder Knappschaftskassen in der Regel fortbestand, entwickelte sich die genossenschaftlich organisierte Ortskrankenkasse zur typischen Arbeiterkasse.[121]

In Frankfurt entstanden nach der Inkraftsetzung des Krankenversicherungsgesetzes am 1. Dezember 1884 zehn Ortskrankenkassen, die sich im Juli 1888 zur „Allgemeinen Ortskrankenkasse in Frankfurt a. M." (AOK) vereinigten. Bis 1894 handelte der AOK-Vorstand nach der Maßgabe, „den Kassenmitgliedern, für welche die Kasse nun doch einmal vorhanden ist, im Krankheitsfalle möglichst grosse Leistungen zu bieten."[122] So ermöglichte die Frankfurter Ortskrankenkasse ihren Mitgliedern außer der freien Krankenhauspflege auch noch den Aufenthalt in einer Rekonvaleszentenanstalt oder in einem

Aufnahmeformular des Bürgerhospitals, 1892.

Sanatorium für Tbc-Patienten. Die großzügige Bewilligung von zusätzlichen Leistungen ging zu Lasten des gesetzlich vorgeschriebenen Reservefonds der Ortskrankenkasse. Mit Erfolg hatte die Administration der Dr. Senckenbergischen Stiftung Ende 1886 mit den Ortskrankenkassen, der Fleischer-Innungs-Krankenkasse sowie der Sterbe- und Krankenkasse zur Standhaftigkeit die Behandlung erkrankter Kassenmitglieder zu einem Pflegesatz von einer Mark fünfzig im Bürgerhospital vereinbart. Die Auslastung des Hospitals verbesserte sich 1887/88 spürbar auf 21.148 Verpflegungstage und 631 Patienten. Im Rechnungsjahr 1890/91 erreichte die Belegung mit 35.335 Verpflegungstagen und 1.131 Patienten den absoluten Höchststand im 19. Jahrhundert. Eine zusätzliche Einnahmequelle erschloss die Hospitalleitung, indem sie „Separat-Zimmer" mit ein bis zwei Betten für insgesamt sieben Privatpatienten einrichtete. Bessergestellte bekamen für sechs beziehungsweise vier Mark pro Tag eine Sonderbehandlung abseits der Krankensäle.[123]

Der Pflegesatz ist von jeher ein Zankapfel zwischen Krankenhäusern und Kostenträgern gewesen. Das musste auch das Bürgerhospital sehr bald erfahren. Als die Administration 1891 die Pflegesätze den allgemein gestiegenen Preisen entsprechend auf zwei Mark anheben wollte, wurde das von der Fleischer-Innungs-Krankenkasse, nicht aber von der Ortskrankenkasse akzeptiert. Die Kontrahenten einigten sich auf den Kompromiss, dass AOK-Mitgliedern

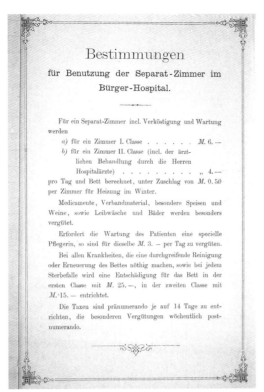

Pflegesätze für Privatpatienten im Jahr 1887.

für die ersten 10.000 Verpflegungstage der alte Tarif und darüber hinaus ein Pflegesatz von zwei Mark berechnet werden sollte. In der Folgezeit unterlief die Ortskrankenkasse die Vereinbarung, indem sie es nach Erreichen der Tarifgrenze vermied, weitere Mitglieder in das Bürgerhospital einzuweisen.[124] Um in Zukunft gegenüber der AOK mit einer Stimme zu sprechen, verständigten sich im Dezember 1894 Vertreter des Hospitals zum Heiligen Geist, der Dr. Bockenheimer'schen Klinik, des Diakonissenhauses, des Bethanienvereins und der Administration der Dr. Senckenbergischen Stiftung bei einer Zusammenkunft im Bürgerhospital auf einen einheitlichen Pflegesatz von zwei Mark. Da die Selbstkosten der Krankenhäuser pro Patient und Tag reell bei drei Mark fünfzig lagen, stimmten der Magistrat und, wenn auch nur widerwillig, die Ortskrankenkasse dem Pflegesatz von zwei Mark ab 1. April 1896 zu. Die AOK gab die infolge der Pflegesatzanhebung entstandenen Mehrkosten direkt an ihre Mitglieder weiter und erhöhte die Krankenkassenbeiträge um einen halben Prozentpunkt auf dreieinhalb Prozent des Lohns.[125] Der Konflikt um die Höhe der Pflege-sätze schwelte munter weiter. Die Kranken-

kassen warfen den Hospitalleitungen die Bildung eines Kartells vor und drohten im August 1898 sogar damit, in Frankfurt ein kasseneigenes Krankenhaus zu eröffnen. Im Unterschied zum Heilig-Geist-Hospital, das seit Dezember 1898 nur noch einen Pflegesatz von einer Mark fünfundsiebzig berechnete, ließ sich das Bürgerhospital nicht auf eine Senkung des Tarifs ein. Anstelle von einer Reduzierung hätte das Bürgerhospital an der Jahrhundert-wende eine Anhebung des Pflegesatzes auf rund vier Mark benötigt, um einigermaßen kostendeckend arbeiten zu können. Das Krankenhaus blieb ein auf Stiftungsmittel und Spenden angewiesener Zuschussbetrieb.[126]

In die Modernisierung des Bürgerhospitals war zuletzt 1886 im großen Stil investiert worden. „An der Nordseite des Bürgerhospitals", so die 52ste „Stiftungs-Nachricht", „wurde ein allen Anforderungen der Wissenschaft entsprechen-der Operationssaal errichtet, durch Aufführung eines Stockwerks über den Bädern die Zahl der Separatzimmer vermehrt und auch die Todtenkapelle nebst dem Sectionszimmer in einen besonderen Bau an der seitherigen Einfriedigungsmauer zwischen dem botani-schen Garten und dem Hof des Hospitals verlegt."[127] Der neue OP des Bürgerhospitals sollte die Kriterien der Asepsis, das heißt der angestrebten Keimfreiheit, erfüllen. In der Mitte des Operationssaals stand ein ganz aus Eisen hergestellter OP-Tisch, „der vollständig aseptisch zu halten und mit der geeigneten Abflussvorrichtung versehen ist."[128] Mit der in den achtziger Jahren entwickelten Asepsis schickten sich die Mediziner an, das Problem der Wundinfektionen in den Griff zu bekom-men. Die Sterilisation hat die Entwicklung der modernen Chirurgie erst ermöglicht. Im Jahr 1887 wurde auch im Bürgerhospital mit der Trennung der chirurgischen Abteilung in septi-sche (mit Keimen behaftete) und aseptische Fälle begonnen. Für die Abtötung von Krankheitserregern an chirurgischen Instrumenten und Verbänden erwarb das Spital 1891 einen Koch'schen Sterilisator. Der schon beim OP-Neubau federführende Chirurg Heinrich Schmidt veranlasste im Dezember 1887 zur Reinigung von Bettwäsche, Schwesternkleidung oder Matratzen den Ankauf eines „Desinfections-Apparates" der

Dortmunder Firma W. Budenberg. Durch den Einsatz von mindestens einhundert Grad Celsius heißem „reine[n] strömenden Wasserdampf" wurden in den mobil oder stationär lieferbaren Anlagen krankheitserregende Mikroorganismen vernichtet. Außerdem war die Desinfektionsanlage laut Firmenwerbung „unbedingt explosionssicher".[129] Nach einem erfolgreichen Probelauf wurde der Budenberg'sche Desinfektionsapparat im Frühjahr 1888 am Mittelbau des Bürgerhospitals aufgestellt. Da es in ganz Frankfurt nur noch im Städtischen Krankenhaus eine ähnliche Anlage gab, ermöglichte die Administration der Dr. Senckenbergischen Stiftung der Allgemeinheit gegen einen kleinen Obolus die Mitbenutzung der modernen Desinfektionseinrichtung.[130]

Das Bürgerhospital hat an seinem alten Standort in der Stiftstraße zu keiner Zeit eine Krankenhausapotheke betrieben. Nach einem Rotationsprinzip schloss das Hospital jeweils für ein Rechnungsjahr mit wechselnden Frankfurter Apotheken einen Vertrag über die Belieferung mit Medikamenten. Der Apotheker hatte die frisch verordneten Heilmittel innerhalb von zwei Stunden bereitzustellen und auf den gesetzlich geregelten Arzneimittelpreis einen zehnprozentigen Krankenhaus-Rabatt zu gewähren. Giftstoffe und schmerzlindernde Rauschmittel wie Arsen oder Morphium mussten auf Anordnung des Regierungspräsidenten unter Verschluss aufbewahrt werden.[131] Im für den täglichen Bedarf benötigten Arzneimittelvorrat des Hospitals durfte ein Quantum des in der zweiten Hälfte des 19. Jahrhunderts gebräuchlichen Narkotikums Chloroform nicht fehlen. Die zur Bewusstlosigkeit führende Inhalationsnarkose war nicht ohne Risiko. Wegen der Vergiftungsgefahr mit Schädigungen von Herz, Leber, Nieren und Gehirn sowie der geringen Narkosebreite wird Chloroform seit 1959 nicht mehr verwandt. Der tragische Tod eines 15-jährigen Küferlehrlings, der am 16. Mai 1891 im Bürgerhospital nach der Operation einer Schnittwunde am Finger nicht mehr aus der Chloroform-Narkose erwachte, hatte ein öffentliches Nachspiel. Der untröstliche Vater des Narkoseopfers, Peter Krupp, schilderte in einem vom „General-Anzeiger" veröffentlichten

Leserbrief das Geschehen am 16. Mai und appellierte an die Ärzteschaft: „Ich darf mir wohl gewiß die Frage erlauben, ob es nicht möglich ist, bessere Vorkehrungen zu treffen, welche solch traurige Ereignisse in Zukunft unmöglich machen."[132] Der Leiter der Chirurgischen Abteilung Friedrich Ebenau veranlasste im Herbst 1893, das im Bürgerhospital neben der Chloroform- künftig auch die weniger riskante Äther-Narkose zum Einsatz kam.

Nach einem Unfall zählt bei der Bergung der Verletzten jede Minute. Um das Rettungswesen in der Stadt Frankfurt war es vor der Jahrhundertwende schlecht bestellt. Geschah ein Unglück, wurde nach dem nächstgelegenen Arzt gerufen. Den Transport des Verunglückten besorgte die Droschke des Hospitals zum

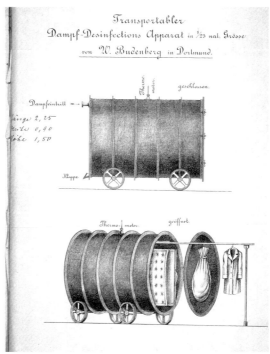

Konstruktionszeichnungen des Budenberg'schen Desinfektionsapparats, um 1886.

Heiligen Geist oder ab 1884 der pferdebespannte Wagen des Städtischen Krankenhauses. Auf Anweisung des Armenamtes sollten dessen Schützlinge im Notfall aus Kostengründen vornehmlich ins Heilig-Geist-Hospital und ins Städtische Krankenhaus eingeliefert werden. Nur wenn sich ein Unfall im Nordend ereignete und unmittelbar Gefahr für Leib und Leben bestand, akzeptierte das Armenamt notge drungen den Transport in das Bürgerhospital.[133] Durch die Gründung der „Frankfurter Freiwilligen Rettungsgesellschaft" und des „Frankfurter Samariter-Vereins" in den Jahren 1890 und 1897 wurde der Unfallhilfe gleich von zwei Seiten auf die Beine geholfen. Der Magistrat entschärfte das Konkurrenzverhältnis zwischen den beiden Vereinen, indem er im

Mai 1901 „Bestimmungen über die Regelung des freiwilligen Rettungswesens" erließ und die Zuständigkeit der in der Münzgasse und in der Burgstraße stationierten Rettungsdienste auf voneinander getrennte Stadtbezirke verteilte. „Wenn die Verbringung in ein Krankenhaus geboten erscheint", so Paragraph fünf der Verordnung, „wird der Verletzte in das nächstgelegene Krankenhaus verbracht, wenn nicht er selbst oder seine Angehörigen die Verbringung in ein anderes Krankenhaus verlangen."[134] Das Bürgerhospital lag im Einsatzgebiet der mit zwei von Pferden gezogenen Krankenwagen ausgerüsteten „Frankfurter Freiwilligen Rettungsgesellschaft" in der Münzgasse.

Die Sanitäter der Rettungswache wurden am späten Abend des 12. September 1900 in ein Frankfurter Café gerufen, in dem ein Gast einen schweren Asthmaanfall erlitten hatte. Der Bereitschaftsdienst erkannte den Ernst der Lage und brachte den 54-jährigen Eduard Bär ins Bürgerhospital. Gegenüber dem dortigen Assistenzarzt erklärte Bär, dass er es schon seit etwa einem Jahr mit anfallartigen Atembeschwerden zu tun habe, die zuletzt in immer kürzeren Abständen aufgetreten waren. In Bärs Krankenakte vermerkte der Hospitalarzt eine starke Dyspnoe, das heißt eine gestörte, mit Kurzatmigkeit einhergehende Atmung, und einen niedrigen, unregelmäßigen Pulsschlag. Nachdem er beim Abhören der Brust „trockne bronchit(ische) Geräusche", Giemen und Rasseltöne wahrgenommen hatte, kam der Mediziner zu dem Befund „Asthma bronchiale" und verordnete die Einnahme von Kampfer-Benzoe-Pulver sowie von zwei Löffeln nicht näher definierter „schwacher Asthmaarznei". Mit Senfbrei bestrichene Brustwickel sollten die Schmerzen im Oberkörper lindern. Auf eigenen Wunsch verließ Eduard Bär am 18. September 1900 „gebessert" das Bürgerhospital.[135] Dem Tode nah wurde Eduard Bär am 20. Juli 1903 erneut von der Rettungswache in das Bürgerhospital eingeliefert. Die graublaue Gesichtsfarbe, der rasselnde Atem und der ständige blutige Auswurf ließen keinen Zweifel an der niederschmetternden Diagnose „Lungenoedem". Die Ärzte konnten für Bär außer der Gabe einer schmerzlindernden Morphium-Injektion nichts mehr tun. Der Tod trat am nächsten Morgen ein.

Krankengeschichte von Eduard Bär, Oktober 1900.

Die stationäre Krankenpflege war ein hartes Brot. Der am Bürgerhospital beschäftigte Assistenzarzt, Moritz Orthenberger, ergriff im März 1890 für die völlig überlasteten Krankenschwestern Partei und forderte die Einstellung einer weiteren Pflegekraft. Aufgrund der zu knapp bemessenen Personaldecke mussten laut Orthenberger einige Krankenschwestern neben ihrem normalen Arbeitspensum auch noch einen mit zehn Patienten belegten Krankensaal mitbetreuen. Die Eingabe des Assistenzarztes vermittelt eine Vorstellung vom Krankenhausalltag gegen Ende des 19. Jahrhunderts: „Der gewöhnliche Dienst dieser beiden letzteren [gemeint sind die beiden Nachtschwestern, T.B.] ist an und für sich schon ein schwerer und aufreibender. Wer vier Wochen lang die Nacht zum Tag machen und in Bezug auf die Regelmäßigkeit seiner Mahlzeiten den Vortheil der anderen Mitglieder eines wohlgeordneten Hauswesens entbehren muß, sollte doch ein Anrecht auf Ruhe bei Tage haben, die ja ohnedies nicht gleichwerthig mit der Nachtruhe ist. Jetzt müssen aber diese beiden Schwestern – ich war schon vorher dagegen, daß sie in den ersten Vormittagsstunden noch mit Hausarbeit beschäftigt werden – vormittags die Hausarbeit und die Patienten in dem verwaisten Saal besorgen und kommen dann erst gegen Mittag zum Schlafen."[136]

Orthenbergers Protestbrief führte zur Einstellung einer zusätzlichen Dienstmagd für bestimmte Hausarbeiten und zu einer ziemlich einschneidenden Umstrukturierung des Pflegedienstes im Bürgerhospital. Aus Mangel an qualifiziertem Personal vereinbarten der „Verein zur Pflege im Felde verwundeter und erkrankter Krieger" und die Stiftungsadministration im Juli 1891 für das Bürgerhospital eine zahlenmäßige Verringerung der Rotkreuzschwestern bei gleichzeitiger Vermehrung der noch in der Ausbildung befindlichen Lehrschwestern. Unter dem Strich verfügte das Bürgerhospital anschließend zwar über eine zusätzliche Schwester, doch die Qualifikation des Pflegepersonals war deutlich gesunken.

Der Vorsitzende der in „Verein vom Rothen Kreuz" umbenannten ehemaligen Organisation zur Verwundetenpflege, Emanuel Cohn,

richtete am 19. Februar 1901 ein wenig erfreuliches Schreiben an den Vorsitzenden der Dr. Senckenbergischen Stiftung, Moritz Schmidt-Metzler.[137] Cohn rechnete seinem Arzt-Kollegen zunächst einmal haarklein vor, dass dem Roten Kreuz das Tagwerk einer Krankenschwester vom Bürgerhospital mit mageren 78,8 Pfennigen vergütet werde und bat daraufhin recht nachdrücklich um eine Erhöhung des Tarifs auf eine Mark zwanzig. Exakt diesen Satz zahlte nämlich das Städtische Krankenhaus Sachsenhausen, wo seit Septem-

Ein Vierteljahrhundert im Samariterdienst.

Oberschwester **Bertha Walther** in Frankfurt.

Am fünfzehnten Mai d. J. blickt die Oberschwester Bertha Walther im Frankfurter Bürgerhospital auf eine fünfundzwanzigjährige Thätigkeit im Dienst des Rothen Kreuzes zurück. Geboren am 9. März 1852 zu Birstein, hat sie in Heidelberg die Vorstudien ihres humanen Amtes mit glänzendem Erfolge absolvirt und ist 1872 in die Dienste des 1867 gegründeten Frankfurter Vereins zum Rothen Kreuz eingetreten. In dieser Anstalt, einem Zweigverein des deutschen Centralvereins vom Rothen Kreuz, hat sie lange Jahre im Krankenhause der Königswarterstraße fungirt, seit März 1887 als Oberin. Sie ist bis jetzt die einzige Schwester des Vereins, der eine Wirksamkeit von Vierteljahrhundertsdauer beschieden ist; die Anstalt feiert also heute das erste Jubiläum dieser Art. Seit zehn Jahren bekleidet Bertha Walther den Posten einer Oberin am Bürgerspital. Mit ihren Genossen und Genossinnen am Samariterwerk und ihren Pflegebefohlenen vereinigen wir uns in dem Wunsche, daß der wackeren Schwester noch lange Jahre Kraft und Opferfreudigkeit gegeben sein möge, ihres Amtes treu und erfolgreich zu walten.

Bericht über das Dienstjubiläum der Oberschwester Bertha Walther im Bürgerhospital aus der „Kleinen Presse" vom 16. Mai 1897.

ber 1900 dreißig Rotkreuzschwestern ihren Dienst versahen. Grundsätzlich wünschte der Rot-Kreuz-Verein eine Angleichung des mit der Stiftungsadministration vereinbarten Vertrages an die im Vorjahr vom Magistrat beschlossenen „Bestimmungen betreffend die in den städtischen Krankenanstalten verwendeten Vereinsschwestern". Cohn beendete das umfangreiche Schriftstück, indem er seiner

Hoffnung Ausdruck verlieh, dass man sich gütlich einigen werde – tatsächlich markierte der Brief vom 19. Februar 1901 aber den Anfang vom Ende der Zusammenarbeit.

Bei genauer Betrachtung hatte der Magistrat mit dem im Juli 1900 verabschiedeten Rahmenvertrag für die Verwendung von Vereinsschwestern in städtischen Krankenanstalten den Stein ins Rollen gebracht. Die gedruckten „Bestimmungen" regelten in acht Paragraphen die Mindestverweildauer und Abberufung von Schwestern, das Weisungsrecht der Anstaltsleitungen, die Ausbildungsangebote für Lehrschwestern, die Versorgung im Krankheitsfall und die Urlaubsansprüche von bis zu drei Wochen im Jahr. Brisant waren aus Sicht der Senckenbergischen Stiftungsadministration eigentlich nur die Paragraphen fünf und sechs der „Bestimmungen". Artikel sechs war der Unterbringung in Ein- und Zweibettzimmern sowie dem leiblichen Wohl der Schwestern gewidmet. Zum „Casus knacksus" für die Verbindung von Rotem Kreuz und Senckenberg-Stiftung sollte Paragraph fünf werden, der die Schwestern von allen nicht mit der Krankenpflege in direkter Verbindung stehenden Hausarbeiten befreite: „Alle gröberen Arbeiten, Reinigung der Corridore und Treppen, der Bade- und Closeträume, der Aufenthaltsräume der Kranken und Schwestern, Kupfer- und Fensterputzen, Tragen der Speisen und Getränke nach den Abtheilungen, Spülen der Essgeschirre der Kranken, Tragen von schweren Waschkörben und dergl. fallen dem Dienstpersonal zu."[138]

Die Stiftungsadministration zeigte sich gesprächsbereit und schickte ihr Mitglied August Knoblauch zur Vorstandssitzung des Rot-Kreuz-Vereins am 10. Mai 1901. Knoblauch signalisierte in dieser Runde die Bereitschaft der Administration, den Tagessatz für jede an das Bürgerhospital abgeordnete Krankenschwester auf die geforderte eine Mark zwanzig zu erhöhen und den Inhalt der „Bestimmungen" bis auf die Paragraphen fünf und sechs zu akzeptieren. Die mit der Befreiung der Schwestern von der Hausarbeit erforderliche Neueinstellung von Dienstpersonal sei zu teuer und für die Unterbringung der Krankenschwestern in Ein- und Zweibettzimmern fehle im Bürgerhospital der

Platz. Dagegen betonte der Rot-Kreuz-Vorstand noch einmal, dass für ihn die in Paragraph fünf vorgesehene Arbeitserleichterung höchste Priorität habe. Noch am selben Tag bekamen die Mitglieder der Administration, August Knoblauch und Ernst Roediger, den Auftrag, sich vorsichtshalber schon einmal nach geeignetem Ersatz für die Rotkreuzschwestern umzuschauen.[139]

Roediger richtete umgehend eine vertrauliche Anfrage an den Gründer des Evangelischen Diakonievereins Berlin-Zehlendorf, Theologieprofessor Friedrich Zimmer, ob eventuell Diakonieschwestern die Krankenpflege im Bürgerhospital übernehmen könnten. Der ursprünglich nur für gebildete Frauen aus dem Bürgertum ins Leben gerufene Diakonieverein hatte 1897 seinen Wirkungsbereich erweitert und ermöglichte seither auch Volksschülerinnen eine vierjährige Ausbildung zur Gemeindepflegerin. Die Pflegeschülerinnen mussten eine zweijährige „Unterstufe" in der Geisteskrankenpflege am Krankenhaus in Waldbröl und anschließend einen Lehrgang der großen Krankenpflege, die sogenannte „Oberstufe", am Duisburger Frauenkrankenhaus absolvieren. Seit dem Wegfall der „Oberstufe" in Duisburg im Herbst 1900 suchte Friedrich Zimmer händeringend nach einem neuen Arbeitsfeld, das sich auch zur Ausbildung in der großen Krankenpflege eignete. In dieser Notlage wird Zimmer die Anfrage aus Frankfurt wie ein Geschenk des Himmels erschienen sein. Der Vereinsvorsitzende verknüpfte in seinem an Roediger adressierten Antwortschreiben vom 17. Mai 1910 das Angebot, die Krankenpflege im Bürgerhospital zu übernehmen, mit der Einrichtung einer „Oberstufe" für Pflegeschülerinnen. „Sie würden also", warb Zimmer für sein Anliegen, „wenn wir zu einer Verständigung gelangten, Pflegerinnen zur weiteren Ausbildung in der körperlichen Krankenpflege erhalten, die bereits 1 1/2 bis 2 Jahre in der Irrenpflege in Waldbröl thätig gewesen sind. Sie sind dort schon stark durchgesiebt, so dass nur mehr oder weniger tüchtige und zuverlässige Persönlichkeiten auf die Oberstufe übernommen werden."[140] Um sich ein Bild von der Pflegeschule zu machen, lud Zimmer Roediger zu einem Besuch der „Unterstufe" im Krankenhaus Waldbröl ein.

Ernst Roediger informierte die Administration der Dr. Senckenbergischen Stiftung am 14. Juni 1901 über den Briefwechsel mit Friedrich Zimmer und bekam den Auftrag, nach Waldbröl zu reisen. In der Administrations-Sitzung vom 30. August 1901 muss Roediger die Diakonieschwestern in den höchsten Tönen gelobt haben, denn das Gremium fasste den Beschluss, nun auch offiziell beim Evangelischen Diakonieverein Berlin-Zehlendorf anzufragen, ob er ab dem 1. Januar 1902 die Krankenpflege im Bürgerhospital übernehmen würde. In Begleitung von Oberin Charlotte von Luchaire kam Friedrich Zimmer Anfang September persönlich zu Vertragsverhandlungen nach Frankfurt. Die Gespräche im Bürgerhospital nahmen einen guten Verlauf, so dass die Administration schon am 10. September sowohl den Vertragsentwurf mit dem Diakonieverein als auch das Kündigungsschreiben an den Rot-Kreuz-Verein verabschieden konnte.[141] Dem Dienstvertrag vom 30. November 1901 liegt ein Mustervertrag des Diakonievereins zugrunde. Voraussetzung für den Vertragsabschluss war zunächst einmal der Beitritt der Dr. Senckenbergischen Stiftung zum Evangelischen Diakonieverein. Im Mittelpunkt des Vertragswerks stand die Gründung einer Pflegerinnenschule am Bürgerhospital, wofür der Diakonieverein eine Oberin, zwei Vereinsschwestern und neun Pflegerinnen nach Frankfurt abordnete. Das Pflegepersonal hatte sich „allen Dienstleistungen zu unterwerfen, die zu den Obliegenheiten ihres Amtes gehören."[142] Mit anderen Worten: Sie mussten auch die umstrittenen Haus- und Reinigungsarbeiten übernehmen. Für die Krankenpflege im Bürgerhospital berechnete der Diakonieverein eine Jahrespauschale von 4.800 Reichsmark. Hinzu kamen noch Unterkunft und Verpflegung, die gesetzlichen Beiträge zur Invaliditäts- und Altersversicherung sowie vier Wochen Jahresurlaub für die Schwestern und Pflegerinnen. Der Vertrag sollte am Neujahrstag 1902 in Kraft treten.

Der 1. Januar 1902 markiert gleich in doppelter Hinsicht einen Wendepunkt in der Geschichte des Bürgerhospitals. Neben den aus Berlin-Zehlendorf eingetroffenen Diakonieschwestern konnte der Vorsitzende der Administration, Moritz Schmidt-Metzler, im Rahmen einer

Die „Kleine Presse" meldete am 8. Januar 1902 den Chefarztwechsel im Bürgerhospital.

kleinen Feierstunde mit Wilhelm Streng auch noch einen neuen Chefarzt der Inneren Abteilung am Bürgerhospital begrüßen. Der gleichzeitig vollzogene Wechsel in der ärztlichen Leitung des Krankenhauses belastete allerdings den ohnehin nicht ganz einfachen Dienstbeginn des neuen, mit den örtlichen Gegebenheiten noch nicht vertrauten Pflegepersonals. Nachdem man aus dem Gröbsten heraus war, gab die neue Oberin Emma Tillmanns der Vereinsleitung in Berlin-Zehlendorf in einem Brief vom 6. Januar 1902 einen ersten Zwischenbericht: „Die Schwestern und Pflegerinnen sind nun alle hier. Ich freue mich, daß die ersten Tage hinter uns liegen, der Anfang war recht schwer. Auf der inneren Abteilung ein neuer Chefarzt und ein neuer Assistent, es wußte niemand so recht, was den Kranken eigentlich fehlte. Man kommt uns freundlich entgegen, und hoffe ich, daß wir einmal ein recht schönes Arbeitsfeld haben werden. Jetzt gibt es noch viele Schwierigkeiten zu überwinden und vor allem sehr viel zu putzen ... Schmutz und Unordnung überall ... Die Schwestern und Pflegerinnen arbeiten alle fleißig und freudig, und es wird uns hoffentlich gelingen, die Ärzte, die recht hohe Anforderungen stellen, zu befriedigen."[143] Die Diakonieschwestern, die bis heute im Bürgerhospital tätig sind, haben die in sie gesetzten Erwartungen mehr als nur erfüllt.

Oberin Emma Tillmanns, um 1902.

Der Vertrag mit der Stadt

Moritz Schmidt-Metzler (1838-1907).
Ölgemälde von Heinrich von Angeli, um 1901.

Der Vorsitzende der Dr. Senckenbergischen Stiftung, Moritz Schmidt-Metzler[144], stellte 1895 den Fortbestand des Bürgerhospitals infrage. Die Notwendigkeit des von Johann Christian Senckenberg zur freien Pflege erkrankter Bürger und Beisassen gestifteten Hospitals erschien Schmidt-Metzler, seitdem das städtische Armenamt und die Krankenkassen eine gewisse Grundversorgung garantierten, zumindest diskussionswürdig. Schmidt-Metzler bat die Mitglieder der Administration zu überdenken, ob das Bürgerhospital nicht besser in die von Oberbürgermeister Adickes geplante „medizinische Schule" eingegliedert oder sogar komplett aufgelöst und die dadurch verfügbaren Mittel an bedürftige Kranke verteilt werden sollten. Als vordringlichste Aufgabe bezeichnete der Vorsitzende der Administration hingegen die Errichtung eines Hörsaalgebäudes für die unter akuter Raumnot leidenden wissenschaftlichen

Vereine auf dem Stiftungsgelände. Die Administration nahm die Ausführungen des seit 1883 amtierenden Vorsitzenden bezüglich des Bürgerhospitals „einstweilen zur Kenntnis" und konzentrierte sich auf die Verwirklichung des Hörsaalgebäudes.[145]

Das Stadtoberhaupt Franz Adickes hatte Moritz Schmidt-Metzler 1895 in seine Pläne für eine Universität eingeweiht. Am Ende sollte die Dr. Senckenbergische Stiftung im September 1912 zu den elf Gründern der Frankfurter Universität gehören. Nachdem Adickes im Januar 1891 das Amt des Frankfurter Oberbürgermeisters angetreten hatte, setzte er alles daran, aus dem Handels- und Finanzplatz auch eine Stadt der Wissenschaft zu machen. In dem Metallindustriellen Wilhelm Merton fand Adickes für seine Universitäts-Pläne einen großzügigen Stifter und einflussreichen Mitstreiter. Die Dr. Senckenbergische Stiftung spielte in Adickes' Überlegungen von Anfang an eine wichtige Rolle. Von der Senckenbergischen Naturforschenden Gesellschaft und dem Physikalischen Verein auf dem Stiftungsgelände am Eschenheimer Tor vorangetriebene Planungen für großzügige Museums- und Institutsneubauten bewogen den Oberbürgermeister 1895 zur Vorlage einer Denkschrift, mit der er „Gedanken und Erwägungen zwecks Ausgestaltung der Frankfurter Wissenschaftlichen Institute zu einer Philosophischen Fakultät" interessierten Kreisen unterbreitete. Die Grundkonzeption für die Universitätsplanung umfasste auch die Ausgestaltung der städtischen Krankenanstalten zu einer „hohen Schule für praktische Medizin". In die nach Erscheinen der Denkschrift eingesetzte Kommission wurden auch Moritz Schmidt-Metzler und der Leiter des Senckenbergischen anatomischen Instituts, Carl Weigert, berufen.[146]

Die zwischen der Dr. Senckenbergischen Stiftung und dem städtischen Tiefbauamt über den Bau eines Hörsaalgebäudes an der Ecke Bleich- und Brönnerstraße geführten

Verhandlungen hatten sich 1899 festgefahren. Während die Senckenbergische Naturforschende Gesellschaft und der Physikalische Verein die Vorbereitungen für ihre Neubauten vorantrieben, konnten sich die Stiftung und die Baubehörde nicht über den Verlauf der Fluchtlinien nach einer Verbreiterung der Bleich- und der Senckenbergstraße einigen. Als Oberbürgermeister Adickes persönlich in die Verhandlungen eingriff, um die Verwirklichung des Hörsaalgebäudes zu unterstützen, kamen neue Bedenken hinsichtlich der Beeinträchtigung von Lichteinfall und Luftzufuhr für das benachbarte Bürgerhospital auf. Zu der von Adickes daraufhin angeregten Verlegung des Bürgerhospitals an den Stadtrand signalisierte die Administration im Februar 1899 „gegen Gewährung vollständigen Ersatzes aus städtischen Mitteln, insbesondere unentgeltliche Ueberweisung eines geeigneten Grundstücks"[147] ihre Bereitschaft. Ein von der Stadt im gerade erst nach Frankfurt eingemeindeten Bockenheim vorgeschlagenes Grundstück wurde von der Administration wegen der großen Entfernung zur Innenstadt als Standort für das Bürgerhospital abgelehnt. Mit dem im Juni 1899 von Oberbürgermeister Adickes „auf dem Terrain östlich der Eckenheimer Landstraße" an einer geplanten Ringstraße angebotenen und auch vom Stadtarzt Alexander Spieß für geeignet befundenen Gelände erklärte sich die Stiftungsadmini-

Lageplan des Stiftungsgeländes 1891.

Brönner Str.

Bleich-Str.

Senckenberg-Str.

Stift-Str.

Elchenh. Tor.

1. Altes Dr. Senckenbergisches Hospital
2. Alte Anatomie 1763 (Theatrum anatomicum)
3. Altes Gewächshaus
4. Neues Krankenhaus (1871)
5. Verbindungsbau (1875)
6. Neue Anatomie (1875)
7. Museum der Senckenberg. Naturforsch. Gesellschaft (1821)
7ª Museumerweiterungsbau (1832)
8. Senckenbergische Bibliothek (1866)
9. Physikalischer Verein (1887)
10. Eschenheimer Turm.

stration einverstanden. Die Stadt beeilte sich daraufhin, das dem St. Katharinen- und Weißfrauenstift, dem Waisenhaus, dem Versorgungshaus und einem Privatmann gehörende insgesamt 12.000 Quadratmeter große Grundstück an der späteren Nibelungenallee für den Neubau des Bürgerhospitals zu sichern. Vor einer Verlegung des Hospitals an die Nibelungenallee forderte die Dr. Senckenbergische Stiftung von der Stadt die Übereignung des Bauplatzes und die Verzinsung des auf 650.000 Mark veranschlagten Baukapitals, wogegen die Stadtverordnetenversammlung aus Kostengründen ihr Veto einlegte.[148]

Die Umzugspläne des Bürgerhospitals waren in eine Sackgasse geraten, als dem Visionär Adickes, wie er es selbst einmal formuliert hat, der „erlösende Gedanke" kam. Im Sommer 1902 nutzte der Oberbürgermeister eine gemeinsame Bahnfahrt nach Berlin, um Moritz Schmidt-Metzler die mögliche Lösung aller Raumnöte der Stiftung aufzuzeigen. Anstatt nur das Bürgerhospital zu verlegen, sollte die Dr. Senckenbergische Stiftung ihren ange-

Wirklicher Geheimrat
Oberbürgermeister Excellenz

Dr. Franz

Adickes

Ehrenbürgermeister
der Stadt Frankfurt a. M.,

geboren 19. Februar 1846
zu Hersefeld,

gestorben 4. Februar 1915
zu Frankfurt a. M.

Adickes bedeutendste Schöpfungen um die Größe und das Emporblühen Frankfurts, waren:

1. Die Erschließung der Altstadt
2. Der Rathaus-Neubau
3. Stadterweiterung und äußerer Ausbau der Stadt
4. Der Ausbau der Liebighaus-Gallerie
5. Die Fürsorge für milde Stiftungen
6. Das Institut für experimentelle Therapie
7. Die Fortentwicklung der wissenschaftlichen Institute
8. Der Ankauf des Höchster Porzellanschatzes
9. Die Eingemeindung des gesamten Landkreises
10. Die Durchführung des Osthafen-Projektes
11. Die Errichtung der Festhalle
12. Gründung der Frankfurter Universität.

Gedenkpostkarte für Oberbürgermeister Adickes.

Der Eschenheimer Turm mit dem naturhistorischen Museum in der Bleich- und der Senckenbergischen Bibliothek in der Stiftstraße. Fotografie von W. Schmidt, 1914.

stammten Standort am Eschenheimer Tor ganz aufgeben, das Gelände verkaufen und über den Erlös Neubauten an der Nibelungenallee (Bürgerhospital), an der Viktoriaallee (Natur-historisches Museum, Physikalischer Verein und Bibliothek), beim Palmengarten (Botanischer Garten) und beim Städtischen Krankenhaus (Anatomie) finanzieren. „Der gewaltige Plan, der Adickes' Gestaltungskraft auf höchster Stufe zeigt,"[149] so Adickes-Biograph Berthold Freudenthal, überzeugte letztlich sowohl die Stiftungsadministration als auch die Vertreter der wissenschaftlichen Institute. Nachdem die Coexecutoren am 26. Februar 1903 in einer gemeinsamen Sitzung mit der Administration und den städtischen Revisoren grünes Licht für den Geländeverkauf und die Verlegung der Stiftung in die Außenbereiche der Stadt gegeben hatte, waren nun die städtischen Gremien am Zug.

Der Magistrat bezifferte die Bau- und Betriebs-kosten des gesamten Unterfangens auf 6,23 Millionen Mark, wobei das Bürgerhospital und das Pfründnerhaus mit 1,4 Millionen Mark zu Buche schlugen. Bei einem Wiederverkaufs-wert des 18.260 Quadratmeter umfassenden Stiftungsgeländes von voraussichtlich 5.079.000 Mark und bei im Rahmen der

beabsichtigten Straßenerweiterungen ohnehin anfallenden Freilegungskosten von 677.000 Mark verblieb ein von der Stadt zu deckender Subventionsbedarf in Höhe von 474.000 Mark. Der Magistrat beantragte am 24. Februar 1903 gegenüber der Stadtverordnetenversammlung, dass die Verwertung des Geländes der Dr. Senckenbergischen Stiftung von der Stadt Frankfurt übernommen und ein Erlös von 6,23 Millionen Mark gewährleistet werden müsse. Für den auf 558.000 Mark taxierten Bauplatz des Bürgerhospitals an der Nibe-lungenallee sollte die Stiftung auf die Dauer von 43 Jahren eine Jahresrente von 5.580 Mark an die Stadt zahlen.[150] Obwohl der Finanz-ausschuss der Stadtverordnetenversammlung am 31. März 1903 den vom Magistrat ange-setzten Verkaufswert des Stiftungsgeländes als zu hoch gegriffen kritisierte und den tat-sächlichen Subventionsbedarf auf eineinviertel bis eineinhalb Millionen Mark erheblich nach oben korrigierte, überwogen in den Augen der Parlamentarier die aus dem Vorhaben für die Stadt erwachsenden Vorteile: Das Nordend bekam das dringend benötigte Krankenhaus, der Bau eines naturhistorischen Museums und weiterer wissenschaftlicher Institutionen konnte verwirklicht und das im Städtischen Krankenhaus erforderliche anatomische Institut gebaut werden. Nicht mit Gold aufzuwiegen war, dass die geplanten Einrichtungen „den wissenschaftlichen Ruf unserer Stadt befestigen und den allgemeinen Bildungsstand der Bevölkerung heben werden."[151] In geradezu euphorischer Stimmung bewilligten die Stadt-verordneten den Magistrats-Antrag Nummer 7.663 vom 24. Februar 1903.

Das Sitzungszimmer der Dr. Senckenbergischen Stiftungs-Administration. Lichtdruck von Carl Friedrich Fay, um 1900.

Die feierliche Unterzeichnung des Vertragswerks über den Verkauf des Geländes am
Eschenheimer Tor und die Verteilung der
einzelnen Einrichtungen über die Außenbereiche der Stadt bildete am 18. August 1903,
dem 140sten Stiftungstag, eine tiefe Zäsur
in der Geschichte der Dr. Senckenbergischen
Stiftung. Der Vertrag besiegelte das Ende der
räumlichen Einheit der Stiftung. Der Bauplatz
für das Bürgerhospital an der Nibelungenallee
war laut Paragraph fünf innerhalb von drei
Monaten der Stiftung zu übergeben.
Die ab 1. April 1904 an die Stadt Frankfurt
zu zahlenden Jahresrenten für das künftige
Hospitalgelände in Höhe von 5.580 Mark wurden durch einen zeitgleich am 18. August 1903
zwischen der Dr. Senckenbergischen und der
Carl Christian Jügel'schen Stiftung vereinbarten
Vertrag ausgeglichen. Die Jügel'sche Stiftung
überwies der Senckenberg-Stiftung für einen
an der Viktoriaallee (heute: Senckenberganlage)
zur Verfügung gestellten Bauplatz zur
Errichtung eines Hörsaalgebäudes über einen
Zeitraum von 53 Jahren eine jährliche Rente
von exakt 5.580 Mark.[152]

Nach der Vertragsunterzeichnung ergriff der
Vorsitzende der Dr. Senckenbergischen Stiftung,
Moritz Schmidt-Metzler, das Wort, um die
Geschichte der Stiftung am Eschenheimer
Tor kurz Revue passieren zu lassen und um
Oberbürgermeister Franz Adickes für das
Zustandekommen des Vertrages zu danken.
Nicht ohne Wehmut sah Schmidt-Metzler dem
für 1907 vereinbarten Abschied von dem alten
Stiftungsgelände entgegen: „Wir verlassen die
alten durch schöne Erinnerungen geheiligten
Räume schmerzlich bewegt, aber doch in dem
Gefühle, das Richtige getan zu haben. Der Geist
unseres Stifters, der bisher über seiner Stiftung
in diesen alten Räumen segnend gewaltet
hat, wird uns, wie seine Gebeine in die neuen
Anlagen begleiten und sich daran erfreuen, zu
welcher Grösse sich sein Werk entwickeln wird.
Wenn wir uns die Zukunft vergegenwärtigen,
so sehen wir einen die Stadt von Norden nach
Westen und Süden umschliessenden Kranz von
Instituten sich erheben, leuchtende Edelsteine
in der Bürgerkrone Frankfurts."[153]

Das alte Bürgerhospital in der Stiftstraße. Aquarell von Peter Woltze aus dem Jahr 1906.

„Die Kranken fühlen sich sehr wohl"
Das neue Bürgerhospital an der Nibelungenallee
1907 – 2004

Der Neubau im Nordend 1907

Vor der Einlieferung des ersten Patienten kam der Königliche Kreisarzt Erich Fromm im neuen Bürgerhospital an der Nibelungenallee auf einen Kontrollbesuch vorbei. Als Berater des Frankfurter Polizeipräsidenten in allen Fragen des öffentlichen Gesundheitswesens überprüfte der Kreisarzt im Sommer 1907 die am nördlichen Stadtrand errichtete Krankenanstalt auf Herz und Nieren. Nach dem im Archiv der Dr. Senckenbergischen Stiftung überlieferten handschriftlichen Protokoll der kreisärztlichen Begehung stand der Inbetriebnahme des neuen Bürgerhospitals nichts mehr im Wege. Die nach Plänen des renommierten Frankfurter Architekten Franz von Hoven in zweijähriger Bauzeit errichtete neubarocke Flügelanlage wurde von der Händel- und Richard-Wagner-Straße sowie der Nibelungenallee begrenzt. Die südwestlichen Nachbargrundstücke lagen damals noch brach und wurden von 1908 bis 1911 mit dem

Feierliche Grundsteinlegung für den Neubau des Bürgerhospitals an der Nibelungenallee. Der Grundstein wurde in die „Rückwand des zu bauenden Betsaals" eingemauert, 8. August 1905.

Versorgungshaus und Wiesenhüttenstift bebaut. Infolge des leicht ansteigenden Terrains stand das Bürgerhospital an der „Grenze des Dunstkreises der Stadt Frankfurt"[154], so dass der Kreisarzt dem Krankenhaus eine gesunde Lage attestierte.

Mit 110 Betten zählte das Bürgerhospital zu Beginn des 20. Jahrhunderts zu den mittelgroßen Anstalten im Deutschen Reich. In einem Runderlass des Ministers der geistlichen, Unterrichts- und Medizinal-Angelegenheiten wurden die Krankenanstalten nach ihrer Größe in Häuser mit mehr als 150 Betten, mit fünfzig bis 150 Plätzen und mit weniger als fünfzig Betten eingeteilt. Das neue Frankfurter Bürgerhospital war nach dem Korridorsystem erbaut, das heißt Flure und Funktionsräume befanden sich auf der Nord-, alle Krankenzimmer auf der Südseite des Gebäudes. Die Nutzung des zweistöckigen Hospitals war nach Etagen klar gegliedert. Der Keller wurde für Lagerräume und Werkstätten sowie für ein „Medico-mechanisches Institut" und ein Dampfbad verwendet. Die auf gleicher Höhe im benachbarten Pfründnerhaus gelegene Krankenhausküche war vom Hospital aus über einen Verbindungsgang bequem zu erreichen. Das Erdgeschoss beherbergte die Verwaltung und Wohnkammern der Schwestern (im Westflügel) und der beiden Assistenzärzte. Beim Haupteingang des Bürgerhospitals im östlichen Treppenhaus des Mittelbaus waren das Aufnahme- und Untersuchungszimmer sowie ein elektrischer Aufzug für den Transport bettlägeriger Patienten zwischen den Etagen platziert. Die von Chefarzt Friedrich Ebenau geleitete Chirurgische Abteilung besetzte das komplette erste Stockwerk, wobei die Männerstation im Ost- und die Frauenstation im Westflügel durch die Einzelzimmer für Privatpatienten erster Klasse und den OP-Bereich im Mittelbau voneinander getrennt wurden. Der septische und der aseptische Operationssaal lagen direkt über der Hospitalkapelle im Erdgeschoss und empfingen durch Oberlichter sowie zwei große rechts und links der Christusfigur zur Straße gerichtete Fenster ausreichend Tageslicht. Aus Gründen der Hygiene waren die Operationssäle mannshoch blau, darüber weiß gekachelt und die Ecken, wie in allen sensiblen Bereichen des Krankenhauses, abgerundet ausgeführt. Zwischen den beiden OPs kamen der Röntgenraum und zu den Treppenhäusern hin jeweils ein Sterilisations-

und ein Narkosezimmer zur Ausführung. Die Raumaufteilung der Chirurgischen Abteilung enthielt neben Ein- und Dreibettzimmern an den zum Hospitalgarten gelegenen Kopfenden des Ost- und des Westflügels jeweils einen Krankensaal mit 16 Betten für Kassenpatienten. Das zweite Stockwerk beherbergte die Medizinische Abteilung von Chefarzt Wilhelm Streng und war vom Grundriss her bis auf den OP-Bereich eine Kopie der ersten Etage. Im anfangs nur für Wirtschaftszwecke bestimmten Dachgeschoss des Bürgerhospitals wurde 1914 mit obrigkeitlicher Genehmigung eine Tbc-Station mit fünf Zimmern für zehn an Tuberkulose erkrankte Männer nachträglich eingerichtet. Für die Erstausstattung orderte die Hospitalleitung 116 eiserne Bettgestelle mit veränderbarem Kopfteil bei dem Berliner Unternehmen Carl Schulz zum Stückpreis von 45 Mark. Jedes Bett war mit Rosshaarmatratze und -kopfkissen, Bettlaken, ein bis zwei Wolldecken, Federkissen und Genickrolle ausgestattet. Der Gebäudekomplex des Bürgerhospitals umfasste zudem ein Pfründnerhaus mit dreißig Betten an der Ecke Nibelungenallee und Richard-Wagner-Straße sowie an den Westflügel in der Händelstraße anschließend eine Dampfwäscherei und ein Kessel-, Maschinen- und Leichenhaus.[155]

Der Umzug des Bürgerhospitals von der Stiftstraße an die Nibelungenallee war eine logistische Herausforderung und dauerte von Anfang Juli bis Mitte August 1907. Die Patienten wurden am 25. Juli in einer konzertierten Aktion in das neue Gebäude am Stadtrand verlegt. Im Vorfeld des Umzugs hatte die vorausschauende Oberin Tillmanns bei der Administration der Dr. Senckenbergischen Stiftung die Aufstockung des Personals um eine Stationsschwester, zwei Pflegerinnen und zwei Dienstmädchen zur Gebäudereinigung beantragt und mit der Weitläufigkeit des neuen Bürgerhospitals begründet. Die Administration entsprach der Bitte Tillmanns, so dass im Herbst 1907 fünf Stationsschwestern und 17 Pflegerinnen des Evangelischen Diakonievereins Berlin-Zehlendorf an das Bürgerhospital abgeordnet waren. Bei der Versorgung der männlichen Patienten gingen den Diakonieschwestern zwei in Diensten des Hospitals stehende ehemalige Militärkrankenwärter

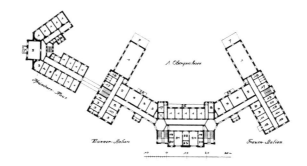

Hospital-Grundriss des ersten Stockwerks.

zur Hand. Das ärztliche Personal des 110 Betten aufweisenden Krankenhauses beschränkte sich nach wie vor auf die beiden Chefärzte Ebenau und Streng, denen jeweils ein Assistenzarzt zur Seite stand. Die Leitung der Verwaltung oblag seit Januar 1907 Hospitalmeister Gustav Ebeling, dem vier weitere Verwaltungsbeamte zuarbeiteten. Das übrige Hauspersonal setzte sich aus 13 männlichen Angestellten, zumeist Handwerkern, und dreißig weiblichen in der Küche, der Wäscherei und der Nähstube eingesetzten Arbeitskräften zusammen. Aus Anlass der 150-Jahr-Feier der Senckenbergischen Stiftung beförderte die Administration am 18. August 1913 Hospitalmeister Ebeling zum „Verwaltungsdirektor."[156]

In aller Stille wurden am Abend des 15. August 1907 die Gebeine Johann Christian Senckenbergs im Beisein einiger Administratoren und des Hospitalgeistlichen Christian Gotthold von der Gruft auf dem Stiftungsgelände am Eschenheimer Turm in die Kapelle des neuen Bürgerhospitals umgebettet. Bei Kerzenschein und Orgelmusik ließen die Träger den Sarg Senckenbergs in das Grab vor dem Altar hinab. Die Gruft wurde mit einer schlichten, nur den Namen des Stifters tragenden Grabplatte verschlossen. Wesentlich lebhafter ging es drei Tage später am 18. August 1907 bei der offiziellen Einweihungsfeier des Bürgerhospitals an der Nibelungenallee zu. Im Vorgarten des Hospitals versammelte sich an jenem Sonntagvormittag eine illustre Festgesellschaft in gespannter Erwartung. Punkt zehn Uhr überreichte Baurat Franz von Hoven den Schlüssel zum Portal der Kapelle an den Vorsitzenden der Administration, Moritz Schmidt-Metzler, woraufhin der Geheimrat mit

Das neue Bürgerhospital an der Nibelungenallee, um 1907.

Die Gartenseite des Bürgerhospitals zur Richard-Wagner-Straße.

Nach weiteren Grußworten brach die Festgesellschaft zu einem Rundgang durch das Bürgerhospital auf, über den die Frankfurter „Kleine Presse" am nächsten Tag ausführlich berichtete: „Die Krankenzimmer zeigen die Fortschritte, die uns der moderne Stil gebracht hat. Man versteht es heutzutage, ein Krankenzimmer hygienisch, zweckmäßig und doch schön einzurichten. Namentlich die erstklassigen Einzelräume machen nicht den fatalen Eindruck des Krankenzimmers, so geschickt auch alles darauf berechnet ist, die Desinfektion zu erleichtern und Licht und Luft in die hinterste Ecke eindringen zu lassen. Die weißlackierten Eisenbettstellen harmonieren trefflich mit den hellen Schränken, den edel geformten Stühlen, der Wascheinrichtung, zu der warmes und kaltes Wasser strömt. Leider kann man nicht für alle Kranken Einzelräume schaffen, aber auch die größeren Säle entsprechen allen Anforderungen. Von den musterhaften Einrichtungen der Operationssäle, der Rekonvaleszenten-Zimmer, der Wirtschaftsräume war bereits die Rede. Alles ist mustergültig und geschmackvoll."[157] Für die Administration als Bauherrin war die von Hoven nach Abschluss der Bauarbeiten am Bürgerhospital präsentierte, den Kostenvoran-

einem Bibelvers auf den Lippen die Tür aufschloss und die Gäste unter dem Posaunenchor „Eine feste Burg ist unser Gott" in den Saal einzogen. Nach der Weihepredigt des Hospitalgeistlichen ergriff Schmidt-Metzler das Wort, um den am Bau des Hospitals Beteiligten zu danken. Den erkrankten Oberbürgermeister Franz Adickes schloss der Administrationsvorsitzende ausdrücklich in seinen Dank mit ein.

schlag von 1,24 Millionen Reichsmark deutlich überschreitende Endabrechnung in Höhe von 1,67 Millionen Mark eine bittere Pille, zumal auch noch Einrichtungskosten von rund 150.000 Mark hinzukamen. Dass von Hoven auch beim Bau der ebenfalls von ihm entworfenen Senckenbergischen Bibliothek an der Viktoriaallee den Kostenrahmen mit 528.000 Mark um stolze 108.000 Mark überzogen hatte, bedeutete für die erneut betroffene Stiftung nur einen schwachen Trost.[158]

Der Abschied von der Stiftstraße war nicht leicht gefallen, weshalb der Neubau an der Nibelungenallee auch die eine oder andere Reminiszenz an das alte Bürgerhospital aufwies. So benötigten die Mitglieder der Administration bei ihrer ersten Zusammenkunft im neuen Bürgerhospital keine lange Eingewöhnungszeit, denn das Administrations-Zimmer war eine Nachbildung des Besprechungsraums in der Stiftstraße. An den Wänden hingen die bekannten in Öl gemalten Porträts der Mitglieder der Familie Senckenberg und selbst der schöne Kachelofen mit der von dem Bildhauer Friedrich Hausmann geschaffenen Marmorbüste Johann Christian Senckenbergs war umgesetzt worden. Im Sitzungszimmer zeigte über der Tür eine von der Frankfurter Malerin Bertha Bagge 1916 angefertigte Supraporte das alte Bürgerhospital mit der Anatomie. In der neuen Hospitalkapelle wurde am Altar des alten Betsaals gepredigt. An den Wänden der Kapelle erinnerten marmorne Gedenktafeln aus dem 19. Jahrhundert an Simon Moritz Bethmann, Johann Carl Brönner und andere Wohltäter der Senckenbergischen Stiftung. Das Dach des Mittelbaus bekrönte als weithin sichtbares Wahrzeichen des Bürgerhospitals ein originalgetreuer Nachbau des Uhrtürmchens.

Der Umzug der Christusstatue von der Hospitalfassade in der Stiftstraße in eine Nische über dem Eingang zur Hospitalkapelle an der Nibelungenallee wurde im Sommer 1906 zu einem Politikum. Als der am Erhalt des historischen Stadtbildes interessierte Stadtverordnete Johann Christoph Welb den leeren Fleck in der alten Hospitalfront entdeckte, beklagte der Architekt am 10. Juli 1906 im Stadtparlament die „Verunstaltung des historischen Bauwerks ..., das als eines der wertvoll-

sten Baudenkmäler aus der Mitte des 18. Jahrhunderts zu betrachten ist"[159], und beantragte mit Erfolg die Rückführung der Statue an ihren angestammten Platz in der Stiftstraße. Von der Administration wurde ein entsprechendes Ersuchen des Magistrats zunächst unter dem Verweis auf Paragraf acht des am 18. August 1903 zwischen der Stadt und der Stiftung vereinbarten Vertrages zurückgewiesen. „Die Stiftung ist berechtigt", hieß es in dem Vertragstext schwarz auf weiß, „das Grabmal des Stifters mit Zubehör, das Portal des alten Pfründnerhauses, das Wappen des Bibliotheksgebäudes und andere, aus Gründen geschichtlicher Erinnerung oder aus Rücksichten der Pietät von ihr auszuwählenden Gegenstände aus dem Grundstücke zu entfernen und für sich zu behalten."[160] Erst als sich Oberbürgermeister Franz Adickes noch einmal persönlich für die Wiederherstellung des alten Zustands einsetzte und der Gründungsdirektor des Historischen

Die Kapelle des Bürgerhospitals, um 1907. Heute befindet sich der Altar auf der gegenüberliegenden Seite des Saals.

Die Dr. Senckenbergische Stiftungs-Administration

beehrt sich

Herrn Alexander Majer

zur Feier der

Einweihung des neuen Bürgerhospitals

an der Nibelungen-Allee, Ecke der Händelstrasse, auf

Sonntag, den 18. August 1907, Vormittags 10 Uhr

einzuladen.

Frühstück 1½ Uhr im Frankf. Hof.

Bitte im Ueberrock.

Museums, Philipp Otto Cornill, als Ersatz eine ehemals am Kastenhospital aufgestellte Christusstatue mit der Inschrift „Die so im Elend sind/ führe in's Haus/ J. E. S. LVIII" anbot, stimmte die Administration einem Austausch der am neuen Bürgerhospital bereits angebrachten Statue zu. Damit sollte die im Prinzip begrüßenswerte Initiative, das alte Bürgerhospital in seiner ursprünglichen architektonischen Gestalt zu erhalten, unterstützt werden. Das vormalige Hospital in der Stiftstraße diente nach 1907 vielfältigen gemeinnützigen Zwecken. Die Stadt baute das Krankenhaus in ein Verwaltungsgebäude um und brachte dort zum Beispiel die Volksbücherei, den Frankfurter Armenverein oder die Zentrale der Kindererholungsstätte Wegscheide unter.[161]

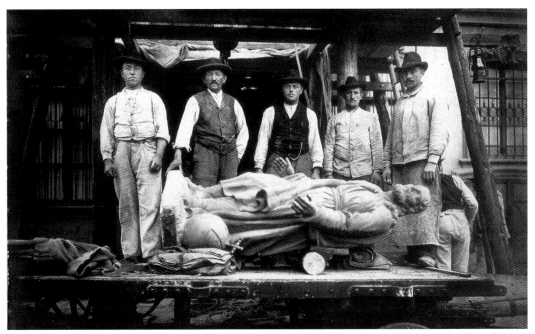

Abnahme der Christusfigur vom Portal des alten Bürgerhospitals in der Stiftstraße, Juni/Juli 1906.

Im Ersten Weltkrieg und die „goldenen" Zwanzigerjahre

Der Verwaltungsdirektor des Bürgerhospitals, Gustav Ebeling, hatte bis zu seiner vorzeitigen Pensionierung 1925 eine äußerst aufreibende, von Krieg und Wirtschaftskrise überschattete Amtszeit. Der erhöhte Aufwand für den erweiterten Hospitalbetrieb an der Nibelungenallee und der allgemeine Anstieg der Lebenshaltungskosten verursachten bei weiterhin unzureichenden Pflegesätzen Jahr für Jahr Betriebsverluste. Wenigstens zogen die freigemeinnützigen Krankenhausträger seit 1908 in Pflegesatzfragen an einem Strang. Der Magistrat hatte zuerst auf die Kostenentwicklung im Krankenhauswesen reagiert, die Verträge mit den Kassen gekündigt und höhere Pflegesätze für das Städtische Krankenhaus eingefordert. Die Anstalts-Deputation[162] rief die privaten Krankenhäuser im Dezember 1907 auf, dem Beispiel der Stadt zu folgen. Anstatt auf eigene Faust mit den Kostenträgern zu verhandeln, sollten die Frankfurter Krankenanstalten künftig nach vorheriger Absprache einen einheitlichen Pflegesatz anstreben. Auf diesem Weg kam der ab 30. März 1908 geltende „Frankfurter Tarif" zustande, der auch vom Bürgerhospital übernommen wurde. Fortan betrug der Normalsatz für einen erwachsenen Selbstzahler dritter Klasse drei und für Kinder unter 14 Jahren zwei Mark am Tag. Den Mitgliedern der Allgemeinen Ortskrankenkasse wurde ein ermäßigter Satz von 2,20 Mark eingeräumt (Kinder: 1,20 Mark). In dem Pflegesatz waren die Kosten für Operationen, Entbindungen, Röntgenaufnahmen, Medikamente, Verbandsmaterial und Wäsche inbegriffen. Brillen, Bandagen, Einlagen, Prothesen und Krücken wurden gesondert berechnet.

Obwohl der „Frankfurter Tarif" bis 1916 unkündbar sein sollte, scherte ausgerechnet die Anstalts-Deputation schon drei Jahre vorher aus dem Pflegesatzvertrag aus, um mit der Ortskrankenkasse für das Städtische Krankenhaus höhere Entgelte auszuhandeln.

Die freigemeinnützigen Krankenhäuser rückten daraufhin noch enger zusammen und bildeten im August 1913 mit dem erklärten Ziel, von den Kostenträgern die gleichen Konditionen eingeräumt zu bekommen wie die Stadt, die „Kommission der vereinigten Privatkrankenhäuser." Die Ortskrankenkasse lenkte relativ schnell ein und gewährte auch den freigemeinnützigen Anstalten ab Februar 1914 einen Pflegesatz von 2,30 Mark, der sich bis 1918 schrittweise um weitere zwanzig Pfennige erhöhen sollte. Von kostendeckenden Tarifen konnte allerdings noch immer keine Rede sein. So beliefen sich zum Beispiel im Bürgerhospital 1913/14 die durchschnittlichen Selbstkosten pro Patient und Tag auf 5 Mark und 47 Pfennige. Insgesamt wurden in dem Geschäftsjahr 1913/14

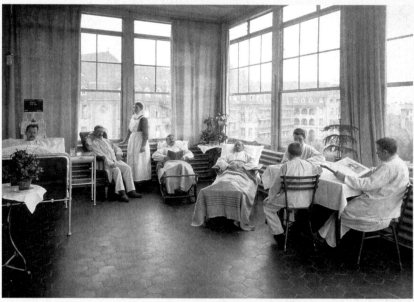

Liegehalle am Kopfende des Ostflügels zum Hospitalgarten, um 1912.

im Bürgerhospital 1.266 Patienten mit 34.834 Verpflegungstagen versorgt und 272 Personen ambulant behandelt. Die eher lose, 1917 in „Vereinigung der nicht städtischen Krankenanstalten zu Frankfurt a. M." umbenannte Interessengemeinschaft der freigemeinnützigen Krankenhausträger verabschiedete erst im April 1919 eine verbindliche Satzung.[163]

Helene Bresslau durchlitt im Bürgerhospital zwölf schwere Monate. Die spätere Ehefrau des 1952 mit dem Friedensnobelpreis ausgezeichneten Arztes und Theologen Albert Schweitzer gehörte im September 1910 zu den ersten Absolventinnen des im Frankfurter Bürgerhospital eingerichteten Diakonieseminars.[164] Während Albert in Straßburg sein Medizinstudium zu Ende brachte, begann Helene zur Vorbereitung der gemeinsamen Afrikareise im Herbst 1909 die einjährige Ausbildung zur staatlich anerkannten Krankenschwester. Helene Bresslau, die zuvor als Waiseninspektorin gearbeitet hatte und gewiss nicht zart besaitet war, sollte ihre Entscheidung bald bereuen. An Heimweh leidend beklagte sich Helene in ihren Briefen an den geliebten

Helene Bresslau als Schwesternschülerin, 1910.

Albert über die tägliche Arbeitszeit von durchschnittlich 14 Stunden, die ständige Müdigkeit und das strenge Regiment der Oberin Emma Tillmanns. Bresslau biss die Zähne zusammen und bestand 1910/11 mit zwölf anderen Lernschwestern die staatliche Prüfung in der Krankenpflegeschule des Bürgerhospitals, wobei sechsmal die Gesamtnote „sehr gut"

und siebenmal die Note „gut" vergeben wurde. Mit dem Examen in der Tasche kehrte die inzwischen an Tuberkulose lebensgefährlich erkrankte Helene Bresslau nach Straßburg zurück.[165]

Der Evangelische Diakonieverein Berlin-Zehlendorf hatte seit 1902 im Bürgerhospital eine „Oberstufe" zur Ausbildung von Pflegerinnen geführt, die es jungen Frauen mit Volksschulabschluss ermöglichte, sich als Krankenpflegerin zu qualifizieren. Auf der Grundlage eines 1907 erlassenen, die staatliche Prüfung von Krankenpflegepersonen betreffenden Gesetzes wurde die „Oberstufe" des Bürgerhospitals vom Minister der geistlichen, Unterrichts- und Medizinal-Angelegenheiten am 15. Mai 1908 als Krankenpflegeschule und Prüfstation anerkannt. Weil sich kaum noch Absolventinnen der Volksschule, dafür aber immer mehr Frauen mit einem Abschluss der „Höheren Töchterschule" bewarben, wurde die Pflegerinnenschule des Bürgerhospitals 1908/09 in ein staatlich anerkanntes Diakonieseminar umgewandelt. Dort konnte im Rahmen eines einjährigen Lehrgangs, bei dem die Hospitalärzte den theoretischen und die Stationsschwestern den praktischen Teil der Ausbildung vermittelten, der Beruf der Krankenschwester erlernt werden. In einem neuen Vertrag regelten der Diakonieverein und die Senckenbergische Stiftung die Krankenpflege und die offizielle Gründung des Diakonieseminars zum 1. Januar 1910. Künftig beorderte der Verein eine Oberin, fünf Stationsschwestern, eine Hilfsschwester und 13 Schülerinnen (Lernschwestern) in das Bürgerhospital. Nebenbei bemerkt wurde dort am 1. April 1910 mit Auguste Hohbaum zum ersten Mal in der Geschichte des Hospitals eine Assistenzärztin eingestellt und der Chirurgischen Abteilung zugewiesen. Der Gestellungsvertrag von 1910 enthielt einen Passus für den Fall eines nationalen Notstandes, der bald eintreten sollte: „Bei Krieg und Seuchen sind alle in der Krankenpflege ausgebildeten, deutschen Schwestern des Vereins, soweit sie nach Entscheidung ihres Arbeitgebers abkömmlich sind, zum Dienst des Vaterlandes bereit und werden einem dahingehenden Rufe des Vereinsvorstandes ungesäumt folgen."[166]

„Bürger Frankfurts! Helft uns sorgen für unsere Krieger, die für das Vaterland bluten und leiden, für die Familien, die in Not zurückbleiben. Wir brauchen 1. große Barmittel zur Linderung der Not der armen Angehörigen unserer Krieger und zur Ergänzung der Depots des Roten Kreuzes, 2. Krankenheime, Vereine und Private sollen Krankenbetten in eigenen Räumen zur Verfügung stellen. Zahlreiche nicht benützte Räume unserer wohlhabenden Mitbürger können so dem edelsten Zweck geweiht werden."[167] Den Anfang August 1914 in der Lokalpresse publik gemachten und an den Litfasssäulen angeschlagenen Aufruf hatten unter anderem Oberbürgermeister Georg Voigt und der Verein vom Roten Kreuz unterzeichnet. Der sozial-medizinischen war am 1. August 1914 die militärische Mobilmachung vorausgegangen. Das deutsch-französische Wettrüsten, die Flottenrivalität mit England, die russische Balkanpolitik und die Verknüpfung des Deutschen Reiches mit dem Vielvölkerstaat Österreich-Ungarn mündeten nach dem Attentat auf Erzherzog Franz Ferdinand am 28. Juni 1914 in Sarajevo in eine Kette von Mobilmachungen und Kriegserklärungen. Anfang August 1914 herrschte zwischen den Bündnissystemen der Mittelmächte Deutschland und Österreich-Ungarn sowie den Ententemächten Frankreich, Großbritannien und Russland der Kriegszustand.[168]

Der Krieg dauerte gerade einen Monat, da belegten am 3. September 1914 schon 2.500 verwundete und erkrankte Soldaten die Frankfurter Lazarette. Der erste größere Lazarettzug hatte den Güterbahnhof in Sachsenhausen am 15. August 1914 erreicht. Dort wurden im Verlauf des Ersten Weltkriegs die meisten Verwundetentransporte von den Krankenträgern der „Freiwilligen Sanitäts-Hauptkolonne vom Roten Kreuz" entladen und nach dem von der Militärbehörde angeordneten Verteilerschlüssel in die Frankfurter Reserve- und Vereinslazarette überführt. Wie in den Mobilmachungsverträgen der Stadt festgelegt nahmen sofort nach Kriegsbeginn vier Reservelazarette den Betrieb auf. Die Lazarette lagen in den Stadtteilen Bockenheim, Bornheim, Nordend und Sachsenhausen; sie vereinigten auch die umliegenden Vereins-lazarette und Privatpflegen unter ihrer Leitung.

Verwundete und erkrankte Soldaten werden nach der Ankunft am Güterbahnhof Sachsenhausen von der Freiwilligen Sanitätskolonne auf die Frankfurter Lazarette verteilt, September 1914.

Die Opfer der blutigen Marneschlacht und des beginnenden Stellungskriegs machten in den ersten Kriegsmonaten in Frankfurt die Eröffnung von sieben zusätzlichen Militär-krankenhäusern erforderlich, so dass Reserve-lazarettdirektor Oberstabsarzt Spamer im Januar 1915 rund 8.300 Betten zur Disposition standen.

Das Bürgerhospital beteiligte sich als dem Nordend-Reservelazarett angegliedertes Vereinslazarett 42 bei Kriegsbeginn mit 125 Betten an der Versorgung verwundeter und erkrankter Soldaten. Für die Militärabteilung wurden der Ostflügel und die Tagesräume des Hospitals sowie acht Zimmer im Pfründnerhaus hergerichtet. Nachdem alle etwas näher zusammengerückt waren, verfügte das Bürgerhospital ab April 1915 über einhundert Lazarettbetten und 107 Plätze für Zivilisten. Der erste Verwundetentransport traf mit 83 Soldaten am Abend des 28. August 1914 an der Nibelungenallee ein. Die insgesamt 2.394 Namen enthaltende Liste der während des Ersten Weltkriegs im Bürgerhospital behandelten Militärpersonen beginnt am 28. August 1914 mit dem 23-jährigen Grenadier Josef Kraschon. Die Patienten der Militärabteilung standen unter der Obhut von vier Stationsschwestern des Diakonievereins, acht Lernschwestern sowie einem Hausdiener und zwei Militärkrankenwärtern. Für die Versorgung eines Mannschaftsdienstgrades erstattete die „Geschäftsstelle für freiwillige Krankenpflege im Kriege" einen Pflegesatz von drei Mark zwanzig, für die Wiederherstellung eines Offiziers gab es sechs Mark am Tag.[169]

Im Bürgerhospital herrschte von 1914 bis 1918 kriegsbedingt ein empfindlicher Ärztemangel.

sprang für ihn der in Frankfurt niedergelassene Arzt Theodor Seuffert ein. Für eine gewisse Entlastung sorgte die 1916 auf Antrag der beiden Chefärzte von der Administration eingerichtete und mit Grete Schulze besetzte Stelle einer „Röntgenlaborantin." Im letzten Kriegsjahr verlor das Bürgerhospital auch noch den Chefarzt der Chirurgischen Abteilung. Nach Differenzen mit den Militärs trat der ohnehin

Der Chefarzt der Chirurgie, Friedrich Ebenau, im Operationssaal, um 1912.

Der seit 1909 die Medizinische Abteilung leitende Chefarzt Bernhard Scholz musste als Stabsarzt der Reserve gleich am zweiten Mobilmachungstag zum Militär einrücken. Das 59-jährige Mitglied der Administration der Senckenbergischen Stiftung Sanitätsrat Franz Bärwindt übernahm ehrenamtlich die Vertretung des „zu den Fahnen" geeilten Kollegen. Da auch die drei Assistenzärzte eingezogen wurden, mussten im Januar 1915 die leitenden Abteilungsärzte Ebenau und Bärwindt mit Unterstützung eines abkommandierten Militärarztes rund 115 Soldaten und 65 Zivilisten betreuen. Obwohl sich unter den Militärpersonen viele Schwerverletzte befanden, sah sich das übergeordnete Reservelazarett nicht in der Lage, ärztliche Verstärkung in die Nibelungenallee zu entsenden. Als Bärwindt im Februar 1915 selbst schwer erkrankte,

schon 66 Jahre alte Friedrich Ebenau im März 1918 von seinem Posten zurück. Zum Nachfolger wurde der schweizerische Staatsbürger Emil Grossmann ernannt.[170] Im Ersten Weltkrieg stand die halbe Administration der Senckenbergischen Stiftung „im Felde". Außer dem seit 1907 amtierenden Vorsitzenden, dem Geheimen Sanitätsrat Ernst Roediger, der als Oberstabsarzt im Hamburger Marinelazarett diente, waren auch die beiden Ärzte August Knoblauch und Heinrich von Mettenheim sowie der Rittmeister Max von Grunelius eingerückt. Der hochbetagte stellvertretende Vorsitzende, Albert von Metzler, hielt einen Notbetrieb der Stiftung aufrecht, bis er am 25. März 1918 im Alter von 79 Jahren verstarb. „Durch das Hinscheiden des Herrn Albert von Metzler", so der ehrende Nachruf der Administration, „hat die Dr. Senckenbergische Stiftung einen schweren

Verlust erlitten. Seit über 40 Jahren war der Entschlafene Mitglied der Administration, 26 Jahre lang war er stellvertretender Vorsitzender und führte als solcher während der drei ersten Jahre des Krieges die Amtsgeschäfte unter erschwerten Umständen trotz seines hohen Alters in unverminderter Treue und Gewissenhaftigkeit. Er hatte ein warmes Herz für die Kranken und Angestellten,

eine Stunde verschoben und die Heizung über Mittag ganz abgestellt werden. Zur Verbesserung des Heizwerts der oft minderwertigen Kohle wurde der Schornstein des hospitaleigenen Maschinenhauses um zehn Meter erhöht. Nach vier Kriegsjahren waren die Ressourcen des Kaiserreichs nahezu erschöpft. Die „Metall-Mobilmachungsstelle" hatte daher die Aufgabe, in Privatbesitz befindliche Rohstoffe zu

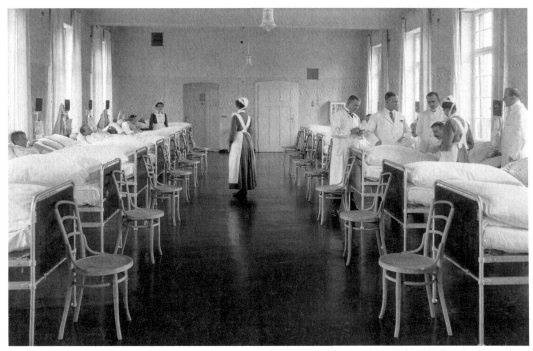

Krankensaal der Männerstation im Ostflügel des Bürgerhospitals, um 1912.

um deren Wohl er noch mit seinen letzten Gedanken besorgt war."[171]

Nahrungsmittel und Brennstoffe stiegen nach Kriegsbeginn im Preis und wurden bald zu Mangelwaren. Um den Speisezettel der Patienten des Bürgerhospitals aufzubessern, bewirtschaftete das Krankenhaus 2.000 Quadratmeter im Botanischen Garten an der Miquel-Allee. Statt Zierpflanzen wurden dort seit 1915 Kartoffeln und Gemüse angebaut. In besonders schlimmer Erinnerung blieb in Frankfurt am Main der eisige Winter 1916/17, der aufgrund der katastrophalen Ernährungslage als „Kohlrübenwinter" in die Geschichte einging. Weil die dem Bürgerhospital zugeteilte Kohlenmenge viel zu knapp bemessen war musste im Winterhalbjahr 1917/18 der Dienstbeginn am Morgen um

beschlagnahmen. Nachdem das Bürgerhospital bereits das vorhandene Aluminiumgeschirr sowie die kupferne Blitzableiteranlage abgeliefert hatte, musste sich die widerstrebende Stiftung im September 1918 auch noch von der aus Kupferblech bestehenden Dachbedeckung des Uhrtürmchens trennen. Das Wahrzeichen des Bürgerhospitals bekam anschließend eine schlichte Dachhaut aus Schiefer.[172]

Seit dem 11. November 1918 schwiegen an allen Fronten die Waffen. Aus Angst vor einer Besetzung der Stadt durch französische Truppen und der damit einhergehenden Beschlagnahmung militärischer Einrichtungen wurde das Vereinslazarett 42 am 10. Dezember 1918 umgehend aufgelöst. Frankfurt hatte am Ende des verlorenen Ersten Weltkriegs 10.753 Kriegstote zu beklagen, unter den Opfern waren

Arbeitsordnung

für das

Haus- und Betriebspersonal des Bürgerhospitals Dr. Senckenbergische Stiftung
zu Frankfurt am Main.

§ 1.

Beim Diensteintritt erhält der Arbeitnehmer einen Abdruck dieser Arbeitsordnung, sowie der etwa für ihn giltigen Dienstanweisungen. Er hat deren Empfang schriftlich zu bescheinigen.

§ 2.

Leiter des Hospitals ist die Frau Oberin. Dem Arbeitnehmer werden die für die Dienstaufsicht und zum Erlaß von Dienstanordnungen beauftragten Beamten usw. bezeichnet. Den Anordnungen des zuständigen Aufsichts-personals ist Folge zu leisten.

§ 3.

Das Wohl der dem Hospital anvertrauten Kranken erfordert, daß der Arbeitnehmer die von ihm übernommenen und ihm zugewiesenen Arbeiten mit stets gleichbleibender Zuverlässigkeit, Gewissenhaftigkeit und Pünktlichkeit ausführt. Jede Nachlässigkeit und Fahrlässigkeit in der Ausübung der übernommenen Arbeiten schädigt die Kranken. Den Aerzten, dem Aufsichtspersonal und den Mitarbeitern gegenüber wird höfliches, gefälliges und friedfertiges Benehmen gefordert.

§ 4.

Wenn der Arbeitnehmer nicht ausdrücklich für eine Spezialarbeit angenommen ist, hat er jede ihm zugewiesene Arbeit auszuführen. Insbesondere erfordern normale oder unerwartet notwendig werdende Vertretungen ein dienstwilliges Verhalten bei der mit der Vertretung Beauftragten. Während der festgesetzten oder dienstplanmäßigen Arbeitszeit darf ohne besondere Erlaubnis die Arbeit nicht verlassen werden.

§ 5.

Während der Arbeitszeit ist der Empfang von Besuchen verboten. Außerhalb der Arbeitszeit ist dem Personal der Empfang von Besuchen im Hospital erlaubt.

Das Betreten der Mädchenwohnräume durch männliche Personen ist zu jeder Zeit streng untersagt und auch im entgegengesetzten Falle.

§ 6.

Der Aufenthalt in den anderen Abteilungen, in den Küchen, im Vorraum und am Küchenausgabeschalter ist nur dem daselbst beschäftigten Personal gestattet.

§ 7.

Der Aufenthalt in der Pförtnerstube mit Telephonzentrale ist dem Personal verboten.

§ 8.

Das gesamte Anstaltspersonal hat sich bei seiner Arbeitsausführung, beim Begehen der Flure und Treppen, wie überhaupt innerhalb des Hospitals der größten Ruhe zu befleißigen und muß stets eingedenk sein, daß Lärm und Unruhe den Kranken schadet.

Das Rauchen in den Betriebsräumen, auf den Fluren und Treppen ist verboten. Den Heizern ist das Rauchen während der Arbeitszeit gestattet, ebenso den Pförtnern während des Nachtdienstes.

§ 9.

Die Arbeitszeit sowie die Höhe des Lohnes usw. sind im Lohntarif festgelegt. Die in dem mit den Arbeiter-organisationen abgeschlossenen Lohntarif festgelegte **Dauer der Arbeitszeit versteht sich ohne Pausen.** Wenn bei dienstplan-mäßiger Arbeit hiervon abgewichen wird, so erfolgt die Regelung im Einvernehmen mit der Arbeitsgruppe und dem Arbeiterausschuß. Bei außerordentlichem und dringlichem Bedürfnis ist jeder Arbeitnehmer verpflichtet, auch über die fest-gesetzte Arbeitszeit hinaus zu arbeiten.

§ 10.

Die Lohnzahlung erfolgt in Bar. Die Berechnung des Lohnes wird auf einen besonderen Schein, der mit der Auszahlung des Lohnes verabreicht wird, verzeichnet. Etwaige Beanstandungen der Berechnung können während der Zahlung nicht angenommen werden. Sie sind alsbald nach Empfang des Lohnes bei dem Personalbeamten anzubringen.

§ 11.

Die gesetzmäßigen Anteile zu den sozialen Versicherungen werden am Lohn gekürzt.

§ 12.

Benutzung der Telephonanlage für Privatgespräche durch das Personal ist nur in begründeten Ausnahmefällen gestattet. Zugelassene Gespräche dürfen nur von der Telephonzelle im Portal ausgeführt werden.

§ 13.

Ueber die im Lohntarif enthaltenen Bedingungen werden im Bürgerhospital folgende weitergehende Leistungen gewährt:
1. Außer Schutzkleidung erhält das Haus- und Betriebspersonal in dem seither im Hospital üblich gewesenen Umfange Arbeitskleidung.
2. Der wöchentliche dienstfreie Nachmittag soll, soweit es der Dienst gestattet, in der Regel ab 2 Uhr nachmittag gewährt werden.
3. Soweit es der Dienst erlaubt, wird dem Personal auch an den Dienstsonntagen der Besuch des Gottesdienstes in der Hospitalkirche innerhalb der Dienstzeit gestattet, wenn vorher beim Aufsichtspersonal darum nachgefragt wird.
4. Die seither gezahlten Extragebühren für Sektionen und Leichentransporte bleiben bestehen.

§ 14.

Beim Austritt erhält der Arbeitnehmer ein Zeugnis über Art und Dauer seines Dienstverhältnisses. Dieses Zeugnis ist auf Verlangen des Arbeitnehmers auch auf die Führung und Leistung auszudehnen.

Frankfurt a. M., im Juni 1921.

Der Verwaltungsausschuß
für das Bürgerhospital.

Druckerei Gebr. Fey, Frankfurt a. M.

auch zwei Mitarbeiter des Bürgerhospitals: der Gärtner Friedrich Schäberle und der Heizer Ernst Häusler. Alle Mitglieder der Administration der Senckenbergischen Stiftung waren unversehrt aus dem Krieg heimgekehrt, der Chefarzt der Medizinischen Abteilung, Bernhard Scholz, hatte seine Tätigkeit im Bürgerhospital schon am 2. Dezember 1918 wieder aufgenommen.[173]

Im Herbst 1918 überschlugen sich mit dem Ausbruch der Revolution und der Ausrufung der Republik die Ereignisse. Die Deutschen lebten im nach dem Tagungsort der verfassunggebenden Nationalversammlung „Weimarer Republik" genannten Zeitabschnitt von 1919 bis 1933 erstmals in einer Demokratie. Die Einführung des allgemeinen und gleichen Wahlrechts veränderte die Kräfteverhältnisse in den Parlamenten grundlegend. So stellte die Sozialdemokratische Partei Deutschlands (SPD) bis 1933 in der Frankfurter Stadtverordnetenversammlung die stärkste Fraktion und bildete mit der Deutschen Demokratischen Partei und dem katholischen Zentrum die von Fall zu Fall von der rechtsliberalen Deutschen Volkspartei verstärkte „Weimarer Koalition." In der nachrevolutionären Übergangsphase 1919, während der die rote Fahne vom Römer wehte und ein Arbeiter- und Soldatenrat in Frankfurt die Macht beanspruchte, sahen sich die Krankenhausleitungen mit den Forderungen des Gewerkschaftskartells nach einem Achtstundentag oder der gleichen Verpflegung für Ärzte und Arbeiter konfrontiert. Die provisorische Regierung in Berlin, der von SPD und USPD, der Unabhängigen Sozialdemokratischen Partei Deutschlands, vereinbarte Rat der Volksbeauftragten hatte noch im Jahr 1918 die Bildung von Arbeiterausschüssen auch auf dem Krankenhaussektor angeordnet. Die Ausschüsse sollten mit den Krankenhausleitungen die Arbeitsbedingungen in den Anstalten anhand von Tarifverträgen regeln.[174]

Auf einer am 21. März 1919 abgehaltenen Krisensitzung der freigemeinnützigen Krankenanstalten Frankfurts berichtete der Direktor des Friedrichheims, Professor Karl Ludloff, empört über das agitatorische Vorgehen der „Krankenhausgewerkschaft." Ein Mitarbeiter Ludloffs riet „dringend zu einem festen Zusammenschluss sämtlicher privaten

Krankenanstalten zu einem statuarisch festzulegenden Arbeitgeberverband, um den uferlosen Forderungen des Arbeiter-Kartells eine geschlossene Phalanx gegenüberstellen zu können."[175] Drei Tage später gründeten am 24. März 1919 23 Krankenhäuser, darunter auch das Bürgerhospital, den „Verband Frankfurter Krankenanstalten." Der Verband sollte die Interessen der Mitglieder gegenüber den Arbeitnehmerorganisationen und den Behörden vertreten. Besondere Bedeutung erlangte der von dem verantwortlichen Arzt des Bethanien-Krankenhauses, Sanitätsrat Ludwig Emil Mehler, geleitete „Verband Frankfurter Krankenanstalten" aber durch die zentralen Pflegesatzverhandlungen mit den Krankenkassen.

Das Bürgerhospital blieb 1919 von Streiks verschont. Während es im Konflikt um Lohnerhöhungen und Arbeitszeitverkürzungen im Hospital zum Heiligen Geist zu Arbeitsniederlegungen gekommen war, einigten sich im Bürgerhospital am 24. Mai 1919 Arbeitnehmervertreter und Krankenhausleitung auf den ersten Tarifvertrag in der Geschichte des Hospitals. Im Bürgerhospital hatte sich im Vormonat ein mit dem Schreiner Heinrich Scharmann, dem Küchenmädchen Sofie Pongratz und der Büglerin Rosa Sauerbrei besetzter Arbeiterausschuss konstituiert, aus dem am 12. Mai 1920 der erste Betriebsrat hervorgehen sollte. Mit dem am 1. Juni 1919 in Kraft getretenen Tarifvertrag wurde die Arbeitszeit für das Haus-, Küchen- und Wäschereipersonal im Rahmen einer reichsweiten Ausnahmeregelung auf neun Stunden am Tag zuzüglich Bereitschaftsdiensten festgelegt. Für gewerbliche Arbeiter und Handwerker galt dagegen der Achtstundentag. Der Anfangslohn für ein Hausmädchen betrug bei freier Kost und Logis 55 Mark im Monat, Maschinisten und Heizer kamen auf 150 Mark. Detailliert regelte der Tarifvertrag Dienst-, Wohnungs- und Kinderzulagen sowie Krankenkassenbeiträge und Kündigungsfristen (zwei Monate).[176] Von den innerbetrieblichen Vorgängen werden die Patienten kaum etwas mitbekommen haben. Bei einer routinemäßigen Besichtigung am 24. Oktober 1919 fand der Kreisarzt Ascher im mittlerweile 159 Betten führenden Bürgerhospital alles in bester Ordnung. Um das Wohl der Kranken kümmerten sich die Chefärzte Scholz und Grossmann, drei Assistenzärzte, ein Volontärarzt und ein Medizinalpraktikant. Für die Betreuung waren 29 Diakonieschwestern und -pflegerinnen sowie zwei Krankenwärter zuständig. In seinem Besuchsprotokoll notierte der Kreisarzt in der Rubrik für etwaige Kritik der Patienten: „Die Kranken fühlen sich sehr wohl und äussern keinerlei Beschwerden."[177]

Die meisten freigemeinnützigen Krankenanstalten hingen nach Kriegsende, bildlich gesprochen, in der Luft. Im Vergleich zu den seit 1914 um das Zehnfache gestiegenen Betriebs- und Unterhaltungskosten hatten sich bis 1920 die Pflegesätze durchschnittlich nur um das Fünffache erhöht. Eine im Mai 1919 vom Bürgerhospital bei Reiniger, Gebbert & Schall in Erlangen für rund 45.000 Mark bestellte Röntgenanlage schlug aufgrund der Teuerungswelle ein Jahr später bei der

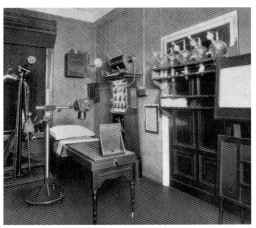

Die 1920 von Reiniger, Gebbert & Schall gelieferte Röntgenanlage.

Auslieferung bereits mit 56.600 Mark zu Buche. Da alle anderen Frankfurter Krankenanstalten in die weiterentwickelte Röntgentechnologie investiert hatten, blieb dem Bürgerhospital nichts anderes übrig, als es den Mitkonkurrenten auf dem Krankenhausmarkt gleichzutun. Die Leitung des am 1. Oktober 1920 neu eröffneten „Röntgenlaboratoriums" übertrug die Administration dem Assistenzarzt der Medizinischen Abteilung, Otto Neu, im Nebenamt. Neu war für den ordnungsgemäßen Zustand der Anlage, die röntgenologische Untersuchung der Patienten

und die Aufbewahrung der Platten verantwortlich, was ihm mit einem zusätzlichen Jahresgehalt von 3.000 Mark und einer zwanzigprozentigen Beteiligung an den Überschüssen des „Röntgenlabors" vergütet wurde. Die Investition in die moderne Medizintechnik war zugleich ein Bekenntnis zum Fortbestand des finanziell schwer angeschlagenen Bürgerhospitals.[178]

Mit dem am 12. August 1920 in der „Kleinen Presse" abgedruckten Gastbeitrag „Die Notlage der nichtstädtischen Krankenanstalten" sprach der Verwaltungsdirektor des Bürgerhospitals, Gustav Ebeling, den anderen freigemeinnützigen Krankenhausträgern aus der Seele. Kürzlich sei bekannt geworden, dass durch den enormen Preisanstieg und die ständig wachsenden Personalkosten die Ausgaben pro Patient und Tag im Städtischen Krankenhaus Sachsenhausen von sechs Mark in der Vorkriegszeit auf 43 Mark im Rechnungsjahr 1919/20 hinaufgeschnellt waren. Die Löcher im Krankenhausetat hatte der Stadtkämmerer mit öffentlichen Mitteln, sprich mit Steuergeldern, gestopft. „Dieser Rückhalt", so Direktor Ebeling, „fehlt den privatgemeinnützigen Anstalten. Sie sind lediglich auf ihre eigene Kraft angewiesen. Wenn sie im allgemeinen erheblich billiger arbeiten als die städtischen Anstalten, so sind doch auch ihre Lebensbedingungen heute so schwer geworden, daß ihr Fortbestehen nur noch eine Frage der Zeit ist. Auch in den privaten Anstalten betrugen die Kosten für das Bett im verflossenen Jahre 23 Mark am Tag. ... Jetzt sind sie bereits auf 32 Mark gestiegen. Daß die Privatanstalten billiger arbeiten können als die städtischen Anstalten, liegt daran, daß kleinere Anstalten von 200 bis 300 Betten immer billiger arbeiten als große Anstalten von 500 Betten und mehr, diese ferner unter Ausschaltung von jedem Schematismus nach kaufmännischen Grundsätzen geleitet werden und ... daß die nichtstädtischen den achtstündigen Arbeitstag für das Personal nicht zur Einführung gebracht haben."[179]

Ohne die rund 1.500 Betten der 19 freigemeinnützigen Anstalten wäre das Frankfurter Krankenhauswesen zusammengebrochen. Ebeling forderte daher die Kommune auf, den

EINLEITENDES GEDICHT VON EMIL CLAAR

gesprochen von

MATHIEU PFEIL

gelegentlich des Wohltätigkeits-Konzert am 13. Januar 1921 zu Gunsten des

BÜRGER-HOSPITAL

Hart ist die Zeit, die auf den Häuptern lastet,
Die uns in ungeahnten Abgrund riß,
Daß jeder, gleich dem Blinden, ziellos tastet
In banger Zukunft wirre Finsternis. —
Schwer ist der Kampf um schlichte Menschenwürde,
Der grausam uns in seine Krallen schlug,
Da wir, beschämt von solcher Schicksalsbürde,
Erobern müssen jeden Atemzug. — — —

Der Mangel ist der Herrscher unsrer Stunden,
Der Hunger und jedwede niedre Not,
Sie schleichen, wie zum Henkeramt verbunden,
Um unser Sein als würgendes Gebot. — —

Es ist als ob Natur, die ewig reiche,
An deren Fülle köstlich wir frohlockt,
In Grimme von der Gottheit Wege weiche,
Und frostig starr mit allen Gaben stockt! —
Es ist als wär ein Sommer nie gewesen,
Als wäre niemals eine Saat gereift,
Die von des Himmels Schaffensglut gestreift,
Zum Mal der Menschheit mütterlich erlesen!
Als hätte niemals eine lichte Ähre
Ihr Haupt gewiegt bei scharlachrotem Mohn,
Und mit der Körner wunderholder Schwere,
Beseligt auch den ärmsten Erdensohn!
Als hätte niemals warmer Regentau
Befruchtend sich ergossen auf die Au
In Trost zu pochen an die trübsten Scheiben,
Zum Bettler flüsternd: „alle Knospen treiben
Erstarke an dem Himmel inniglich.
Es wächst, es wächst das Brot, und auch für Dich!"
— Der Wucher jauchzt dazu, die Habgier kreist,
Die Frierenden das letzte Kleid entreißt! — —
Und selbst das Kind des Elends nicht bewußt,
Kein Leben saugt es an der Mutter Brust,
Da sie, erfüllend süße, heil'ge Pflicht,
In Not und Darben selbst zusammenbricht;
Der Quell sogar, der Schöpfung Gotteswort,
In Menschenpein versiegt und verdorrt! —

Wenn solche Unbill wir zu schleppen haben,
Und unser Menschenstolz in Schutt begraben,
Soll dennoch unser Mut zum Lichte streben,
Und aus den Trümmern ringend sich erheben! —

Doch welche Leidenden sind unsrer Klagen
Und unsers tiefsten Mitleids dreifach wert,
Als die das Los mit Krankheit hat geschlagen,
Die fern der Arbeit die ihr Herz begehrt,
Das Siechtum trostlos durch das Dasein tragen,
Wenn Heilung nicht dem schweren Unheil wehrt!

Da ragen Giebel einer heil'gen Stätte,
Um die ein Name goldne Flügel schlägt,
Der nicht nur unser stetes Denken trägt,
Ein Name, der ins Herz uns ist geprägt,
Daß er in dieser Zeit uns segnend rette,
Der Name eines edlen großen Menschen
Der Name Senckenberg!

Ihm wars der schönste, innigste Gedanke
Zu schaffen dieses Heim für arme Kranke.
Und auf des Hauses Schwelle steht geschrieben
Mit unsichtbarer Schrift sein ganzes Lieben,
Das unsichtbar, doch in die Herzen leuchtet
Und auch geprüfte Augen leise feuchtet.
Es ruft jedwedem, wie ihn Schmerz auch quäle,
Der Trost entgegen einer reichen Seele:
„Kommt her, Ihr alle, die ihr Menschen seid,
Gleichviel wes Glaubens und wes Denkens,
Genießt die Früchte eines brünst'gen Schenkens,
Mir gilt nur Eines, Euer Menschenleid!
Kommt her und lagert die erlahmten Glieder,
Hier findet Kraft ihr und Gesundheit wieder;
Geweiht für jeden sind die lichten Räume,
Zu bannen wüste fieberheiße Träume.
Hier soll sich Pflege müh'n mit sanfter Hand
Und knüpfen reines, echtes Menschenband,
Bis Wachstum aus den stillen Furchen blüht,
Und Heilung den Gebrochenen durchglüht. — —

Und dieser Stätte hat der große Stifter
Bestand verliehn und unzerstörte Jugend,
Da er gezählt auf Frankfurts Bürgertugend.
Ihr hat er gläubig, weise anvertraut,
Das Werk, das helfend, hoffend er gebaut!

Und er, der treue, er behalte Recht,
Für jetzt und alles kommende Geschlecht,
Denn nie zerfallen kann die große Tat
Da Frankfurts Bürgersinn ist ihre Saat.
Aus dieser ragen wird für ew'ge Zeit
Der heil'ge Hort zum Schutz in Menschenleid! —
Gesegnet sei, gesegnet tausendmal,
Das Leidasyl, das Bürger-Hospital,
In Menschenwohltat walte es in Kraft,
Ein Ehrenmal für Frankfurts Bürgerschaft!

privaten Institutionen mit einem Erlass oder zumindest einer Ermäßigung der städtischen Gebühren und Steuern unter die Arme zu greifen. Anstelle der Abgabensenkung gewährte der Magistrat den im Verband Frankfurter Krankenanstalten organisierten freigemeinnützigen Einrichtungen eine Erhöhung der Pflegesätze für die vom Wohlfahrtsamt betreuten Patienten auf dreißig Mark. Bei unter den Selbstkosten liegenden Pflegesätzen (die Allgemeine Ortskrankenkasse erstattete sogar nur 25 Mark pro Tag) fiel den privaten Krankenhäusern das Überleben schwer. Die reinen Betriebsverluste des Bürgerhospitals beliefen sich in den Rechnungsjahren 1919/20 und 1920/21 auf jeweils rund 530.000 Mark. Im Herbst 1920 stand dem Hospital das Wasser bis zum Hals. Die Administration der Senckenbergischen Stiftung wandte sich daher mit einem Spendenaufruf an die Bürgerschaft, um das Hospital „aus schwerer Zeit in bessere Tage hinüberzuretten."[180] Die bis Ende November 1920 auf dem Spendenkonto eingegangenen 73.580 Mark waren nur ein Tropfen auf den heißen Stein.

Das Schicksal des Bürgerhospitals ließ das Frankfurter Bürgertum keineswegs kalt. Ein gleichnamiger Nachfahre von Simon Moritz Bethmann (1721-1782), der einst als anderer „Vater dieser Stiftung" mit großzügigen Zuwendungen den Bau des Bürgerhospitals gefördert hatte, sollte die Initiative zur Rettung des zweitältesten Frankfurter Krankenhauses ergreifen. Dem Bankier Simon Moritz von Bethmann (1887-1966) gelang es im Herbst

1920 einige Honoratioren aus der Frankfurter Gesellschaft in einem Werbe- und Finanzausschuss zugunsten des Bürgerhospitals zu vereinen. Die Ausschussmitglieder wollten sich jedoch nicht auf das Einwerben von Spenden beschränken, sondern aktiv in die Hospitalverwaltung eingreifen. Der Not gehorchend gründete die Administration der Senckenbergischen Stiftung zum 1. April 1921 einen mit Simon Moritz von Bethmann, Konsul Friedrich Melber und Wilhelm Neuse sowie den Administratoren Friedrich Ebenau, Carl Eberhard Klotz und Anton Buecheler besetzten Verwaltungsausschuss. Der Ausschuss kooptierte ein siebtes Mitglied und wurde von dem stellvertretenden Administrationsvorsitzenden Klotz geleitet. Die Kompetenzverteilung zwischen der Stiftung und dem Verwaltungsausschuss sah vor, dass der Ausschuss das Bürgerhospital betrieb, das der Stiftung gehörte. Auf Drängen des Verwaltungsausschusses wurde die Krankenhausleitung von dem Direktor Ebeling auf die Oberin Tillmanns übertragen. Um weitere Spenden bemühte sich ab Mai 1922 anstelle des Werbe- und Finanzausschusses die neu ins Leben gerufene „Vereinigung der Freunde des Bürgerhospitals e. V."[181]

Die neue Krankenhausleitung steuerte einen von der Suche nach Einsparungsmöglichkeiten und Einnahmequellen geleiteten Kurs. Auf der Tagesordnung der bezeichnenderweise im Bankhaus Gebrüder Bethmann abgehaltenen konstituierenden Sitzung des Verwaltungsausschusses stand am 31. März 1921 unter anderem die Entlassung von zwei Mitarbeiter-

innen des hauswirtschaftlichen Dienstes.
Weitere Stellenstreichungen und die Über-
tragung der Aufgaben entlassener Kollegen auf
Diakonieschwestern und ehrenamtlich tätige
Mitglieder des Verwaltungsausschusses
beunruhigten die Belegschaft des Bürgerhospitals zusehends. Der Betriebsrat appellierte
an die Administration der Senckenbergischen
Stiftung, anstatt verdiente Mitarbeiter vor die
Tür zu setzen lieber für eine bessere Belegung
des Hospitals zu sorgen. Bei der Krankenhausleitung rannte der Betriebsrat mit seinem
Vorschlag offene Türen ein, denn auch ein im
Dezember 1920 eingeholtes Gutachten zur
Wirtschaftlichkeit des Hospitalbetriebs hatte
die Empfehlung ausgesprochen, sich verstärkt
um die Aufnahme erster und zweiter Klasse
versicherter Patientinnen zu bemühen. „Da die
Leistungen der Selbstzahler das Rückgrat
der Einnahmen darstellen"[182], legten die
Wirtschaftsprüfer dem Bürgerhospital die
Einrichtung einer Abteilung für Frauenkrankheiten und Geburtshilfe nahe. In dem
niedergelassenen Frauenarzt Arthur Kutz,
der seit der Jahrhundertwende eine große
operative Praxis in Frankfurt betrieb, fand
der Verwaltungsausschuss einen geeigneten
Gynäkologen, der ab dem 1. April 1921
mit seinen Patientinnen die sechs Betten
der neuen Abteilung belegte.

Einen zusätzlichen Einnahmeposten für das
Hospital gewann die Administration 1920/21
durch die Vermietung von 16 Zimmern im
Pfründnerhaus an die Mitteldeutsche Transport
Versicherungs-Gesellschaft hinzu. Nachdem
die Versicherungs-Gesellschaft bald wieder
ausgezogen war, mietete im April 1923 das
städtische Wohlfahrtsamt das Pfründnerhaus
an der Nibelungenallee und richtete darin
eine Kreisstelle ein. Die verbliebenen zwölf
Pfründner fanden mit Hilfe des Wohlfahrtsamtes Aufnahme im benachbarten
Versorgungshaus und anderen Altenheimen.
Das Kapital der Pfründnerstiftungen schmolz
im Verlauf der Inflation zusammen, so dass
die Dr. Senckenbergische Stiftung 1923 das
Pfründnerwesen endgültig aufgeben musste.
Unterdessen waren die Förderer des
Bürgerhospitals nicht untätig geblieben und
hatten durch ein Benefizkonzert und
durch Spendengelder im Frühjahr 1921 rund

800.000 Mark aufgebracht, die dem Hospital
zumindest für die nächsten Monate über die
Runden halfen. Ein am 2. Dezember 1922 im
Palmengarten zugunsten des Bürgerhospitals
veranstalteter Weihnachtsmarkt schloss mit
einem Reinerlös von zwölf Millionen Mark.
Die Banknoten sollten jedoch schon bald kaum
noch das Papier wert sein, auf dem sie gedruckt
waren.[183]

Seit dem Jahreswechsel 1922/23 nahm die als
Spätfolge des weitgehend über Anleihen

finanzierten Ersten Weltkriegs eingetretene Geldentwertung immer bedrohlichere Formen an. Der Preis für einen Laib Brot (1 kg) kletterte von etwas mehr als vier Mark im Januar 1922 bis Oktober 1923 auf exorbitante 3.611.111 Mark. Als die Hyperinflation im Oktober 1923 ihren Höhepunkt erreichte, waren in Frankfurt mehr als 60.000 Kurzarbeiter registriert, bis zum Jahresende stieg die Zahl der Arbeitslosen auf 22.670. Dem Bürgerhospital drohte ständig die Zahlungsunfähigkeit. Zur Überbrückung der Geldnot schlug die „Vereinigung der Freunde des Bürgerhospitals" die Aufnahme einer Hypothek auf das Anwesen Nibelungenallee 37-41 vor, was bei der Administration auf heftigen Widerstand stieß. Die Administratoren wollten lieber das Bürgerhospital für einige Zeit schließen, als die letzten Vermögenswerte der Stiftung aufs Spiel zu setzen. Durch eine Erweiterung des Universitäts Gründungsvertrags von 1912 konnte sich die Senckenbergische Stiftung im Inflationsjahr 1923 von einer schweren Bürde befreien. Die Administration verständigte sich am 1. April 1923 mit dem

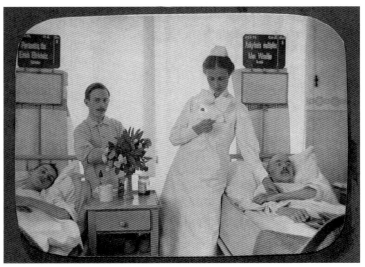

Eine Diakonieschwester beim Puls fühlen, um 1925.

Kuratorium der Hochschule auf die Übernahme der Betriebs- und Unterhaltungskosten der Senckenbergischen Institute (Anatomie, Botanischer Garten und Bibliothek) durch die Universität, ohne dass dabei die Eigentumsrechte der Stiftung auf irgendeine Weise beeinträchtigt wurden. Künftig konnte sich die Administration ganz auf das um seine Existenz ringende Bürgerhospital konzentrieren.

Auf dem Gipfel der galoppierenden Inflation berechnete das Bürgerhospital im Herbst 1923 Patienten erster Klasse einen aus heutiger Sicht absurd erscheinenden Pflegesatz in Höhe von 15 Milliarden Mark, Kassenpatienten zahlten pro Tag 4,1 Milliarden. Die Konsolidierung des Geldmarktes gelang nach einer im November 1923 verabschiedeten Währungsreform nur langsam. Als neues Zahlungsmittel wurde vorübergehend die Renten- und ab dem 30. August 1924 die Reichsmark im Verhältnis eins zu einer Billion Papiermark ausgegeben. Die zum 1. April 1925 von der Dr. Senckenbergischen Stiftung aufgestellte „Eröffnungs-Gold-Bilanz" fiel ernüchternd aus: Das Gesamtvermögen wurde auf nur noch 1.073.610 Goldmark[184] beziffert, davon waren 838.000 Mark in Grundbesitz und Gebäuden festgelegt. Der Verwaltungsausschuss hatte in der Folgezeit große Mühe, den Hospitalbetrieb zu finanzieren und musste zum Beispiel 1924 für eine Erneuerung der Heizung zwei wertvolle aus dem 16. Jahrhundert stammende Porträts von Martin Luther und Philipp Melanchthon aus der Bildersammlung der Senckenbergischen Stiftung ins Ausland verkaufen.[185]

Im Januar und Februar 1927 grassierte in Frankfurt am Main zum wiederholten Male eine Grippeepidemie, die 24 Todesopfer forderte. Die vorhandenen Bettenkapazitäten der Krankenanstalten waren in Anbetracht von mehr als 2.000 Grippekranken bald erschöpft, so dass in der Berufsschule in der Moltkeallee (heute: Hamburger Allee) ein provisorisches „Grippe-Lazarett" eingerichtet werden musste. Bei einer Einwohnerzahl von fast einer halben Million Menschen fehlte der im Januar 1927 über 3.815 Krankenhausbetten verfügenden Mainmetropole eine Bettenreserve für Notfälle. Das Problem war dem 1917 gegründeten Stadtgesundheitsamt bekannt. Die Gesundheitsbehörde hatte sich 1925 bei dem Verwaltungsausschuss erkundigt, ob im Bürgerhospital ein Ausbau der Medizinischen Abteilung möglich wäre. Tatsächlich vereinbarten der Magistrat und die Senckenbergische Stiftung am 21. Mai 1926 die Aufstellung von sechzig zusätzlichen Betten für Kassenpatienten mit inneren Krankheiten. Hierfür wurde in einem ersten Schritt nach dem Auszug des Wohlfahrtsamtes das ehemalige Pfründner- in ein

Schwesternhaus umgestaltet. Mit ihrem Umzug in das Nebengebäude machten Schwestern und Angehörige des Hauspersonals im Hospital Platz für die vereinbarten sechzig Zusatzbetten der Medizinischen Abteilung. Außerdem konnten im Erdgeschoss des Westflügels eine auf zwanzig Betten erweiterte Abteilung für Frauenkrankheiten und Geburtshilfe und im gegenüberliegenden Parterre des Ostflügels eine von Professor Josef Igersheimer geleitete Abteilung für Augenkrankheiten verwirklicht werden. Des Weiteren erfolgte im Rahmen der Umstrukturierungen zum 1. Oktober 1926 unter der Regie des Facharztes Hermann Kahl die Einrichtung einer Röntgenabteilung. Die 1926/27 im Bürgerhospital entstandenen Umbau- und Einrichtungskosten wurden über ein von der Stadt zu günstigen Konditionen gewährtes Darlehen in Höhe von 272.000 Reichsmark finanziert. Unter den 24 Krankenanstalten in Frankfurt mit zusammengerechnet 5.043 Betten rangierte das nunmehr 204 Plätze aufweisende Bürgerhospital im Jahr 1928 hinter dem Städtischen Krankenhaus Sachsenhausen (2.364 Betten), dem Hospital zum Heiligen Geist (350) und dem St. Marienkrankenhaus (310) an vierter Stelle.[186]

Die Administration der Dr. Senckenbergischen Stiftung trauerte am 7. Mai 1926 um ihren Vorsitzenden Ernst Roediger. Der 1924 zum Ehrenbürger der Stadt Frankfurt ernannte Geheime Sanitätsrat hatte der Administration seit 1894 angehört und als deren Vorsitzender (seit 1907) die Stiftung über den Ersten Weltkrieg und die Inflationszeit hinweggebracht. Zu Roedigers Nachfolger im Amt des Administrationsvorsitzenden wurde der Geheime Sanitätsrat Friedrich Ebenau, zum vierten ärztlichen Mitglied des Gremiums August de Bary gewählt. Gegenüber den Coexecutoren hatte die Administration die Nominierung August de Barys zuvor wie folgt begründet: „Derselbe entstammt einer angesehenen Frankfurter Familie, ist seit langen Jahren als praktischer Arzt hier tätig und steht als solcher und als Mensch in hohem Ansehen. Er ist Mitglied der Frankfurter Stadtverordnetenversammlung, so dass wir durch seine Wahl auch Verbindung mit der Vertretung der Bürgerschaft fänden, ein Umstand, der heute

auch von Wert ist."[187] De Bary gehörte von 1924 bis 1933 der Fraktion der rechtsliberalen Deutschen Volkspartei an und vertrat seine Partei in der Gesundheits- und Schul-

Ernst Roediger (1857-1926).

deputation. Neben der kommunalpolitischen Arbeit entfaltete der Arzt ein bemerkenswertes Engagement in ärztlichen Interessenverbänden und in karitativen Einrichtungen. So war de Bary zum Beispiel seit 1912 nebenamtlich als Chefarzt des Clementine-Kinderkrankenhauses und als Hausarzt der Stiftung Waisenhaus tätig. Der Zufall wollte es, dass 1926 mit der Aufnahme des späteren Senckenberg-Biographen August de Barys in die Administration auch der frevelhafte Umgang mit der Grabstätte des Stifters ein Ende fand. Die Gruft Johann Christian Senckenbergs war im Mai 1914 abgebaut und im Hof des neuen Bürgerhospitals zwischengelagert worden. Nachdem Krieg und Inflation den Wiederaufbau verhindert hatten, erklärte sich 1926 das Hochbauamt bereit, das Grabmal auf Kosten der Stadt an der Westseite der Hospitalkapelle aus den Originalteilen zu rekonstruieren. Die Umbettung der Gebeine des Stifters aus der Kapelle in die Gruft verzögerte sich bis zum Beginn der Sechzigerjahre.[188]

Diakonieschwestern im Bürgerhospital, um 1930.

Am 2. Januar 1927 jährte sich die Übernahme der Krankenpflege im Bürgerhospital durch den Evangelischen Diakonieverein Berlin-Zehlendorf zum 25sten Male. Die „Frankfurter Nachrichten" widmeten der erfolgreichen Partnerschaft einen Bericht, der mit den Worten endete: „An diesem Jubiläum der Schwesternschaft aber möge der Wunsch in Erfüllung gehen, daß es der Oberin wie auch allen ihren Helferinnen vergönnt sei, zum Nutzen der Kranken noch recht lange Zeit am Bürgerhospital tätig zu sein."[189] Während sich die Diakonieschwestern bis heute im Bürgerhospital um das Wohl der Patienten kümmern, erkrankte Oberin Emma Tillmanns bald nach der Jubiläumsfeier schwer und

musste am 14. Oktober 1927 von Lisa Neuhaus in der Krankenhausleitung abgelöst werden. Die finanzielle Lage des Bürgerhospitals blieb in den so genannten „goldenen" Zwanzigerjahren weiter angespannt. Davon zeugen die im ersten Halbjahr 1929 mit dem an einer Übernahme des Hospitals interessierten Verein vom Roten Kreuz ohne Erfolg geführten Verhandlungen und ein am 4. Oktober 1929 an den Düsseldorfer Chemiekonzern Henkel gerichteter Bittbrief. In dem Schreiben warb der Verwaltungsausschuss des Bürgerhospitals um eine Spende zur Erneuerung des Wäschebedarfs und bot im Gegenzug die Benennung eines Krankensaals in „Persil-Saal" an. Aus Düsseldorf kam postwendend eine bedauernde Absage. Wenig später führte der New Yorker Börsenkrach vom 25. Oktober 1929, der „Schwarze Freitag", und der daraufhin schlagartig einsetzende Abruf amerikanischer Kredite in Europa und ganz besonders in Deutschland zu Firmenzusammenbrüchen, Massenentlassungen und Arbeitslosigkeit. In der 550.000-Einwohner-Stadt Frankfurt gab es im Dezember 1932 fast 71.000 registrierte Arbeitslose. Auch das Bürgerhospital musste den Gürtel enger schnallen, kürzte Gehälter und kündigte mehreren Angestellten.[190]

Vor dem Hintergrund der Weltwirtschaftskrise zerbrach nach 1929 in der Mainmetropole der demokratische Grundkonsens. Mit Straßenkämpfen und aufpeitschender Propaganda schürten die rechtsradikale Nationalsozialistische Deutsche Arbeiterpartei (NSDAP) und die linksextreme Kommunistische Partei Deutschlands (KPD) die allgemeine Verunsicherung. Die Anhänger der Republik gerieten mehr und mehr in die Defensive. Im Bürgerhospital untersagte die Hausordnung zwar „Wahlagitation" sowie das Verteilen von Flugblättern und das Anbringen von Plakaten, doch im „Frankfurter Beobachter", dem Kampf- und Hetzblatt der Nationalsozialisten, veröffentlichte Schlagzeilen wie „Jüdischer Terror im Bürgerhospital" ließen für die Zukunft das Schlimmste befürchten.[191]

Das Bürgerhospital unter dem Hakenkreuz

Die meisten Frankfurter hielten das Bürgerhospital für nazifreundlich. Schuld an dem braunen Image trugen der NSDAP beigetretene Assistenzärzte, die schon vor 1933 regelmäßig Angehörige der hitlertreuen SA („Sturmabteilung") nach Saalschlachten oder gewalttätigen Demonstrationen im Bürgerhospital verarztet hatten. Die von den fraglichen Medizinern zunächst noch verdeckt im Hospital betriebene Propaganda steigerte sich nach der am 30. Januar 1933 erfolgten Ernennung des NSDAP-Vorsitzenden, Adolf Hitler, zum Reichskanzler und eskalierte nach der von den Nationalsozialisten am 5. März 1933 gewonnenen Reichstagswahl im demonstrativen Auftreten als Parteimitglieder während der Arbeitszeit. Mehr als 44 Prozent der Frankfurter hatten am 5. März die Hitlerpartei gewählt. Da der Stimmenanteil von insgesamt 43,9 Prozent der NSDAP nicht die absolute Mehrheit eintrug, blieben die Nazis 1933 im Reichstag auf die Mithilfe der Deutschnationalen Volkspartei (acht Prozent) angewiesen. Auch nach der Frankfurter Kommunalwahl vom 12. März 1933 benötigte die NSDAP, die 47,9 Prozent der Stimmen erhalten hatte, die Deutschnationalen als Steigbügelhalter. Der liberale Oberbürgermeister Ludwig Landmann, als Jude von den Nazis verfolgt, trat von seinem Amt vorzeitig zurück. Friedrich Krebs, seit 1929 NSDAP-Mitglied, wurde zum Frankfurter Oberbürgermeister ernannt.

Der Antisemitismus, die Feindschaft gegenüber den Juden, war ein Hauptmotiv der NS-Ideologie. Die organisierte Verfolgung der religiösen Minderheit setzte am 1. April 1933 mit dem reichsweit angeordneten Boykott jüdischer Geschäfte, Banken, Rechtsanwälte und Ärzte ein. Als ihm zum 1. Juli 1933 auch noch die Kassenzulassung entzogen wurde, erkannte der jüdische Augenarzt des Bürgerhospitals, Josef Igersheimer, die Zeichen der Zeit und emigrierte in die Türkei, wo er in Istanbul eine Professur für Augenheilkunde und die Leitung der Universitäts-Augenklinik übernahm.[192]

Kundgebung auf dem Römerberg, 1. Mai 1933.

Unter den Mitarbeitern des Bürgerhospitals herrschte 1933 eine Atmosphäre des Misstrauens. Auseinandersetzungen zwischen den nationalsozialistischen Assistenzärzten und dem Chefarzt der Medizinischen Abteilung, Bernhard Scholz, waren an der Tagesordnung. Der politisch interessierte Chefarzt hatte von 1912 bis 1916 der nationalliberalen Fraktion im Frankfurter Stadtparlament angehört und war ein erklärter Gegner der NSDAP. Scholz' Kollege, der Chefarzt der Chirurgie Emil Grossmann, hielt sich aus dem politischen Geschehen heraus. Die evangelischen Diakonieschwestern blieben zur Hitlerpartei auf Distanz. Der jüdische Frauenarzt Arthur Kutz konnte seine Privatpraxis im Bürgerhospital zunächst relativ unbehelligt weiter ausüben. Allerdings wurde ihm auf Drängen der Partei im Herbst 1933 mit Hermann von Ravenstein ein zweiter Gynäkologe zur Seite gestellt, da „man es arischen Frauen nicht zumuten konnte, sich von einem jüdischen Arzt untersuchen zu lassen."[193] Der Röntgenologe Hermann Kahl und der seit 1931 im Bürgerhospital behandelnde Urologe Carl Dessecker waren

August de Bary (1874–1954). Ölgemälde von Rudolf Gudden aus dem Jahr 1929.

NSDAP-Mitglieder. Das Hauspersonal wirkte wie die deutsche Gesamtgesellschaft in seiner politischen Haltung gespalten, war aber einer starken von dem Hausschreiner Bach und dem Kassierer Pfeiffer ausgehenden NS-Propaganda ausgesetzt.

Frankfurt versank seit dem Frühjahr 1933 in einem Meer von Hakenkreuzen. Das Symbol der NSDAP war nach der „Machtergreifung" am 30. Januar 1933 allgegenwärtig. Die im März ´33 angelaufene „Gleichschaltung" der deutschen Länder, der Verwaltung, der Justiz und der Parteien mit dem NS-Staat erfasste auch das Stiftungs- und Krankenhauswesen. Nachdem die Vorsitzenden der Administration der Senckenbergischen Stiftung und des Verwaltungsausschusses, Ebenau und Klotz, ihre Ehrenämter im Herbst 1933 aus Altersgründen niedergelegt hatten, nahm August de Bary nach eigenem Bekunden „die Zügel selbst in die Hand."[194] Der integre Mediziner wurde in der Administrations-Sitzung am 23. November 1933 zum Vorsitzenden ernannt, gleich im Anschluss wählte das Gremium Simon Moritz von Bethmann und Sanitätsrat Wilhelm Lapp zu neuen Mitgliedern. De Bary hielt keine großen Stücke auf den Verwaltungsausschuss und die Oberin als Krankenhausleitung, denn während in den anderen Anstalten wegen der starken Nachfrage die vorhandenen Bettenkapazitäten nicht ausreichten, blieben im Bürgerhospital ständig viele Plätze frei. Eine der ersten Amtshandlungen August de Barys betraf somit die Kündigung des mit der „Vereinigung der Freunde des Bürgerhospitals" geschlossenen Vertrages zum 31. Dezember 1933. Anstelle des Verwaltungsausschusses übernahm die Administration ab dem 1. Januar 1934 wieder die Betriebsführung des Hospitals.[195]

Ohne selbst in der Partei zu sein bemühte sich de Bary um einen „Burgfrieden" unter den Mitarbeitern. Der Hospitalbetrieb wurde auf das „Führerprinzip" umgestellt. Zum „Schutze des Arbeitsfriedens im Hause und der Arbeitskraft der Gefolgschaft"[196] erließ die Administration der Senckenbergischen Stiftung am 1. Oktober 1934 eine das nationalsozialistische Arbeitsrecht umsetzende Dienstordnung für das Bürgerhospital. Dem Vorsitzenden der Administration oblag kraft seines Amtes die Leitung des Bürgerhospitals als „Betriebsführer." Die in der „Gefolgschaft" zusammengefassten Mitarbeiter des Hospitals hatten den dienstlichen Anweisungen des „Betriebsführers" nachzukommen. Eine gewisse Sonderstellung behielt die Schwesternschaft, weil der Diakonieverein als Mitglied der Inneren Mission nicht in die „Deutsche Arbeitsfront" (DAF)[197] eingegliedert werden konnte. Zum gemeinsamen Auftrag hieß es in der Präambel der Dienstordnung: „Im Sinne des Stifters und in Erfüllung der durch seinen letzten Willen seinen Nachfolgern gestellten Aufgaben dienen Führer und Gefolgschaft in gemeinsamer Arbeit dem Wohle des Volkes und der Gesundheit der im Hospital hilfesuchenden Volksgenossen."[198] Der Krankenhausbetrieb wurde in vier als „Berichte" bezeichnete Abteilungen für den ärztlichen Dienst, die Krankenpflege/ Hauswirtschaft, die Verwaltung und die Arbeitsangelegenheiten eingeteilt. An der Spitze der Abteilungen stand jeweils ein dem „Betriebsführer" verantwortlicher „Berichterstatter", so war zum Beispiel die von der Krankenhausleitung verdrängte Oberin für den „Bericht" Krankenpflege/ Hauswirtschaft zuständig. Zur Bewältigung der immer umfangreicher werdenden Verwaltungsarbeit stellte das Bürgerhospital am 15. August 1934 den Stadtsekretär Karl Eichenauer ein. Eichenauer hatte sich als Leiter des „Berichts" Verwaltung hauptsächlich um die Buchführung, die Überwachung der Kasse und das männliche Hauspersonal zu kümmern. Wichtige Ecksteine der Dienstordnung des Bürgerhospitals betrafen die Regelung des Kündigungsschutzes, der Lohnfortzahlung im Krankheitsfall und des Urlaubsanspruchs. Die tägliche Arbeitszeit betrug unverändert für das Haus-, Küchen- und Waschpersonal neun und für die Handwerker acht Stunden. Zur „Förderung der Kameradschaft und des nationalsozialistischen Geistes im Hause"[199] veranstaltete die Krankenhausleitung für die „Gefolgschaft" Feiern zum Ersten Mai und Ausflüge mit der DAF-Organisation „Kraft durch Freude." In dem am 1. Mai 1936, dem „Tag der nationalen Arbeit", der Belegschaft des Bürgerhospitals übergebenen neuen Aufenthaltsraum hing als Wandschmuck das obligatorische Porträt des „Führers" Adolf Hitler.[200]

Besuchsordnung

für das Bürgerhospital der Dr. Senckenbergischen Stiftung

1. Die Zahl der Besuchstage wird auf 2 Wochentage (Mittwoch und Freitag), den Sonntag und die gesetzlichen Feiertage festgesetzt. An den bezeichneten Tagen sind die Besuchsstunden, 14—16 Uhr nachmittags, genau einzuhalten. Eine Ueberschreitung der Stunde ist nicht gestattet, weil sonst die ordnungsmäßige Versorgung der Kranken gestört wird.

2. Es ist selbstverständliche Pflicht jedes Besuchers, auf den körperlichen, wie auch besonders auf den Gemütszustand des Kranken Rücksicht zu nehmen. Deshalb sollen die Besucher die Häufigkeit und Dauer ihres Besuches von sich aus so beschränken, daß den Kranken keine Anstrengung zugemutet wird.

3. Aus dem gleichen Grunde ist die Begrenzung der Zahl der gleichzeitig anwesenden Besucher auf 3 auf einen Kranken erforderlich. Kindern ist nur der Besuch ihrer Eltern oder ihrer über 15 Jahre alten Geschwister gestattet. Unzulässig ist jeder Besuch von Kindern bei Tuberkulösen oder anderen Kranken mit ansteckenden Krankheiten.

4. Besuche durch Personen, in deren Hausstand ansteckende Krankheiten (Scharlach, Masern, Keuchhusten, Diphtherie, Genickstarre usw.) herrschen, müssen unterbleiben. Die Aerzte sind auch befugt, im öffentlichen Interesse oder im Interesse des Kranken Besuche zu verbieten.

5. Die Besuche bei Kranken mit ansteckenden Krankheiten werden nur ganz ausnahmsweise bei Vorliegen eines besonderen Grundes nach Einholung der Erlaubnis des Abteilungsarztes und unter Beachtung besonderer Vorsichtsmaßnahmen (Anziehen von Schutzmänteln, anschließende Desinfektion) gestattet.

6. Ueber Besuche außerhalb der allgemeinen Besuchszeit entscheiden die Abteilungsärzte. Der Arzt hat auch zu entscheiden, ob der Zustand des Patienten es erlaubt, daß Personen in amtlicher Eigenschaft außerhalb der allgemeinen Besuchszeit zu den Patienten gelassen werden. In diesen Ausnahmefällen erhält der Besucher von dem Abteilungsarzt eine zeitlich begrenzte Zulassungsbescheinigung zur Vorzeigung beim Pförtner. Mit diesem Bescheid hat er sich jedesmal bei den diensttuenden Schwestern zu melden.

7. Auch die Besucher der Kranken haben sich während ihres Aufenthaltes in der Anstalt in jeder Hinsicht der Hausordnung zu fügen. Insbesondere ist die Ruhe, Reinlichkeit und Ordnung in der Anstalt zu wahren. Es ist nicht gestattet sich auf die Betten zu setzen. Das Mitbringen von Hunden, sowie das Rauchen in den Kliniken, poliklinischen Räumen und Krankenabteilungen ist unstatthaft. Fahrräder dürfen nur unter der Bedingung mitgebracht werden, daß sie an der besonders hierfür am Haupteingang eingerichteten Aufbewahrungsstelle und nicht an den Hauswänden abgestellt werden. Die Mitnahme in das Haus ist verboten. Eine Haftung seitens des Bürgerhospitals wird nicht übernommen.

8. Das Mitbringen von Heilmitteln und alkoholischen Getränken aller Art ist verboten. Bei Eßwaren ist zu bedenken, daß auch die Diät vom Arzte verordnet wird und zu den Heilmitteln zählt. Es dürfen daher auch anscheinend harmlose Genußmittel, wie z. B. Schokolade, Apfelsinen und Fruchtsäfte den Kranken nur mit ärztlicher Erlaubnis mitgebracht werden.

9. Liegt Verdacht vor, daß derartige Dinge den Kranken unerlaubt zugetragen werden, so hat der Besucher eine genaue Untersuchung durch das damit beauftragte Personal zu gewärtigen. Das gleiche tritt ein, wenn der Verdacht besteht, daß Besucher Anstaltseigentum unbefugt aus der Anstalt mitnehmen.

10. Der Besuch der Anstaltsküche oder sonstiger Betriebsräume ist sowohl den Besuchern, wie den Kranken untersagt. Die Teeküche der Abteilung darf von Besuchern weder zum Kochen noch zum Aufenthalt in Anspruch genommen werden.

11. Für die Patienten der I.- II.- und IIb-Klasse ist der Besuch der Kranken täglich in den Stunden zwischen vormittags 9—13 Uhr und nachmittags zwischen 15—20 Uhr gestattet.

12. Wünsche, Beschwerden oder sonstige Mitteilungen der Besucher sind der diensthabenden Schwester oder in dringenden Fällen dem Abteilungsarzt oder der Krankenhausverwaltung vorzubringen.

Frankfurt a. M., den 1. November 1938.

Bürgerhospital der Dr. Senckenbergischen Stiftung.

Durch die Hintertür der Rechnungsprüfung suchte Oberbürgermeister Krebs den städtischen Einfluss auf die Senckenbergische Stiftung zu erhöhen. Einer letztwilligen Verfügung Johann Christian Senckenbergs entsprechend hatten im preußischen Frankfurt vor 1933 der jeweilige Oberbürgermeister, das älteste rechtskundige Magistratsmitglied und der Stadtverordnetenvorsteher bei der Senckenbergischen Stiftung das Amt der Revisoren bekleidet. Da in der NS-Diktatur eine gewählte Bürgervertretung keinen Platz mehr hatte, wurde das Stadtparlament zum Jahresende 1933 aufgelöst. Anstelle des Stadtverordnetenvorstehers beteiligte sich ab 1934 der Frankfurter Bürgermeister Karl Linder an der traditionell am 18. August im Bürgerhospital anberaumten Rechnungsprüfung. Abgesehen von dieser personellen Veränderung veranlasste Oberbürgermeister Krebs, dass sich die zuvor als reine Formsache gehandhabte Rechnungslegung zu einer exakten Prüfung der Geschäftsführung durch das städtische Revisionsamt ausweitete. Obwohl die Administration die Rechtmäßigkeit der Hinzuziehung des Revisionsamts bezweifelte, folgte es im Dezember 1933 dem Vorgehen des Oberbürgermeisters, „um weiteren Auseinandersetzungen aus dem Wege zu gehen."[201] Seit 1934 mussten die Jahresberichte und -bilanzen bei der am Rechtsamt gebildeten Stiftungsabteilung eingereicht werden, die dann die Rechnungsprüfung veranlasste. Von der Revisionsfrage abgesehen verhielt sich die Stadt der Senckenbergischen Stiftung gegenüber wohlwollend. Im Rahmen eines 1936/37 abgewickelten Geländetauschs für den Botanischen Garten entschädigte die Stadt die Stiftung durch die Streichung einer restlichen, noch aus dem Jahr 1926 stammenden Darlehensschuld von mehr als 254.000 Reichsmark. Im März 1938 löste die Stadt den noch auf Johann Christian Senckenberg zurückgehenden Rentenbrief durch die Zahlung von 83.000 Mark an die Stiftung ab. Einen Teil des eingenommenen Geldes investierte die Stiftung am 23. August 1938 in den Ankauf der Liegenschaft Nibelungenallee 56. Das über einen Makler aus jüdischem Besitz erworbene Gebäude wurde zu einem Personalwohnhaus für Krankenschwestern und Assistenzärzte hergerichtet.[202]

Die alljährlichen Sammlungen des Winterhilfswerks sollten eine kollektive Opferbereitschaft vorgaukeln und dienten der NS-Propaganda.

Aus politischem Kalkül sollte 1937 für den verstorbenen Wilhelm Lapp ein hochrangiger Nationalsozialist in die Administration der Senckenbergischen Stiftung geholt werden. De Bary hoffte durch eine begrenzte Einbindung der NSDAP, die Stiftung besser zu positionieren und vor möglichen Übergriffen zu schützen. Die Wahl der Administratoren fiel auf den Vorsitzenden der NS-Ärztekammer und Gauleiter des Amtes für Volksgesundheit, Carl Behrens. Der Hautarzt war der NSDAP schon 1923 beigetreten und trug als „Alter Kämpfer" das goldene Parteiabzeichen. Die massive Einflussnahme Behrens auf die Neubesetzung der beiden Chefarztpositionen am Bürgerhospital bewog 1938 den ehemaligen Direktor der Universitäts-Kinderklinik, Professor Heinrich von Mettenheim, sich nach dreißigjähriger Zugehörigkeit aus der Administration zurückzuziehen. Für den angesehenen Mettenheim wurde im August 1939 Professor Otmar Freiherr von Verschuer in das Gremium der Stiftung berufen. Der Direktor des Frankfurter Universitätsinstituts für Erbbiologie und Rassenhygiene wechselte 1942 an die Spitze des Berliner Kaiser-Wilhelm-Instituts für Anthropologie, menschliche Erblehre und Eugenik und sah sich nach 1945 dem Vorwurf ausgesetzt, ein „Vordenker und Erfüllungsgehilfe der nationalsozialistischen Rassenpolitik"[203] gewesen zu sein. Am Vorabend des Zweiten Weltkriegs waren neben dem Vorsitzenden August de Bary und dessen Stellvertreter Max von Grunelius der Justizrat Hermann Günther, die Bankiers Simon Moritz von Bethmann und

Albert von Metzler sowie die Ärzte Anton Buecheler, Carl Behrens und Otmar von Verschuer in der Administration vertreten.

Das Gremium verabschiedete am 20. Februar 1940 eine neue, den Leitlinien des NS-Staates angepasste Satzung. Die Dr. Senckenbergische Stiftung bezweckte demnach in Frankfurt die Förderung der wissenschaftlichen Heilkunde und der Gesundheitspflege der Einwohner sowie die „Krankenpflege erkrankter deutscher Volksgenossen in dem von ihr betriebenen Bürgerhospital. Die Stiftung ist gemeinnützig. Ihre Leistungen kommen ausschließlich dem Wohle der deutschen Volksgemeinschaft und der Gesamtheit der hilfsbedürftigen deutschen Volksgenossen zugute. Unterstützungen und unmittelbare Beihilfen dürfen nur an hilfs-bedürftige Deutsche gewährt werden."[204]

Gemeinsam mit dem Evangelischen Diakonie-verein Berlin-Zehlendorf konnte die Admini-stration 1936 die Übernahme der Krankenpflege im Bürgerhospital durch die NS-Schwestern-schaft abwenden. Offenbar hatten die nationalsozialistisch gesinnten Assistenzärzte des Bürgerhospitals ihre Hände mit im Spiel,

Postkarte des Bürgerhospitals, um 1939.

als sich 1936 der Gauleiter von Hessen-Nassau, Jakob Sprenger, mit der Behauptung, er sei berechtigt, ein Frankfurter Krankenhaus zum Arbeitsfeld für die „braunen Schwestern" zu bestimmen, an die Senckenbergische Stiftung wandte. Die nach der Farbe ihrer Tracht als

„braune Schwestern" bezeichneten NS-Pflege-kräfte durchliefen eine dreijährige Ausbildung und bekamen dabei im Mutterhaus, dem Rudolf-Heß-Krankenhaus in Dresden, auch die NS-Ideologie eingeimpft. Voraussetzung für eine Aufnahme in die NS-Schwesternschaft waren der Nachweis „arischer" Abstammung und ein politisches Führungszeugnis der zuständigen NSDAP-Kreisleitung. Während August de Bary Verhandlungen mit der Oberin der NS-Schwesternschaft aufnehmen musste, informierte er gleichzeitig den Vorsitzenden des Diakonievereins, Pastor Paul Pilgram, über das drohende Unheil. Pilgram setzte sich mit dem Hauptamtsleiter der NS-Volkswohlfahrt, Erich Hilgenfeldt, in Verbindung, der seinerseits keinen Anlass für die Übernahme des Arbeits-feldes im Frankfurter Bürgerhospital durch die NS-Schwesternschaft erkennen konnte. Nachdem 1938 auch noch der Versuch, die Krankenpflegeschule zur Aufnahme einiger NS-Schwesternschülerinnen zu vergattern, mangels Bewerberinnen kläglich gescheitert war, blieb das Bürgerhospital eine Domäne des Evangelischen Diakonievereins. Intern kam es am 1. Oktober 1939 zu einem Wechsel der Oberin. Die seit 1933 amtierende Frieda Bufe wurde, nachdem sie sich mit den vier leitenden Ärzten des Hospitals überworfen hatte, von Schwester Adele Niemann abgelöst.[205]

August de Bary hatte ein klares Ziel vor Augen: Gemäß der ursprünglichen Absicht des Stifters Johann Christian Senckenbergs sollte das Bürgerhospital zu einem Mittelpunkt der ärztlichen Fortbildung in Frankfurt werden. Eine Voraussetzung für die Annäherung des Hospitals an die Universität bestand in der Befähigung der beiden Chefärzte zur Lehre, doch weder Scholz noch Grossmann brachten nach Meinung de Barys hierfür das wissen-schaftliche Rüstzeug mit. Frühzeitig wurden die Chefärzte von der Administration davon in Kenntnis gesetzt, dass ihre 1939 endenden Anstellungsverträge nicht über die dann er-reichte Altersgrenze hinaus verlängert würden. Ärzte, „die der modernen Wissenschaft und Forschung näher stehen"[206], sollten das Bürger-hospital voranbringen. Bei der Besetzung von Chefarztpositionen hatte die NS-Ärztekammer das letzte Wort. Als Vorsitzender der Kammer lehnte Carl Behrens trotz seiner Zugehörigkeit zur Administration der Senckenbergischen Stiftung die von de Bary für die Chefarztstellen vorgeschlagenen Kandidaten, Wilhelm Heupke und Albert Lezius, aus politischen Gründen rundweg ab. Behrens erklärte das NSDAP- und SA-Mitglied Georg Hessel für die Innere und den als „fanatischen Nationalsozialisten" berüchtigten Walther Moser für die Chirurgie zu seinen Favoriten. Letzterem unterliefen jedoch in seiner Praxis kurz hintereinander mehrere Kunstfehler, so dass ihn die Administration mit gutem Grund ablehnen konnte. Behrens und de Bary einigten sich schließlich 1939 auf eine Kompromisslösung, indem Hessel die Leitung der Medizinischen Abteilung übernahm und der parteilose Lezius an die Spitze der Chirurgischen Abteilung berufen wurde.[207]

Unter dem „Betriebsführer" August de Bary nahm das Bürgerhospital eine beachtliche Entwicklung. Die durchschnittliche Belegung des 204-Betten-Hospitals stieg zwischen 1933/34 und 1938/39 von 66,5 auf 94 Prozent. Im selben Zeitraum erhöhte sich die Anzahl der Patienten und der Pflegetage von 1.837/49.512 auf 3.436/69.986. Die Verweildauer sank in dem Jahrfünft um sage und schreibe eine Woche

von 27 auf 20 Tage. Die enorme Leistungssteigerung wäre ohne eine entsprechende Vergrößerung der Belegschaft nicht möglich gewesen. Neben den beiden Chefärzten Hessel (94 Betten) und Lezius (74) sowie den Gynäkologen von Ravenstein (16) und dem Urologen Dessecker (20) beschäftigte das Bürgerhospital im Frühjahr 1939 fünf Assistenzärzte, fünf Medizinalpraktikanten, 58 Krankenschwestern und drei Pfleger. Der jüdische Frauenarzt Arthur Kutz war am 31. März 1936 aus dem Kollegium ausgeschieden und 1938 in die Vereinigten Staaten emigriert. Die ansonsten positive Entwicklung des Bürgerhospitals wurde am 1. September 1939 jäh unterbrochen. Der durch den deutschen Angriff auf Polen ausgelöste Zweite Weltkrieg besetzte alle Lebensbereiche.[208]

Die von August de Bary angefertigte „Zusammenstellung über die Geschehnisse der Dr. Senckenbergischen Stiftung" verzeichnet unter dem Datum des 27. August 1939, mithin fünf Tage vor dem eigentlichen Kriegsbeginn, die Ankündigung der Beschlagnahmung des Bürgerhospitals durch die Wehrmacht. Bis zum 10. September 1939 hatte die Administration

Das Gesundheits- und Sozialzentrum an der Richard-Wagner-Straße/ Nibelungenallee. Im Vordergrund das von 1905 bis 1907 erbaute St. Marienkrankenhaus, dahinter das Versorgungshaus und Wiesenhüttenstift sowie rechts davon das Bürgerhospital, um 1938.

das von zivilen Patienten geräumte Hospital dem Vertreter des Wehrkreiskommandos, Oberstabsarzt Walter Krankenhagen, zu übergeben. Als einziges Frankfurter Krankenhaus wurde das Bürgerhospital komplett beschlagnahmt und zum Reservelazarett I erklärt. Die Einzelheiten der Übernahme regelte eine nachträglich ausgefertigte „Vereinbarung". Von einigen Geschäfts- und Archivräumen

Gauamtsleiter Dr. Behrens gefallen
Er starb den Fliegertod

Aufnahme: H. Junior

NSG. Frankfurt a. M., 27. August. Von der Front der großen Luftschlachten über England erreicht uns die Meldung, daß der Leiter des Amtes für Volksgesundheit der NSDAP., Gauamtsleiter Dr. Behrens, als Hauptmann in einem Kampfgeschwader den Fliegertod erlitten hat.

In stolzer Trauer gedenkt die nationalsozialistische Bewegung unseres Gaues bei dieser Nachricht des Opfertodes eines alten, in Treue zum Führer und in der Bereitschaft zum Einsatz für die Idee stets vorbildlichen Mitkämpfers. Bereits im Jahre 1923 stieß Dr. Behrens als junger Arzt zu den Reihen des Führers, um in ihnen als Parteigenosse und SA-Mann jede Belastungsprobe mit kämpferischer Begeisterung bis zum Siege zu ertragen. Als Gauamtsleiter des Amtes für Volksgesundheit der NSDAP., zu welchem ihn der Gauleiter nach der Machtübernahme berief, eröffnete sich ihm in der Zeit des Aufbaues ein reiches Arbeitsfeld, das er gleichermaßen mit hervorragendem Können und dem ihm eigenen Idealismus ausfüllte.

Trotz Ueberschreitung der Altersgrenze meldete sich Gauamtsleiter Dr. Behrens, der während des Weltkrieges als Leutnant schwer verwundet wurde und nach seiner Genesung bis Kriegsende wieder freiwillig als Flugzeugbeobachter an die Front ging, zur neuen deutschen Luftwaffe Adolf Hitlers. Mit 50 Jahren zog er als Hauptmann der Luftwaffe in einem Geschwader in den Freiheitskampf Großdeutschlands. In ihm hat er nunmehr sein Leben, das alle Zeit nur dem Führer und seiner Idee gehörte, als Opfer gebracht. Die Partei im Gau Hessen-Nassau wird sich seinem Vorbild stets verpflichtet wissen.

Nachruf auf das Mitglied der Administration, Gauamtsleiter Carl Behrens, in der NS-Presse, August 1940.

der Stiftung abgesehen, beanspruchte das Militär die Hospitalgebäude und die Nibelungenallee 56 samt allem Inventar. Die vorhandenen Vorräte an Medikamenten, Verbandmaterial, Lebensmitteln und Brennstoffen wurden der Stiftung pauschal mit 17.000 Reichsmark vergütet. Als Entschädigung für die Beschlagnahmung zahlte die Wehrmacht der Stiftung pro Bett und Tag eine Mark fünfzig, wobei der Abrechnung 250 vorhandene Betten zugrunde gelegt wurden. Von dem bisher im Bürgerhospital beschäftigten Personal übernahm das Reservelazarett den Gynäkologen von Ravenstein, den Urologen Dessecker, den Röntgenologen Kahl und 22 Diakonieschwestern. Die Chefärzte Hessel und Lezius sowie die Assistenzärzte erhielten mit Kriegsbeginn ihre Einberufungsbefehle. Die Verwaltungsmitarbeiter des Hospitals wurden entweder ebenfalls zum Militär eingezogen oder entlassen. Kurz vor ihrer Abberufung aus Frankfurt gab Oberin Bufe am 7. September 1939 dem Vorstand des Diakonievereins in Berlin-Zehlendorf einen Bericht zur Lage im Bürgerhospital: „Drei Stationen sind geschlossen. Nur die chirurgische Männerstation ist mit 50 Soldaten voll besetzt. Im ganzen haben wir noch 85 Patienten, grösstenteils Soldaten, nur wenige Civilpatienten, die noch nicht gut entlassungsfähig waren. Ganz leer sind die med. Frauenstation, die kleine 15 Betten med. Station und die Gyn. und Wochenabteilung. Unsere Hebammenschwestern haben schweren Abschied vom letzten ‚Goldstückchen' genommen."[209]

Mit der Fortdauer des Krieges wurden die Verlustlisten immer länger. Das Mitglied der Administration der Senckenbergischen Stiftung, Carl Behrens, hatte sich als überzeugter Nationalsozialist bei Kriegsbeginn trotz seines fortgeschrittenen Alters freiwillig zur Luftwaffe gemeldet. In der Luftschlacht um England erlitt der 50-jährige im August 1940 „den Fliegertod für Führer und Vaterland."[210] Der Amtsnachfolger des Gefallenen innerhalb der NS-Gesundheitsbürokratie, Otto Zöckler, ließ sich im Mai 1941 wie sein Vorgänger zum Administrationsmitglied der Senckenbergischen Stiftung wählen. Für den aus Altersgründen zurückgetretenen Anton Buecheler berief das Gremium in derselben Sitzung den Stabsarzt der Luftwaffe Herrmann Günther. Die Administration sollte im Zweiten Weltkrieg nicht zur Ruhe kommen: Nach dem Wegzug Otmar von Verschuers aus Frankfurt fand sich 1943 in dem Direktor der Universitätskinderklinik, Professor Bernhard de Rudder, ein geeigneter neuer Mitstreiter. Als 1944 Justizrat Hermann Günther sein Ehrenamt altersbedingt niederlegen musste, verzichte die Stiftung in Anbetracht der Kriegsereignisse vorerst auf die Suche nach einem Nachfolger.[211]

Auf die siegreichen „Blitzkriege" gegen Polen, Dänemark, Norwegen und Frankreich war 1941 der Angriff auf die Sowjetunion und die Kriegserklärung an die USA gefolgt. Als sich nach der deutschen Niederlage bei Stalingrad das vorzeitige Ende des „Dritten Reichs" abzuzeichnen begann, rief Propagandaminister Joseph Goebbels am 18. Februar 1943 im Berliner Sportpalast den „Totalen Krieg" aus. Hatte Hitler noch 1940 die „Ausradierung" englischer Städte befohlen, verschärften jetzt die Westmächte den Luftkrieg gegen die deutsche Zivilbevölkerung. Der erste von zwölf schweren Großangriffen auf Frankfurt am Main erfolgte am 3. Oktober 1943 und forderte etwa

600 Todesopfer. Spätestens jetzt bewährten sich die schon 1934 unter dem Schwesternhaus des Bürgerhospitals für 150 Personen angelegten Luftschutzkeller. So wurden vier Tage vor dem Heiligen Abend des Jahres 1943 bei einem Luftangriff sämtliche Fenster auf der Nordseite des Schwesternhauses und des Hauptgebäudes zerstört. Während im Personalwohnhaus Nibelungenallee 56 am 1. Februar 1944 eine Sprengbombe einschlug, wurde das Dach des Schwesternhauses am 25. September 1944 ein Raub der Flammen. Als die Frankfurter Altstadt bei den Großangriffen vom 18., 22. und 24. März 1944 dem Erdboden gleichgemacht wurde, sank auch das alte Bürgerhospital in der Stiftstraße in Schutt und Asche.[212]

Amerikanische Truppen stießen am 26. März 1945 bis in die Innenstadt vor, drei Tage später war Frankfurt vom Nationalsozialismus befreit. Die Stadt trauerte nach der bedingungslosen Kapitulation der deutschen Wehrmacht am 8. Mai 1945 um etwa 35.000 Opfer der NS-Diktatur, drunter 12.555 ermordete Juden. Die Mainmetropole lag nach zwölf Jahren Nationalsozialismus in Trümmern.

Das bei Luftangriffen auf die Frankfurter Innenstadt am 22. und 24. März 1944 zerstörte alte Bürgerhospital in der Stiftstraße, 1946.

Das Antlitz des Bürgerhospitals Nachkriegszeit und Ausbau in den Fünfzigern

För das Bürgerhospital war der Krieg mit der Einnahme Frankfurts durch amerikanische Truppen kurz vor Ostern 1945 noch nicht überstanden. Der neue Stadtkommandant, Oberleutnant Joseph L. Zwahlen, beschlagnahmte das mit weit über 400 verwundeten und erkrankten Soldaten heillos überfüllte Reservelazarett und erklärte sowohl die Patienten als auch das Sanitätspersonal und die Schwesternschaft zu Kriegsgefangenen. Vom zerbombten Dachgeschoss des Schwesternhauses hatte die kommissarische Oberin Elli Schulze am 27. März 1945 beobachtet, wie sich die GIs von der Richard-Wagner-Straße dem Bürgerhospital näherten. Die Augenzeugin erinnerte sich zeitlebens an die Einquartierung von Besatzungssoldaten in der Kapelle des Hospitals und an erschöpfte GIs, die sich in voller Montur mit ihren schmutzigen Stiefeln in frisch bezogene Krankenbetten legten. Während sich die Amerikaner ansonsten gegenüber den Patienten und dem Personal korrekt verhielten, wusste die Oberin über nächtliche Trinkgelage der offenbar infolge der Kriegserlebnisse völlig ausgebrannten Lazarettärzte zu berichten.[213]

Die Chefärzte des Bürgerhospitals der Vorkriegszeit, Professor Dr. med. Georg Hessel, der als SA-Sturmbannführer an der hiesigen medizinischen Fakultät unrühmlich in Erscheinung getreten war, und der parteilose Professor Dr. med. Albert Lezius, waren gegen Ende des Krieges in Gefangenschaft geraten. Hessel wurde in dem britischen Gefangenenlager Hage in Ostfriesland festgehalten, Lezius war im November 1944 den Amerikanern bei Straßburg in die Hände gefallen und befand sich seit August 1945 wegen einer Nierenerkrankung in dem Gefangenenlazarett Weilmünster. Das Bürgerhospital stand, nachdem der nationalsozialistische Chefarzt, ein mit dem goldenen Parteiabzeichen dekorierter „Alter Kämpfer" der NSDAP,

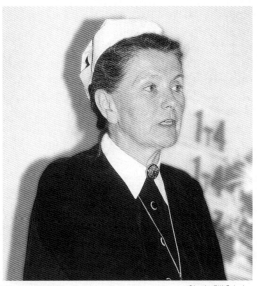

Oberin Elli Schulze.

rechtzeitig vor dem Eintreffen der US-Armee das Weite gesucht hatte, unter der Leitung eines gewissen Oberstabsarztes Schmitt.[214]

Oberin Elli Schulze konnte die Ereignisse im Bürgerhospital der unmittelbaren Nachkriegszeit ihren Lebtag nicht vergessen. „Ich denke aber jetzt auch an manche Nöte und Schwierigkeiten", so Schulze in einem 1992 verfassten Rückblick, „die zusätzlich mit der Einweisung schwerkranker und sterbender Soldaten aus den berüchtigten Gefangenenlagern Deidesheim und Bad Kreuznach auf uns zukamen, wo sie zu dritt im Schlamm Rücken an Rücken gestanden hatten und sich viele im Bürgerhospital nicht mehr erholen konnten. Ich denke an manche Sondergefangene, wie z. B. den Reichsminister und Gauleiter Funk[215], die uns aus dem amerikanisch besetzten Luftwaffenlazarett Wiesbaden zugewiesen wurden."[216] Im Vergleich zur hungernden Einwohnerschaft Frankfurts konnten sich die aus Beständen der US-Armee versorgten Patienten und Mitarbeiter des beschlagnahmten Bürgerhospitals nicht beklagen, zumal die Ausgangssperre für die Kranken-schwestern schon bald gelockert wurde.

Bittere Not bestimmte den Alltag der frühen Nachkriegsjahre. Rückkehrer und Flüchtlinge verschärften die ohnehin dramatische Lebensmittelknappheit und Wohnungsnot in Frankfurt. Nahrungsmittel sowie praktisch alle Artikel des täglichen Bedarfs waren in der Nachkriegszeit als Mangelwaren rationiert und nur gegen Bezugsscheine erhältlich. Die Verteilung der Lebensmittel verantwortete ab April 1945 das städtische Ernährungsamt. Die seit Kriegsbeginn ohnehin knapp bemes-senen Rationen sanken nach Kriegsende noch unter das Existenzminimum von täglich 1.600 Kalorien für den Normalverbraucher. Das war zum Leben zu wenig, zum Sterben zu viel. Mit Schwarzmarktgeschäften, Tauschhandel oder „Hamsterfahrten" versuchte die Not leidende Großstadtbevölkerung über die Runden zu kommen. Die jahrelange Unterernährung wirkte sich auf die Konstitution der Menschen verhängnisvoll aus. Hautkrankheiten, Mangeldurchfälle und zu niedriger Blutdruck

waren weit verbreitet. Geschwächte Immun-systeme und fehlende Medikamente verzö-gerten die Genesungsprozesse. Im Verhältnis zur Vorkriegszeit verdoppelte sich nach 1945 die Säuglingssterblichkeit, unter den Erwachsenen stieg die Mortalität um fast fünf-zig Prozent. Mit einem Anflug von Fatalismus schrieb August de Bary im Juni 1947 dem nach Lübeck verzogenen Albert Lezius: „Im Uebrigen geht das Leben in Frankfurt den gewöhnlichen calorienarmen Gang."[217] Die Behörden bekamen die Lebensmittelversorgung erst nach der Währungsreform im Sommer 1948 in den Griff.

Die alliierten Bombenteppiche hatten im Zweiten Weltkrieg weder Wohn- noch Krankenhäuser verschont. Das einzige unversehrte Hospital in Frankfurt war das Städtische Krankenhaus Höchst, alle anderen lagen entweder in Trümmern oder bemühten sich mehr schlecht als recht um die Aufrecht-erhaltung des Betriebs. Das laut bauamtlicher Schadensfeststellung zu neun Prozent zer-störte Bürgerhospital blieb bis Februar 1946

Frankfurt am Main im Frühjahr 1945.

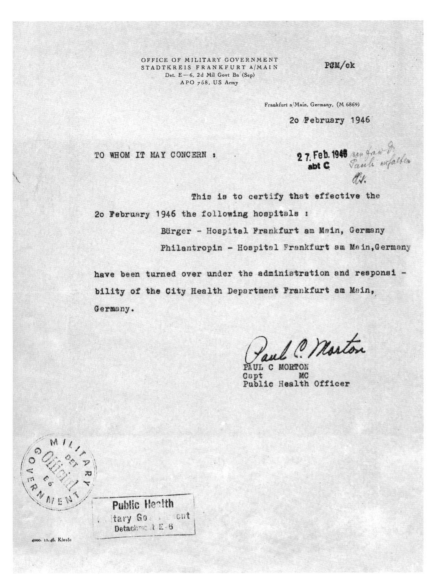

Frankfurt a/Main, Germany, (M 6869)

2o February 1946

TO WHOM IT MAY CONCERN :

2 7. Feb. 1946
abt C

This is to certify that effective the

2o February 1946 the following hospitals :

Bürger - Hospital Frankfurt am Main, Germany

Philantropin - Hospital Frankfurt am Main,Germany

have been turned over under the administration and responsi -

bility of the City Health Department Frankfurt am Main,

Germany.

PAUL C MORTON
Capt   MC
Public Health Officer

Public Health
itary Go   ent
Detachm   t E-6

Freigabe-Bescheid der Militärregierung für das Bürgerhospital und das angeschlossene Teillazarett Philantropin, 20. Februar 1946.

beschlagnahmt und fiel solange für die zivile Krankenpflege aus. Mitte September 1945 waren in den Frankfurter Krankenanstalten alle Betten belegt. Da mangels Treibstoff auch keine Patienten mehr auf umliegende Krankenhäuser verteilt werden konnten, appellierten die Gesundheitsbehörden an die behandelnden Hausärzte, nur noch echte Notfälle einzuweisen.[218]

Niemandem, auch nicht den Vertretern der Besatzungsmacht, konnte am endgültigen Zusammenbruch des Gesundheitswesens gelegen sein, weshalb der medizinische Bereich wohl auch nur eine Entnazifizierung mit „Augenmaß" erfuhr. An alle im Stadtkreis

Frankfurt tätigen Ärzte erging im Mai 1945 der Aufruf, spätestens bis zum 5. Juni 1945 den politischen Fragebogen der Militärregierung ausgefüllt bei der Ärztekammer abzugeben. „Von der Ausfüllung dieses Fragebogens", so die am 31. Mai in der „Frankfurter Presse" abgedruckte Bekanntmachung, „hängt die weitere Zulassung zur Arztpraxis und die Genehmigung zur Autobenutzung in Zukunft ab."[219] Im Bürgerhospital mussten der in Norddeutschland gefangen gehaltene Chefarzt Georg Hessel, der Leiter der Röntgenabteilung Hermann Kahl und der Kassenführer Hermann Pfeiffer wegen ihrer braunen Vergangenheit den Hut nehmen. Mediziner, die lediglich einfache Parteimitglieder gewesen waren, konnten im Herbst 1945 aufatmen. Die Deutsche Allgemeine Nachrichtenagentur meldete am 2. Oktober 1945, dass ehemalige NS-Ärzte wieder in den öffentlichen Gesundheitsdienst eingestellt werden durften. Die „Frankfurter Rundschau" veröffentlichte im November 1945 einen Zwischenbericht über die Entnazifizierung der Frankfurter Ärzteschaft. Demnach war 25 Ärzten die Zulassung entzogen und 112 Medizinern das Praktizieren nur unter Vorbehalt genehmigt worden. 92 Ärzte konnten ihren Beruf uneingeschränkt ausüben, in 32 Fällen war die Überprüfung noch nicht abgeschlossen. Der Röntgenologe Kahl kehrte 1950, nachdem die Spruchkammer das ursprünglich verhängte Berufsverbot wieder aufgehoben hatte, in das Bürgerhospital zurück.[220] Zwischen dem Internisten Hessel, der als Chefarzt an einem Oldenburger Krankenhaus bald wieder Fuß gefasst hatte, und der Administration der Dr. Senckenbergischen Stiftung kam es 1953 zu einem Prozess vor dem Landesarbeitsgericht. Der von August de Bary protegierte Hessel hatte sich 1950 um die vakante Chefarztposition der Inneren Abteilung am Bürgerhospital beworben. Aus Sorge um das Ansehen des Bürgerhospitals in der Öffentlichkeit und um den Arbeitsfrieden im Haus nicht zu gefährden, entschied sich die Administration jedoch für den politisch unbelasteten Chefarzt am Kreiskrankenhaus Gelnhausen, Dr. med. Kurt Hanf-Dressler. Der anschließende Arbeitsgerichtsprozess endete mit einem Vergleich – Professor Hessel blieb in Oldenburg.[221]

Der nationalsozialistische Leiter des Frankfurter Gesundheitsamtes seit 1933, Stadtrat Werner Fischer-Defoy, hatte 1945 ohnehin die Altersgrenze erreicht und wurde von dem reaktivierten sozialdemokratischen Stadtrat Karl Schlosser abgelöst. Das von Schlosser neu organisierte Stadtgesundheitsamt bestand im Sommer 1946 aus der von Medizinalrat Josef Strüder gleiteten Abteilung für Gesundheitspolizei, der Obermedizinalrat Otto Schmith unterstellten Abteilung für Sozialhygiene und einer von dem pensionierten Verwaltungsdirektor des Hospitals zum Heiligen Geist, Karl Hofacker, ehrenamtlich betreuten Abteilung für das Anstaltswesen. Das „Military Government" maß dem Gesundheitsamt große Bedeutung bei und stellte im November 1945 alle Krankenhäuser im Stadtkreis Frankfurt unter die Aufsicht von Stadtrat Schlosser. Der Gesundheitsdezernent hatte August de Bary schon im Juli 1945 versichert, dass in seinen Überlegungen „das Bürgerhospital den wichtigen Platz hat, den es nach seiner Entstehung, seiner bisherigen Geschichte und seiner Bedeutung im Frankfurter Krankenhauswesen Anspruch hat einzunehmen."[222] Vorerst blockierte aber die militärische Beschlagnahmung den Neubeginn. Bei der Besatzungsmacht fand de Bary mit seinen Gesuchen um Freigabe des Bürgerhospitals lange kein Gehör. Die Haltung der amerikanischen Stellen änderte sich ab Herbst 1945, als der Bettenmangel in den Krankenhäusern und die Gefahr von Seuchen dramatisch anstieg. Der Vorsitzende der Administration verband seinen unermüdlichen Einsatz für das Bürgerhospital mit intensiven Bemühungen um die Freilassung des Chefarztes der Chirurgischen Abteilung, Albert Lezius, aus amerikanischer Kriegsgefangenschaft.

Professor Lezius kam gerade noch rechtzeitig frei, um am 28. Februar 1946 in Vertretung der Administration der Dr. Senckenbergischen Stiftung und des verhinderten August de Bary an der Freigabe des Bürgerhospitals teilzunehmen. Der Public Health Officer der Militärregierung, Paul C. Morton, hatte am 20. Februar 1946 überraschend die Übernahme des Bürgerhospitals und des angeschlossenen Teillazaretts Philantropin durch das Stadtgesundheitsamt angeordnet. So versammelten sich am letzten Tag im Februar 1946 Abteilungsleiter Hofacker für das Gesundheitamt, Oberstabsarzt Schmitt als Vertreter des ehemaligen Reservelazaretts sowie Professor Lezius und Verwaltungsdirektor Eichenauer, um die Übergabe des Bürgerhospitals und des Philantropins mit insgesamt 351 Patienten an die Stiftung zu beurkunden. Damit das Bürgerhospital wieder seinen ursprünglichen zivilen Auftrag erfüllen konnte, setzte die Administration durch, dass bis auf vierzig Schwerverletzte alle ehemaligen Soldaten in das Philantropin verlegt und das Teillazarett ab 1. Mai 1946 vom Stadtgesundheitsamt verwaltet wurde. Im Einverständnis mit der Jüdischen Gemeinde nutzte die Stadt das Philantropin in der Hebelstraße bis auf Weiteres als Versorgungskrankenhaus für Kriegsversehrte.[223]

Nach sechseinhalbjähriger Zwangspause stand das Bürgerhospital ab dem 1. April 1946 wieder allen Frankfurtern offen. Weil die Renovierung der im Krieg stark in Mitleidenschaft gezogenen Räumlichkeiten noch im Gange war, blieb die Anzahl der Krankenbetten anfangs auf 140 beschränkt. Das Krankenhaus gliederte sich in die von Professor Lezius geleitete Chirurgische und eine dem früheren Chefarzt am Diakonissenhaus, Richard von Lippmann, übertragene Innere Abteilung. Dazu gab es noch die mit Carl Peus neu besetzte Röntgenabteilung, die Wiedereröffnung der Gynäkologie war für 1947 geplant. Auf die in der Vorkriegszeit vorhandene Urologie musste aus Platzmangel verzichtet werden. Die früheren Räume der Urologie wurden als Ersatz für die ausgebombten Unterkünfte der Schwestern im Bürgerhospital und in der Nibelungenallee 56 zu Personalwohnungen umfunktioniert. Der eingeschränkte Betrieb hatte Entlassungen und eine Reduzierung der Schwesternzahl zur Folge. Der seit Kriegsbeginn ruhende Gestellungsvertrag zwischen dem Evangelischen Diakonieverein Berlin-Zehlendorf und der Senckenbergischen Stiftung trat am 1. März 1946 wieder in Kraft. Das Frankfurter Bürgerhospital fiel nunmehr in den Zuständigkeitsbereich der für die westlichen Zonen in Göttingen eingerichteten Zweigstelle des Diakonievereins. Oberin Schulze wurde im März 1946 von Schwester Else Seipp abgelöst und in die Sowjetische Besatzungszone entsandt, wo sie von 1953 bis 1978 in Magdeburg die Verwaltungsstelle Ost des Diakonievereins leiten sollte. Die Teilung Deutschlands warf im Frühjahr 1946 ihre Schatten voraus.[224]

Die letzte offizielle Sitzung der Administration der Dr. Senckenbergischen Stiftung lag im Frühjahr 1946 drei Jahre zurück. Der näher rückende Freigabetermin des beschlagnahmten Bürgerhospitals erhöhte den Handlungsbedarf hinsichtlich der neu zu formierenden Administration, denn das Gremium war, so August de Bary in einem Schreiben an Oberbürgermeister Kurt Blaum vom 20. Februar 1946, „in der letzten Zeit einer grossen Anzahl von Mitgliedern verlustig gegangen."[225] Genau genommen waren von der achtköpfigen Administration nur der Vorsitzende de Bary und der Professor für Kinderheilkunde Bernhard de Rudder übrig geblieben. Der stellvertretende Vorsitzende Max von Grunelius und Justizrat Hermann Günther hatten sich aus Altersgründen zurückgezogen, der Arzt Herrmann Günther war nach Kronberg verzogen und als NSDAP-Mitglied politisch belastet, Simon Moritz von Bethmann und Otto Zöckler mussten wegen ihrer Verstrickung in das NS-Regime alle Ehrenämter niederlegen. Für Albert von Metzler wurde bis zu seiner Rückkehr aus russischer Kriegsgefangenschaft im Jahr 1950 ein Sitz in der Administration eingeplant.

Nachdem sich am 10. Juli 1946 zur ersten Sitzung nach Kriegsende nur eine Rumpfadministration eingefunden hatte, um unter anderem über offene Fragen im Zusammenhang mit der Freigabe des Bürgerhospitals zu beraten, war das Gremium um die Jahreswende 1946/47 wieder fast komplett. Der schwierigen Gesamtlage zum Trotz hatten sich der Kaufmann Hans Latscha, Gerd Fries, Mitinhaber einer Stahl- und Maschinenbaufirma, Rudolf Passavant, der Arzt Franz Mündel und vorübergehend bis 1949 Eduard Wagner[226] von de Bary und de Rudder für das Ehrenamt gewinnen lassen. Bevor die vierte Arztstelle in der Administration mit dem Internisten Wilhelm Schöndube besetzt werden konnte, musste der Ausgang eines Verfahrens vor der Frankfurter Spruchkammer des Großhessischen Ministeriums für Wiederaufbau und politische

Befreiung abgewartet werden. Von der Kammer lediglich in die Gruppe der Mitläufer eingereiht, stand im Dezember 1949 Schöndubes Berufung in die Administration nichts mehr im Wege. Die bald darauf erfolgte Ernennung Schöndubes zum Chefarzt des St. Markus-Krankenhauses erleichterte den Kommunikationsfluss zwischen der Bockenheimer Institution und dem Bürgerhospital im Nordend.[227]

Gegen den Vorsitzenden der Dr. Senckenbergischen Stiftungsadministration seit 1933, August de Bary, war ebenfalls ein Verfahren vor der Frankfurter Spruchkammer anhängig. Die Entnazifizierung, das heißt die Säuberung des öffentlichen Lebens von Anhängern des Nationalsozialismus, wurde in der amerikanischen Besatzungszone noch vergleichsweise nachdrücklich betrieben. Zu Beginn des Verfahrens mussten die Betroffenen mit dem Ausfüllen eines umfangreichen Fragebogens über ihre politische und berufliche Vergangenheit Rechenschaft ablegen. De Bary hatte sich diesbezüglich nichts vorzuwerfen, denn er war nur der NS-Volkswohlfahrt und dem NS-Ärztebund und nicht der NSDAP beigetreten. Von der Militärregierung gebildete und mit Deutschen besetzte Spruchkammern wickelten die eigentlichen Verfahren gerichtsförmig ab und stuften die Betroffenen in Hauptschuldige, Belastete, Minderbelastete, Mitläufer und Entlastete ein. Nur wer in eine der ersten drei Kategorien eingestuft wurde, musste mit einer Strafe von bis zu zehn Jahren Arbeitslager, Berufsverbot oder Pensionsverlusten rechnen.

Das Ministerium für Wiederaufbau und politische Befreiung erhob im März 1947 Anklage gegen de Bary, der beschuldigt wurde, im Bürgerhospital das „Führerprinzip" umgesetzt und lokale Nazi-Größen in die Administration der Dr. Senckenbergischen Stiftung geholt zu haben. Unter den von verschiedenen Seiten gegen de Bary vorgebrachten Anschuldigungen wogen die des 1939 in den Ruhestand geschickten Chefarztes Bernhard Scholz besonders schwer. „Wer war es", fragte Scholz im Mai 1946 in einem Brief an de Bary rhetorisch, „der die ‚Gefolgschaftsausflüge' arrangierte und auf diesen begeisterte Reden hielt, die den Nationalsozialismus und Hitler feierten und die noch in unser aller

Gedächtnis sind? Wer war es, der es versuchte, die auf protestantisch-christlichem Boden stehenden Eliteschwestern des evangelischen Diakonievereins aus dem Bürgerhospital herauszudrücken und durch die nationalsozialistischen ‚braunen Schwestern' zu ersetzen? ... Sie waren es."[228] Zumindest in dem letzten Punkt irrte Scholz, denn noch heute geht aus den überlieferten Akten eindeutig hervor, dass de Bary gemeinsam mit der Leitung des Diakonievereins in Berlin-Zehlendorf dem Einzug von NS-Schwestern in das Bürgerhospital entgegengetreten war. Selbst wenn de Bary gelegentlich sein Fähnchen nach dem Wind gehängt haben sollte, so konnte er in dem Verfahren vor der Spruchkammer die Vorwürfe bezüglich des „Führerprinzips" und der NS-Administratoren entkräften. August de Bary ist kein Nationalsozialist gewesen. Dafür spricht auch sein politischer Werdegang: Von 1924 bis 1933 gehörte de Bary der Fraktion der rechtsliberalen Deutschen Volkspartei in der Frankfurter Stadtverordnetenversammlung an, 1945 trat er der Liberal-Demokratischen Partei, der späteren FDP, bei.[229]

Die Satzung der Senckenbergischen Stiftung wurde 1947 und 1954 in zwei Schritten vom Ballast der NS-Zeit befreit. Darüber hinaus machte 1950 die Auflösung der Ludwigs-Universität Gießen eine Satzungsänderung erforderlich. Künftig sollten die Dekane der medizinischen und der juristischen Fakultät der Frankfurter Johann Wolfgang Goethe-Universität das bislang von ihren Gießener Kollegen bekleidete Amt der Coexecutoren übernehmen. Die Administration der Dr. Senckenbergischen Stiftung musste satzungsgemäß die Coexecutoren zur Neuwahl von Administratoren, zur Genehmigung des Jahresabschlusses oder zu Grundsatzentscheidungen hinzuziehen. Nach dem Wortlaut der am 16. November 1954 verabschiedeten Statuten bezweckte die Senckenbergische Stiftung „die Pflege und Förderung der wissenschaftlichen Heilkunde in Frankfurt und die Gesundheitspflege der Einwohner der Stadt, sowie die Krankenhauspflege Erkrankter in dem von ihr betriebenen Bürgerhospital."[230]

In einer umstrittenen Personalfrage suchte August de Bary im März 1947 bei den Coexecutoren, den Professoren Frölich und Wagenseil, Rat. Die Stelle des Chefarztes der Chirurgischen Abteilung und des Ärztlichen Direktors war wegen des Wechsels von Albert Lezius an das Städtische Krankenhaus in Lübeck zum 1. April 1947 neu zu besetzen. Die Nachfolgeregelung wurde von der Diskussion der Frage beherrscht, ob diese Schlüsselposition von einer Frau ebenso gut ausgefüllt werden könnte wie von einem Mann. Der Vorsitzende der Administration, de Bary, protegierte offen die Leiterin der Chirurgischen Universitätsklinik in Frankfurt, Privatdozentin Dr. med. Charlotte Mahler, als seine Wunschkandidatin für die vakante Führungsposition. Das weckte den Widerstand einiger Ärzte des Bürgerhospitals, die einen

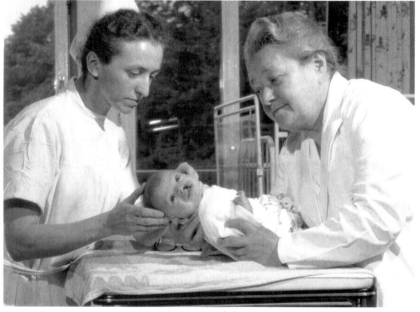

Chefärztin Lotte Mahler (re.) bei der Visite mit Schwester Hannelore Wiesemann.

starken Rückgang der Bettenbelegung und insbesondere das Ausbleiben männlicher Patienten befürchteten. „Dieses Bedenken", so de Bary in einem Schreiben an den Coexecutor Frölich vom 10. März 1947, „besteht nicht bei den Mitgliedern der Administration, mit welchen ich bisher zu sprechen Gelegenheit hatte und auch bei einigen Kollegen und anderen angesehenen Persönlichkeiten der Stadt hält man dieses Bedenken für nicht zeitgemäss nach dem ja die Entwicklung die Frau im Allgemeinen und Insonderheit im ärztlichen Berufsleben dem Manne gleichgestellt hat."[231] Um es gleich vorweg zu sagen, die beiden Coexecutoren waren von der beruflichen Qualifikation Mahlers ebenfalls überzeugt und befürworteten deren Berufung.

Als die 1894 geborene Pfarrerstochter Charlotte Mahler im Ersten Weltkrieg an der Friedrich-Universität zu Halle ihr Medizinstudium begann, waren Kommilitoninnen an der Alma mater noch eine Seltenheit. Gleichwohl machte die Studentin Mahler ihren Weg: Medizinisches Staatsexamen (März 1920), Promotion (Oktober 1920) und ärztliche Approbation (Januar 1921) lauteten die Stationen der Ausbildung zur Medizinerin. Im Anschluss an das Studium folgte die junge Ärztin einem Ruf ihres Lehrers Professor Victor Schmieden an die Chirurgische Universitätsklinik in Frankfurt am Main. Von der Assistenz- zur Oberärztin befördert, nahmen die Medien von „Lotte" Mahler erstmals Notiz, nachdem sie im April 1945 zur kommissarischen Leiterin der 300 Betten zählenden Chirurgischen Universitätsklinik ernannt worden war. In der Ausgabe vom Heiligen Abend 1945 porträtierte die „Frankfurter Rundschau" unter der Überschrift „Die helfenden Hände der Frau" Charlotte Mahler: „Diese Frau ist geballte Energie. Ihre Einsatzbereitschaft und ihr Ehrgeiz scheinen unbegrenzt. Seit mehr als einem halben Jahr hat sie das Krankenhaus nicht mehr verlassen. ... Frau Mahler ist Spezialistin für chirurgische Tuberkulose und orthopädische Chirurgie. Aber ihre besondere Liebe gilt den Kindern. Den kleinen, armen Geschöpfchen, die mit Hasenscharten und Wolfsrachen zeitlebens ein kummervolles Dasein zu führen verdammt sind. Ihre Leistungen auf diesem Gebiet sind einmalig. Hunderten schon hat sie ein schöneres und besseres Leben ermöglicht."[232] Im Frühjahr 1946 konnte sich Mahler auf ihrem Spezialgebiet mit einer Arbeit über die Behandlungsmethoden von Gesichtsspalten habilitieren. Als sich die Dozentin im März 1947 um die Chefarztstelle am Bürgerhospital bewarb, eilte ihr der Ruf einer Topchirurgin voraus.

Die Administration der Dr. Senckenbergischen Stiftung ließ sich von den kritischen Stimmen nicht beirren und wählte am 25. März 1947

geschlossen Charlotte Mahler zur Chefärztin der Chirurgischen Abteilung und Ärztlichen Direktorin. Das Bürgerhospital war somit das erste Krankenhaus in Deutschland, das die Leitung der Chirurgie einer Ärztin übertrug. Nach Mahlers Amtsantritt kam es nicht zu dem prophezeiten Einbruch der Patientenzahlen, ganz im Gegenteil. Die durchschnittliche Belegung stieg von zuletzt neunzig auf 97 Prozent im Geschäftsjahr 1947/48. Für einen Platz in der von Lotte Mahler mit 35 Betten neu eingerichteten Chirurgischen Kinderabteilung mussten die besorgten Eltern oftmals längere Wartezeiten in Kauf nehmen. In der am 1. Februar 1947 wieder eröffneten

Die mit einem Notdach gesicherte Liegenschaft Nibelungenallee 56, September 1950.

und von dem bewährten Frauenarzt Dr. med. Hermann von Ravenstein geleiteten Gynäkologie kamen bis zum Ende des Kalenderjahres 650 Patienten zur Aufnahme. Die Krankenhausstatistik verzeichnete innerhalb der ersten elf Monate 419 Entbindungen, aber leider auch 66 Fehlgeburten. Während die durchschnittliche Belegung im Idealfall 75 Prozent betragen sollte, lag die Auslastung des Bürgerhospitals und der anderen Frankfurter Krankenanstalten seit Kriegsende bei neunzig Prozent und darüber. Die Krankenhäuser waren selbst krank und litten an chronischer Überbelegung.[233]

Über den Krankenhäusern braute sich ausgangs der Vierzigerjahre neues Unheil zusammen. „Für das deutsche Krankenhaus", stellte August de Bary im Dezember 1951 rückblickend fest, „war der Währungsschnitt eine Katastrophe. Die brutale Vernichtung der Vermögen und Rücklagen auch im sozialen Bereich, läßt von Menschlichkeit nichts spüren."[234] Nach dem Untergang des „Dritten Reichs" war die alte Reichsmark kaum noch etwas wert gewesen. Die Kriegswirtschaft hatte eine riesige Geldmenge in Umlauf gebracht, der nach 1945 nur ein minimales Warenangebot gegenüberstand. Zur Neuordnung des Geldwesens bekam jeder Bewohner der drei Westzonen am 20./21. Juni 1948 im Zuge der Währungsreform für sechzig Reichsmark ein „Kopfgeld" von zunächst vierzig und im August 1948 weiterer zwanzig neuen Deutschen Mark. Der Währungsschnitt traf die Besitzer von Sparguthaben, die im Verhältnis von 100 zu 6,5 abgewertet wurden, besonders hart. Gewinner der Neuordnung waren die Eigentümer von Sachwerten wie Produktionsbetrieben oder Immobilien. Nun rächte es sich, dass die Senckenbergische Stiftung ihr Vermögen größtenteils in gewährten Hypotheken und Wertpapieren statt wie die meisten anderen Stiftungen in krisenfestem Grundbesitz angelegt hatte. Die Senckenbergische Stiftung büßte durch die Währungsreform fast sämtliche Barmittel ein, außerdem versiegten infolge der Abwertung der Hypotheken auf zehn Prozent und die Kurssenkung der Wertpapiere zwei wichtige Einnahmequellen. Insgesamt verringerte sich das Stiftungsvermögen von rund 2,25 Millionen Reichsmark auf knapp 962.000 D-Mark. „In eine schwerste Lage", so der mit allen Internas vertraute de Bary, „geriet auch das Bürgerhospital, dem die Betriebsmittel entzogen wurden. Die vom Staate gewährten Überbrückungskredite reichten zur Deckung der dringenden Ausgaben nicht entfernt aus, und an ein Aufholen durch Einnahmen in neuer Währung war zuerst nicht zu denken, da weder die Selbstzahler noch auch die Versicherungsträger nur annähernd über Zahlungsmittel verfügten."[235] Die Administration musste den Rotstift ansetzen und stoppte zum Beispiel den mit der Errichtung eines Notdachs bereits begonnenen Wiederaufbau des kriegszerstörten Personalwohnhauses Nibelungenallee 56. Wegen der Nibelungenallee 56 wurde die Senckenbergische Stiftung im Dezember 1948 von der jüngsten deutschen Vergangenheit eingeholt. Hintergrund war das Ende 1947 in Kraft getretene „Rückerstattungsgesetz" der Militärregierung. Das Gesetz Nummer 59 regelte die Rückgabe von Grundstücken, Geschäftsanteilen, Kunstwerken und so weiter an die ehemaligen Eigentümer, denen sie während der NS-Diktatur aus Gründen der Rasse, Religion oder Weltanschauung entzogen worden waren. Für die ehemalige jüdische Eigentümerin der Nibelungenallee 56 erhob die „Jewish Restitution Successor Organisation" am 16. Dezember 1948 Anspruch auf Entschädigung. Da die Administration keine Beweise dafür hatte, dass die von der Gestapo verfolgte Hausbesitzerin über den 1938 gezahlten Kaufpreis frei verfügen konnte, einigten sich der Anwalt der inzwischen in Israel lebenden Emigrantin und der Konsulent der Stiftung, Hans Wilhelmi, in einem Vergleich auf eine Entschädigungssumme in Höhe von 11.000 D-Mark.[236]

Zu den positiven Signalen für das Bürgerhospital im Jahr 1948 gehörten mehrere Hilfslieferungen des Schweizerischen Roten Kreuzes mit Medikamenten und Sanitätsmaterial. Der 1933 entlassene und daraufhin nach Bern ausgewanderte Direktor der Dr. Senckenbergischen Anatomie, Professor Hans Bluntschli, übrigens ein Vetter August de Barys, hatte die internationale Hilfsorganisation auf die Notlage des Frankfurter Bürgerhospitals hingewiesen. Im März, Juli und August 1948 trafen mit dem Roten Kreuz gekennzeichnete Paketsendungen aus der Schweiz in der Nibelungenallee ein. Dem Begleitschreiben des Zentralsekretärs Gilbert Luy zufolge sollten die Hilfsgüter „einen Beitrag zur Linderung der schwergeprüften Stadt Frankfurt leisten und insbesondere die Arbeit des Bürgerhospitals tatkräftig unterstützen."[237] Als Geste der Dankbarkeit und als symbolischen „Beitrag zur Versöhnung der Völker" richtete das Bürgerhospital ein Freibett für in Frankfurt erkrankte Bürger der Schweiz ein.[238]

Finanziell kam das Bürgerhospital seit der Freigabe durch die Militärregierung auf keinen grünen Zweig, wofür es vor allem zwei Gründe gab. Zum einen hatte die Währungsreform die aus den Mietzahlungen der Wehrmacht für Sanierungs- und Wiederaufbauarbeiten gebildete Rücklage von circa 350.000 Reichsmark nahezu völlig entwertet, zum anderen deckten die seit 1932 nicht mehr erhöhten Pflegesätze noch nicht einmal die Selbstkosten der Krankenhäuser, geschweige denn die Investitionen in die Modernisierung. Zur Wahrung ihrer Interessen bildeten die Krankenhausträger auf Landes- und Bundesebene Dachverbände. In Frankfurt am Main wurde auf einer Tagung der regionalen und überregionalen Krankenhausverbände, an der auch die 1948 ins Leben gerufene Hessische Krankenhausgesellschaft teilnahm, am 20. April 1949 die Deutsche Krankenhausgesellschaft gegründet. Der seit 1919 bestehende Verband Frankfurter Krankenanstalten hatte sich im Januar 1949 zu Ehren des im Vorjahr verstorbenen langjährigen Geschäftsführers und Vorsitzenden des Verbandes, Karl Hofacker, in Hofacker-Verband umbenannt und August de Bary zum neuen Vorsitzenden gewählt. Das Hauptanliegen des Hofacker-Verbandes waren höhere Pflegesätze.[239]

Nach jeweils äußerst zähen Verhandlungen einigten sich die Krankenkassen mit der Hessischen Krankenhausgesellschaft und der Stadt Frankfurt in mehreren Schritten auf höhere Pflegesätze. Bis September 1951 war der Höchstsatz zwar auf neun Mark geklettert, doch zur Deckung der Selbstkosten von bis zu zehn Mark fünfzig reichte das immer noch nicht. Nur mit Mühe gelang es dem Bürgerhospital die mit dem Diakonieverein für die Gestellung der Schwestern vereinbarten Stationsgelder aufzubringen. Als das Hospital im Februar 1951 eine fällige Stationsgeldzahlung lediglich mit Hilfe eines Kredits begleichen konnte, wurde in Berlin-Zehlendorf zur Rettung des Frankfurter Arbeitsfeldes ernsthaft über die Pachtung des Bürgerhospitals nachgedacht. Eine zum 30. Juni 1951 vom städtischen Revisionsamt vorgenommene Prüfung des Bürgerhospitals förderte Verluste von fast 99.000 Mark, kurzfristige Schulden von 134.000 Mark und einen Investitionsbedarf in Höhe von 581.000 Mark zutage. Da nur noch ein geringes Eigenkapital von 11.500 Mark

vorhanden war, machten Spekulationen über eine Schließung des Bürgerhospitals die Runde. Doch so weit sollte es nicht kommen.[240]

Die um den Bestand der freigemeinnützigen Krankenhäuser besorgte Stadt Frankfurt stellte auf Antrag des Gesundheitsamts den durch die Bank in Schwierigkeiten befindlichen Hospitälern zum Ausgleich ihrer aus der Diskrepanz zwischen Selbstkosten und Pflegesätzen entstandenen Defizite einen Gesamtbetrag von eineinhalb Millionen Mark für unverzinsliche Darlehen bereit. In der Begründung hatte Gesundheitsdezernent Rudolf Prestel auf die alarmierende Ankündigung der Administration der Dr. Senckenbergischen Stiftung hingewiesen, das über 248 Betten verfügende Bürgerhospital Ende Juni 1952 wegen der finanziellen Schieflage zu schließen: „Andere freigemeinnützige Krankenhäuser", war sich Prestel sicher, „werden diesem Vorgehen folgen. ... Da sich etwa die Hälfte der Krankenhausbetten in Frankfurt a. M. (2782 von insgesamt 5651 Betten) in nichtstädtischen Krankenanstalten befindet, wäre in einem solchen Fall bei dem ohnehin in Frankfurt a. M. bestehenden Mangel an Krankenhausbetten die krankenhausmäßige Versorgung der Frankfurter Bevölkerung ernstlichst gefährdet."[241] Die Stadtverordnetenversammlung stimmte der Rettungsaktion am 3. April 1952 zu, appellierte gleichzeitig aber an die Krankenkassen, die Pflegesätze auf ein kostendeckendes Niveau anzuheben. Aus dem Hilfsfonds der Stadt waren knapp 145.000 Mark für das Bürgerhospital bestimmt.

Zu einer Zeit, da das Wirtschaftswunder längst begonnen hatte, trugen das Schwesternhaus des Bürgerhospitals und die Liegenschaft Nibelungenallee 56 noch immer deutliche Spuren des Krieges. Notdächer schützten die Gebäude nur unzureichend vor Witterungseinflüssen und weiterem Verfall. Das Angebot eines privaten Investors im Oktober 1951 für die Nibelungenallee 56 einen Aufbau- und Mietvertrag zu vereinbaren kam der Administration wie gerufen. Wegen Eigenbedarfs und gegen Zahlung einer Aufwandsentschädigung von 20.000 Mark kündigte die Stiftung 1953 den Mietvertrag für das wieder aufgebaute Wohnhaus. Bei der Einrichtung einer Augenabteilung hatte sich herausgestellt, dass im Bürgerhospital zwar Platz für zwanzig Betten der neuen Station vorhanden war, es aber an geeigneten Räumlichkeiten für die Praxis fehlte. Als Alternative bot sich das Erdgeschoss der Nibelungenallee 56 an, wo der Leiter der Augenabteilung, Professor Dr. med. Wilhelm Kreibig, ab dem 15. September 1953 Sprechstunde hielt.[242]

Für den Wiederaufbau des Schwesternhauses stürzte sich die Senckenbergische Stiftung in Schulden. Die Kosten der Schwammsanierung, des Aufbaus einer zusätzlichen dritten Etage sowie des bewohnbaren Dachgeschosses addierten sich auf über 317.000 Mark. Bis die Schwestern und Schülerinnen in die beiden oberen Stockwerke einziehen konnten, wurde für sie während der Bauzeit 1952/53 in der Kapelle des Bürgerhospitals ein Notquartier eingerichtet. Zur Finanzierung der Bau- und Einrichtungskosten des Schwesternhauses nahm die Stiftung Darlehen in Höhe einer halben Million Mark auf, wofür die Stadt bürgte. Zusammen mit einer für erste Wiederaufbauarbeiten und Instandsetzungen in Anspruch genommenen Hypothek war die Dr. Senckenbergische Stiftung 1953 mit 670.000 Mark verschuldet. Die „Frankfurter Allgemeine Zeitung" meldete am 23. November 1953: „Krankenhäuser vor dem wirtschaftlichen Ruin. Bürgerhospital und Hospital zum Heiligen Geist sind völlig verschuldet." Mit unverzinslichen Darlehen von jeweils 100.000 Mark sicherte die Stadt erneut das vorläufige Überleben der beiden unverzichtbaren Krankenhäuser.[243]

1953 fehlten in Frankfurt annähernd 1.500 Krankenhausbetten. Wegen des Bettenmangels mussten sich gelegentlich zwei Kinder ein Bett teilen und Unfallopfer von den Rettungsdiensten von einem Krankenhaus zum anderen gefahren werden, bis sich ein freies Bett fand. Schuld war die innerhalb eines Jahrfünfts sprunghaft von 357.405 auf 532.037 im Jahr 1950 gestiegene und weiter im Steigen begriffene Einwohnerzahl. Das pulsierende Frankfurt übte insbesondere nach Aufhebung der Zuzugssperre im Frühjahr 1950 auf Heimatvertriebene und DDR-Flüchtlinge eine magnetische Anziehungskraft aus. Die Fünfzigerjahre

standen ganz im Zeichen des Wiederaufbaus. Frankfurts Oberbürgermeister von 1946 bis 1956, der Sozialdemokrat Walter Kolb, brachte den damaligen Zeitgeist mit der Bemerkung auf den Punkt: „Wir haben gebaut, gebaut und noch einmal gebaut."[244] Gebaut wurde natürlich auch von den Krankenhausträgern.

Im Mai 1954 beantragte das Stadtgesundheitsamt beim Magistrat, die von den freigemeinnützigen Krankenanstalten geplanten und mit einem Zugewinn von circa 1.400 Plätzen verbundenen Aus- und Neubauten durch selbstschuldnerische Bürgschaften und Zinsverbilligungszuschüsse zu fördern. Im Gespräch waren zum Beispiel der Neubau des St. Markus-Krankenhauses und der Ausbau des Maingau- und des Rot-Kreuz-Krankenhauses sowie des Bürgerhospitals. Das vom Magistrat mit der Prüfung des Antrags beauftragte Revisions- und Organisationsamt bewertete die Vorlage des Gesundheitsamts als die „natürlichste, günstigste und wirtschaftlichste Lösung" des Bettenproblems. „Hiermit", befanden die amtlichen Kontrolleure in ihrer

Oberbürgermeister Walter Kolb überreicht August de Bary (re.) das Bundesverdienstkreuz, Dezember 1952.

Stellungnahme vom 27. Mai 1954, „wird bewährten Einrichtungen karitativer Verbände eine grössere Wirtschaftlichkeit ermöglicht, wobei die finanzielle Belastung der Stadt Frankfurt neben der Übernahme der erforderlichen Bürgschaften lediglich in einer vorübergehenden Zinssubvention besteht, eine Belastung die unvergleichlich geringer ist, als wenn die Stadt den für eine ausreichende Versorgung der Bevölkerung mit Krankenbetten notwendigen Bedarf durch Errichtung eigener Häuser decken würde."[245] Der Magistrat beschloss daraufhin am 14. Juni 1954 für die von den freigemeinnützigen Krankenhausträgern zur Finanzierung der geplanten Bauprojekte benötigten Darlehen von summa summarum 11,5 Millionen Mark die selbstschuldnerischen Bürgschaften zu übernehmen und bei Bedarf zur Aufrechterhaltung einer wirtschaftlichen Betriebsführung Zinsverbilligungszuschüsse zu gewähren. Einer der Hauptnutznießer des städtischen Förderprogramms sollte das Bürgerhospital sein.

Der Aus- und Umbau des Bürgerhospitals wurde für den neuen Administrationsvorsitzenden der Dr. Senckenbergischen Stiftung, den Arzt Herrmann Günther, zur Bewährungsprobe. August de Bary hatte sich spätestens seit dem Sommer 1953 mit dem Gedanken getragen, aus Altersgründen auf

Richtfest des Bettenhauses in der Richard-Wagner-Straße, Frühjahr 1956.

den Vorsitz zu verzichten. Schon die Aufgabe der Arztpraxis war dem 79-jährigen nicht leicht gefallen. Als de Bary wenige Wochen nach seinem achtzigsten Geburtstag die Leitung der Administration am 26. März 1954 niederlegte, wurde er in Anerkennung seiner großen Verdienste um die Dr. Senckenbergische Stiftung

zum Ehrenvorsitzenden auf Lebenszeit ernannt. Die Uhr August de Barys war jedoch schon fast abgelaufen, er starb am 10. Oktober 1954 an den Folgen eines Herzinfarktes. Mit dem Frauenarzt Herrmann Günther hatte am 26. März 1954 de Barys Favorit das Amt des Administrationsvorsitzenden übernommen. Günther hatte der Administration schon einmal von 1941 bis 1946 angehört und war im Mai 1952 in das Gremium zurückgekehrt. Innerhalb der Sitzung, in der Günther in die Fußstapfen de Barys trat, wurde die Administration um den Arzt Paul Roediger ergänzt.[246]

Die ersten Entwürfe für den Bau eines Bettenhochhauses auf dem Gelände des Bürgerhospitals stammten noch aus der Amtszeit August de Barys. Das Stadtgesundheitsamt hatte im Mai 1953 mit der Anfrage, ob die Administration in Anbetracht des akuten Bettenmangels einen Ausbau des Bürgerhospitals beabsichtige, den Stein ins Rollen gebracht. Durch das städtische Interesse ermutigt, beauftragte die Administration das Architektenbüro Walrat von und zur Mühlen und Helmuth Hartwig, das ohnedies mit dem Wiederaufbau des Schwesternhauses befasst war, mit der Planung eines Bettenhauses. Das Ergebnis zahlreicher Gespräche wurde in der Administrationssitzung vom 1. März 1955 in Form eines Architekturmodells vorgestellt. Demnach sollte in drei Bauabschnitten nacheinander ein achtstöckiges Bettenhaus errichtet, der Altbau umgestaltet und auf einem nahe gelegenen Grundstück ein Personalwohnhaus erbaut werden. Mit dem Bauprogramm ging ein Anstieg der Bettenkapazität von 270 auf 450 Plätze einher, was sich auch auf die Wirtschaftlichkeit des Hospitalbetriebs positiv auswirken sollte. Die reinen Baukosten wurden von den Architekten auf viereinhalb bis fünf Millionen Mark veranschlagt. Um die Beschaffung der erforderlichen Geldmittel kümmerte sich das Mitglied der Administration Albert von Metzler. Dem hoch angesehenen Bankier war es zu verdanken, dass sich die Stadtsparkasse, die Frankfurter Sparkasse von 1822, die Nassauische Sparkasse und die Hessische Landesbank bereit erklärten, der Dr. Senckenbergischen Stiftung unter Bürgschaft der Stadt vier Darlehen über jeweils 1,25 Millionen Mark zu gewähren.

Zur Sicherung der Bürgschaft sollte die Stiftung als Eigentümerin der Krankenhaus-Liegenschaft der Stadt Frankfurt eine Grundschuld von fünf Millionen Mark bestellen.[247]

Die wachsende Verschuldung des Bürgerhospitals bereitete der Senckenbergischen Stiftung zunehmend ernste Sorgen. Um das Vermögen der Stiftung vor dem Zugriff der Geldgeber, sprich der Stadt, zu schützen, beschloss die Administration am 15. März 1955 die Umwandlung des Bürgerhospitals in einen eingetragenen Verein. In der ersten Mitgliederversammlung des Bürgerhospitals e. V. fasste der Vorsitzende Herrmann Günther den Sinn und Zweck der Vereinsgründung zusammen: „Der Grund war einmal der, dass die finanzielle Belastung durch die von der Stadt Frankfurt am Main gewährten Zuschüsse, die vorläufig in der Bilanz als Darlehen erscheinen, derart hoch geworden waren, dass man fürchtete, die Stadt könne eines Tages das Vermögen der Stiftung dafür in Anspruch nehmen. Zum anderen hätten die Vertreter der Stadt bei früheren Besprechungen über die Errichtung des Neubaues gefordert, dass sie Sitz und Stimme in dem neuen Verein erhielten. Wesentlich sei noch, dass die Stiftung Eigentümerin der bestehenden Grundstücke und der noch zu errichtenden Gebäude bleibe, der Verein lediglich den Bau errichte und Darlehensschuldner sei. Die Stiftung hafte also nur mit den Grundstücken, während das Restvermögen unangetastet bleibe."[248] Personelle Überschneidungen gewährleisteten, dass die Leitung des Bürgerhospitals auch nach der Übertragung der Betriebsführung auf den Verein letztlich bei der Stiftung lag. So stand künftig der Vorsitzende der Senckenbergischen Stiftung in Personalunion auch an der Spitze des Bürgerhospitals e. V. In dem sechsköpfigen Vereinsvorstand waren neben dem Administrationsvorsitzenden der stellvertretende Vorsitzende und der Schatzmeister der Administration, der Ärztliche Direktor des Bürgerhospitals sowie der Stadtkämmerer und der Frankfurter Gesundheitsdezernent vertreten. Der erste von der Mitgliederversammlung des Bürgerhospitals e. V. am 15. Juni 1955 gefasste Beschluss gab für die Aufnahme eines Darlehens in Höhe von

Das neue Bettenhochhaus des Bürgerhospitals, 1964.

Das Krankenhauslabor im Erdgeschoss des Bettenhauses, um 1960.

4,5 Millionen Mark zur Finanzierung der Aus- und Umbaumaßnahmen grünes Licht.[249]

Bettenhochhäuser galten in der Mitte der fünfziger Jahre als das Nonplusultra in der Krankenhausarchitektur. In Schweden und in der Schweiz, den damals im Krankenhausbau führenden Nationen, hatte sich diese Bauweise zudem als die kostengünstigste Lösung erwiesen. Dem Etat für das Bauprojekt des Frankfurter Bürgerhospitals waren enge Grenzen gesetzt. Bei einem Rundgang durch das mit den ersten Patienten belegte Bettenhochhaus betonte der Vereinsvorsitzende Herrmann Günther am 28. Januar 1957 gegenüber den Vertretern der Presse: „Alles, was zur Pflege des Kranken notwendig ist und seiner Bequemlichkeit dient, wurde geschaffen, von jedem Luxus aber abgesehen."[250] Im Keller des auf hartem Kalkstein innerhalb von

17 Monaten erbauten 225-Betten-Hauses arbeitete als Heizzentrale des gesamten Bürgerhospitals eine wahlweise mit Koks oder Öl zu befeuernde Warmwasser-Pumpenheizung. Das Erdgeschoss beherbergte eine Bäderabteilung mit Therapieeinrichtungen und das Krankenhauslabor. Darüber waren auf sieben Stockwerken etagenweise drei medizinische und drei chirurgische Stationen sowie eine Augenabteilung mit eigenem Operationsraum untergebracht. Sämtliche Krankenzimmer lagen auf der Südwestseite des Gebäudes und verfügten über Balkone. In der Regel waren die Zimmer mit fünf Patienten belegt und mit Einbauschränken aus Birnbaumholz und abtrennbaren Waschgelegenheiten ausgestattet. Neben den Fünf- gab es auf jeder Station eine Anzahl Ein- und Zweibettzimmer. Der achte Stock, von dem sich ein herrlicher Rundblick über Frankfurt und die Region bot, war für Schwesternunterkünfte und eine Sonnenterrasse für chirurgische Tuberkulose-Patienten bestimmt. Das Bettenhochhaus wurde am 15. Mai 1957 in Verbindung mit einer Gedenkfeier anlässlich des 250sten Geburtstages des Stifters Johann Christian Senckenberg offiziell eingeweiht und nach August de Bary benannt. Das „August de Bary-Haus" ließ, nach den Worten des neuen Frankfurter Oberbürgermeisters Werner Bockelmann, „ein kommunales Herz höher schlagen."[251] Die Verantwortlichen des Bürgerhospitals ließ hingegen das Grußwort des Vertreters aus dem Hessischen

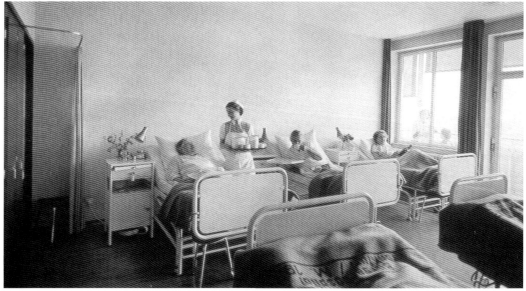

Fünfbettzimmer im Bettenhochhaus.

Innenministerium, Regierungsrat Manger-König, aufhorchen, der außer den üblichen Wünschen die konkrete Zusage aus Wiesbaden überbrachte, das Land werde sich an den Kosten für den Umbau des Hauptgebäudes beteiligen.

Die Bauarbeiten im Altbau hatten im April 1956 im Ostflügel begonnen und sollten im Westflügel 1959 zum Abschluss kommen. Der nach der Nibelungenallee um zwei Etagen aufgestockte Ostflügel war pünktlich zur Einweihung des Bettenhochhauses fertig geworden. Gleiches galt für einen dreigeschossigen Verbindungsbau, der den Verkehr zwischen dem Hauptgebäude und dem benachbarten Schwesternhaus erleichterte. Während im Erdgeschoss des Verbindungsbaus die zentrale Spülküche eingerichtet wurde, fand das erste Stockwerk als erweiterte Eingangshalle mit angrenzendem Lehrsaal und die zweite Etage als Speiseraum der Schwestern Verwendung. Damals bekam auch der Haupteingang des Bürgerhospitals an der Stirnseite des Ostflügels ein neues Gesicht. Zur Pforte im ersten Stock führt seither ein breiter, von einer weit ausragenden Stahlbetonplatte überdachter und mit Natursteinstufen belegter Treppenaufgang. Die Liegendaufnahme wurde von den Architekten in das Erdgeschoss des Ostflügels platziert und musste von den Rettungsfahrzeugen über die Nibelungenallee durch Unterfahren der Hospitalpforte angesteuert werden. Von der Aufnahme kamen Notfälle auf direktem Weg in den Operationssaal.[252]

Der Kostenrahmen des Bauprogramms geriet frühzeitig aus den Fugen. Nachdem sich der Erwerb eines Grundstücks für den Neubau von Personalwohnungen zerschlagen hatte, musste der Westflügel des Altbaus zum Teil in Wohnraum umgewandelt werden. Der dadurch im Hauptgebäude entstandene Platzbedarf sollte durch einen im rechten Winkel parallel zur Händelstraße aufgeführten Anbau am Westflügel gedeckt werden. Die zusätzlichen Kosten für den Abriss des alten Maschinenhauses und die Errichtung des viergeschossigen Neubaus beliefen sich auf rund 2,5 Millionen Mark. Unter Berücksichtigung der noch verbliebenen

Haupteingang und Ausfahrt der Liegendaufnahme an der Nibelungenallee, um 1960.

Pforte und Eingangsbereich mit dem spröden Charme der späten Fünfzigerjahre.

Einrichtungskosten für die beiden ersten Bauabschnitte nahm das Bürgerhospital Anfang 1957 weitere Darlehen in Höhe von 3,5 Millionen Mark auf, für die erneut die Stadt Frankfurt bürgte. Das Hessische Innenministerium löste im Mai 1958 das ein Jahr alte Versprechen ein und steuerte zur Einrichtung der Neu- und Erweiterungsbauten des Bürgerhospitals eine erste Zuwendung von 300.000 Mark bei, eine weitere Rate über 200.000 Mark folgte 1959.[253] Der im August 1959 am Westflügel fertig gestellte Funktionstrakt beherbergte zu ebener Erde die Röntgenabteilung und die Prosektur, darüber befanden sich im ersten Obergeschoss die Chirurgische Kinderabteilung, im Zweiten OP-Räume und die zentrale Sterilisation und im Dritten die Entbindungsstation. Der zum Garten gelegene hintere Teil des Westflügels diente zur Ergänzung der Stationen im neuen Funktionstrakt. Im Erdgeschoss des vorderen Westflügels kam die Wäscherei unter, die darüber liegenden Stockwerke wurden zu Personalwohnungen umgestaltet.[254] Das Antlitz des Bürgerhospitals hatte sich innerhalb der vierjährigen Bauzeit

Blicke hinter die Kulissen: Küche und Wäscherei des Bürgerhospitals, um 1960.

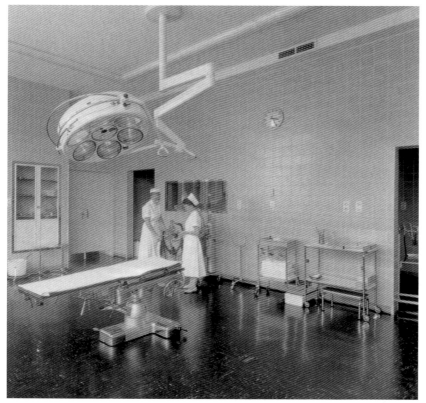

Operationssaal im neuen Funktionstrakt, um 1960.

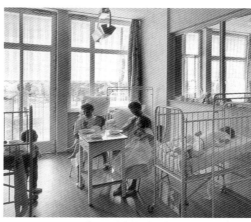

Essenszeit in der Chirurgischen Kinderabteilung.

Am Westflügel angebauter Funktionstrakt.

stark verändert. In dem von Funktionsbauten der Fünfzigerjahre flankierten und überragten historischen Gebäudekomplex begegneten sich Tradition und Moderne.

Die bauliche Erweiterung des Bürgerhospitals bedingte die Verpflichtung zusätzlichen Personals. Im Vergleich zu 1946 war die Zahl der Mitarbeiter bis 1958 von 120 auf 262 gestiegen. Den stärksten Zuwachs hatte es im Bereich der Krankenpflege gegeben, wo sich die Anzahl der Schwestern von 36 auf 115 erhöht hatte. Das Kollegium der Ärzte war von zehn auf 23 Mediziner vergrößert worden. In der Krankenhausverwaltung waren anstelle von sechs nunmehr neun Mitarbeiter beschäftigt. Mit der von 270 auf rund 450 erweiterten Bettenkapazität hat das Bürgerhospital gegen Ende der Fünfzigerjahre einen wichtigen Beitrag zur Linderung der Bettennot in Frankfurt geleistet. Kommunale und private Plätze zusammengerechnet, gab es am 1. März 1958 in der Mainmetropole für rund 640.000 Einwohner exakt 6.801 Krankenhausbetten. Von der empfohlenen relativen

Bettenzahl, die bei 12 bis 14 Plätzen pro 1.000 Einwohner lag, war man in Frankfurt zwölf Jahre nach Kriegsende noch weit entfernt. Die Bettennot sollte auch in den Sechzigerjahren ein Dauerzustand bleiben, dessen Leidtragende die Patienten und das chronisch überlastete Krankenhauspersonal waren.[255]

Das erweiterte Bürgerhospital von Norden (u.) und von Westen, um 1960.

Krankenhäuser in Not
Schwesternmangel und Kostenexplosion
1960 bis 1980

Rein rechnerisch schien Mitte der Sechzigerjahre das Bettenproblem im Frankfurter Krankenhauswesen gelöst. Die Stadt kam im März 1963 dank neu erbauter Anstalten wie dem St. Katharinen-Krankenhaus – im Mai 1960 mit 460 Betten eröffnet – oder der Berufsgenossenschaftlichen Unfallklinik (August 1962, 255 Plätze) auf 8.208 Krankenhausbetten. Unter den 25 Krankenanstalten der Mainmetropole stand das Bürgerhospital 1963 gemessen an der Bettenzahl mit damals 433 Plätzen hinter dem Universitätsklinikum (1.798 Betten), dem St. Markus-Krankenhaus (670), dem Städtischen Krankenhaus Frankfurt-Höchst (667), dem St. Katharinen-Krankenhaus und dem St. Marienkrankenhaus (458) vorübergehend an sechster Stelle. Nachdem 1963 auch noch das von der Stiftung Hospital zum Heiligen Geist errichtete Krankenhaus Nordwest (610 Plätze) fertig geworden war, gab es im Frühjahr 1965 in Frankfurt 8.791 Krankenbetten, was bei einer Bevölkerung von rund 694.000 Personen der idealen relativen Bettenzahl von 13 Plätzen pro 1.000 Einwohnern ziemlich nahe kam. Die Wirklichkeit sah jedoch anders aus.

Eine am 20. Januar 1965 vorgenommene Stichprobe ergab, dass die „Bettennachweis-Liste" der Krankentransport-Leitstelle der Berufsfeuerwehr an diesem Tag für die knapp 700.000 Einwohner ganze drei freie Krankenhausplätze verzeichnete. Und auch in den Tagen zuvor hatten alle Frankfurter Krankenanstalten zusammen nie mehr als zehn freie Betten gemeldet. Bestand Lebensgefahr, konnte die Leitstelle beim Gesundheitsamt rund um die Uhr und innerhalb kürzester Zeit eine Noteinweisung beantragen. Die vom Amtsarzt ausgesprochene Noteinweisung war für kommunale und freigemeinnützige Krankenhäuser absolut bindend. Selbst wenn die betroffene Anstalt nominell voll belegt war, musste die Krankenhausleitung die Aufnahme durch das Aufstellen von Notbetten ermöglichen. Die Hauptursache des anhaltenden Bettenmangels lag in dem extrem hohen Anteil auswärtiger Patienten von bis zu vierzig Prozent. Weitere Gründe für die Überlastung der Krankenhäuser waren die nachlassende Bereitschaft zur häuslichen Pflege, die steigende Lebenserwartung und die lange Verweildauer der Patienten, die 1962 im Bürgerhospital durchschnittlich fast 21 Tage betrug.[256]

Für die Krankenhausträger rückte unterdessen ein neues Problem in den Vordergrund: der Schwesternmangel. Der ständige Aus- und Neubau von Krankenhäusern hatte zu einem wachsenden Bedarf an examinierten Krankenschwestern geführt, der nicht gedeckt werden konnte. Vergleichsweise geringe Verdienstmöglichkeiten und schlechte Arbeitsbedingungen machten die Tätigkeit als freie, keinem karitativen oder kirchlichen Verband angehörende Krankenschwester nicht eben zu einem beliebten Berufsziel. Um 1955 lag das Anfangsgehalt einer Schwester im Schnitt etwa zwanzig Prozent unter dem einer ungelernten Arbeiterin in der Elektro- oder Metallindustrie. Während in der Metallindustrie bereits die 40-Stunden-Woche herrschte, betrug 1957 die tarifliche Wochenarbeitszeit für das Krankenpflegepersonal noch 54 Stunden. Schrittweise wurde die Arbeitszeit im Pflegebereich zwischen 1960 und 1970 von 48 auf 44 Stunden in der Woche reduziert, was für die Krankenhausträger jeweils mit zusätzlichem Personalbedarf und erheblichem Kostenaufwand verbunden war. Außer an fehlender Freizeit litt das Pflegepersonal im Allgemeinen unter zu großen Stationen, pflegefremden Tätigkeiten (Putzen) und mangelnder Rücksichtnahme der Ärzte. Entsprechend groß war die Zahl derjenigen, die dem Beruf nach einiger Zeit wieder den Rücken kehrten.[257]

Lotte Mahler und der neue Chefarzt der Chirurgischen Klinik, Günther Vetter, Januar 1965.

befanden sich auf jeder Etage 17 Einzelzimmer zu elf Quadratmetern und eine Gemeinschaftsküche. Ab November 1961 wurden die Bewohner der Nibelungenallee 56 und des Westflügels im Hauptgebäude in das bezugsfertige Personalwohnhaus Richard-Wagner-Straße 36 umquartiert. Die im vorderen Westflügel gewonnenen Flächen fanden damals als Unterkünfte für Schwestern-Vorschülerinnen (erste Etage), Diensträume von Ärzten (zweite Etage) und Krankenzimmer der Frauenklinik (dritte Etage) Verwendung.[259]

Da war selbst Charlotte Mahler machtlos, die als Ärztliche Direktorin des Bürgerhospitals der hauseignen Krankenpflegeschule bis 1964 vorstand und die gewissenhafte Ausbildung der Schwestern verantwortete. Auf dem Gebiet der plastischen und der Kinder-Chirurgie galt Mahler längst über die Stadtgrenzen hinweg als Koryphäe. Neben der ärztlichen Kunst begründete aber auch ihr warmherziges Wesen den hohen Beliebtheitsgrad bei den Mitarbeitern des Hospitals und in der Frankfurter Bevölkerung. Die Tugenden der Ärztin aus Berufung haben, so die Frankfurter Neue Presse vom 5. November 1964, „die besondere menschliche Atmosphäre geschaffen, für die das Bürgerhospital in und um Frankfurt bekannt sei."[258]

Im Kampf gegen den Schwesternmangel setzten die Krankenhausträger auf den Bau von preiswerten Personalwohnungen. Ursprünglich als dritter Abschnitt des 1955 beschlossenen Bauprogramms geplant, konnte das vom Bürgerhospital dringend benötigte Personalwohnhaus erst im November 1961 verspätet seiner Bestimmung übergeben werden. Durch Vermittlung von Stadtrat Karl Altheim hatte die Dr. Senckenbergische Stiftung im September 1959 ein 862 Quadratmeter großes, im oberen Teil der Richard-Wagner-Straße gelegenes Grundstück für 35.000 Mark erworben. Das Bürgerhospital e. V. pachtete das Baugelände von der Stiftung und errichtete darauf innerhalb kurzer Zeit ein vierstöckiges Wohnheim. In dem architektonisch nicht besonders anspruchsvollen kastenförmigen Gebäude

Nach dem Auszug sämtlicher Mieter wurde auch die Liegenschaft Nibelungenallee 56 von der Senckenbergischen Stiftung an das Bürgerhospital e. V. verpachtet und anschließend in ein Wohnheim für 16 Diakonieschwestern umgebaut. Seit 1. Juli 1962 diente das dem Haupteingang des Bürgerhospitals gegenüber gelegene Gebäude Nibelungenallee 56 nur noch als Schwesternunterkunft. Als 1965 die Angleichung der 51 Stunden betragenden Wochenarbeitszeit der Diakonieschwestern an die 47-Stunden-Woche der freien Schwestern erwogen wurde, stellte sich

Das Personalwohnhaus Richard-Wagner-Straße 36, um 1962.

erneut die Frage nach der Schaffung zusätzlichen Wohnraums für die gegebenenfalls erforderlichen Neueinstellungen. Der dafür ins Auge gefasste Ausbau der Dachterrasse auf dem Bettenhochhaus zu einem kompletten achten Stockwerk nebst Aufstockung um eine neunte Etage erwies sich mit veranschlagten Kosten von 1,2 Millionen Mark allerdings als zu aufwendig. Einige Jahre später sollte die Dachterrasse doch noch zum Wohle des Krankenhauspersonals umgestaltet werden. Auf luftiger Höhe wurde 1973 die im achten

Stockwerk des Bettenhochhauses befindliche Sonnenterrasse in einen Speisesaal für die Beschäftigten des Bürgerhospitals umgebaut.[260]

Zur Entlastung der Krankenschwestern wurde 1963 ein neuer Ausbildungsberuf kreiert: die Krankenpflegehelferin beziehungsweise der Krankenpflegehelfer. Bei relativ niedrigen Einstellungsvoraussetzungen und nach nur einjähriger Ausbildungszeit sollten die Pflegehelfer den Vollschwestern zur Hand gehen. Aus dem Krankenhausalltag schon bald nicht mehr wegzudenken waren die im April 1961 erstmals in Erscheinung getretenen, im Volksmund kurz „Zivis" genannten Zivildienstleistenden. Seit Verkündung des Gesetzes über den zivilen Notdienst am 13. Januar 1960 konnten Wehrpflichtige den Dienst mit der Waffe aus Gewissensgründen verweigern und dafür einen zunächst auf zwölf Monate befristeten

Ankunft südkoreanischer Krankenschwestern auf dem Frankfurter Flughafen, Juni 1966.

Ersatzdienst in einer dem Allgemeinwohl dienenden sozialen Einrichtung absolvieren. Die Mitglieder der ersten Frankfurter „Friedensdienstgruppe" wurden im April 1961 in verschiedenen Hospitälern, zu denen auch das Bürgerhospital gehörte, als Hilfspfleger, Handwerker oder Fahrer eingesetzt. Im Jahr 2004 arbeiteten in der Regel dreißig Zivildienstleistende im Bürgerhospital.[261]

Der Arbeitsmarkt war um 1965 wie leer gefegt. In der Bundesrepublik herrschte

Vollbeschäftigung, auf insgesamt rund 100.000 Arbeitslose kamen 600.000 offene Stellen. Entsprechend erfolglos verlief im Frühjahr 1965 die Suche des Bürgerhospitals nach zusätzlichem Pflege- und Hauspersonal. Auf über 45 in lokalen und überregionalen Tageszeitungen geschaltete Stellenanzeigen meldete sich kein geeigneter Kandidat. Innerhalb eines Jahres schrumpfte 1964/65 die Mitarbeiterzahl des Bürgerhospitals von 342 auf 333 – Ersatz sollte aus dem fernen Osten eintreffen. Auf Vermittlung des am Höchster Stadtkrankenhaus beschäftigten Kinderarztes Suk Kil Lee und des Vorsitzenden des Hofacker-Verbandes, Theodor Schultheiß, kam 1966 ein befristetes Engagement südkoreanischer Krankenschwestern zustande. 128 koreanische Schwestern landeten am 31. Januar 1966 auf dem Rhein-Main-Flughafen, um für drei Jahre in Frankfurter Krankenhäusern und Heimen mitzuhelfen. Frankfurt setzte als erste deutsche Stadt Koreanerinnen in der Krankenpflege ein. Im Bürgerhospital waren seit Februar 1966 13 südkoreanische Schwestern im Einsatz, die nach Überwindung der Sprachbarrieren bei den Patienten wegen ihres freundlichen Auftretens bald sehr beliebt waren. Auf die erste Gruppe folgten im Mai und Juni 1966 weitere Schwesternkontingente aus Südkorea, die auf Krankenhäuser in Frankfurt, Offenbach, Mainz und Hanau verteilt wurden. Nach der Einstellung tschechischer (1969) oder auch indonesischer (1972) Krankenschwestern arbeiteten 1973 bereits zwanzig Nationalitäten im Bürgerhospital. Der Mangel an Pflegepersonal hielt trotz der Anwerbung ausländischer Arbeitskräfte an. In den 22 Frankfurter Krankenhäusern und Kliniken waren im Februar 1969 von 3.850 Planstellen für Krankenschwestern nur 3.370 besetzt. Jede achte Krankenschwesternstelle war vakant.[262]

Die Zukunft der Krankenpflege stand und fiel mit der Nachwuchsförderung. Bis auf wenige Ausnahmen unterhielten alle Frankfurter Krankenanstalten eigene Krankenpflegeschulen als Reservoire für Nachwuchskräfte. Die Schule im Bürgerhospital umfasste 1966 35 Plätze und war sehr beengt. Für den Unterricht aller Klassen stand nur ein etwa sechzig Quadrat-

Chefarzt Kurt Hanf-Dressler unterrichtet in der Krankenpflegeschule des Bürgerhospitals, 1961.

meter großer Raum zur Verfügung, so dass Veranstaltungen gelegentlich in den Schwesternspeisesaal oder die Ärztebibliothek ausweichen mussten. Ein Zuschuss aus dem Wissenschaftlichen Fonds der Dr. Senckenbergischen Stiftung ermöglichte 1968 die Erweiterung der Krankenpflegeschule um zwei Unterrichtsräume, eine Lehrküche sowie einen Demonstrations- und Laborraum. 1968 drückten 38 angehende Krankenschwestern im Bürgerhospital die Schulbank. Die Dauer der Ausbildung zur Krankenschwester, die seit 1938 bei zwei Jahren gelegen hatte, war 1957 auf drei Jahre mit insgesamt 450 Stunden Unterricht verlängert worden. Die Intensität der nach wie vor dreijährigen Ausbildungszeit zog 1965 noch einmal deutlich an, indem die Zahl der theoretischen und praktischen Unterrichtsstunden auf 1.200 heraufgesetzt wurde. Bewerberinnen um einen Ausbildungsplatz mussten mindestens 18 Jahre alt sein und entweder einen Realschulabschluss oder die mittlere Reife vorweisen können. Ambitionierten Schwestern bot eine sechsmonatige Fortbildung zur Stations- und Operations-

schwester die Möglichkeit, sich beruflich zu verbessern. Die Fachweiterbildung Intensivpflege wird erst seit 1976 staatlich anerkannt und dauert zwei Jahre.[263]

Beim Anblick der blinkenden Anzeige- und Schalttafeln in der neuen Intensiv-Pflegestation des Bürgerhospitals fühlten sich im Mai 1968 viele Patienten und Besucher „wie in einem Raumschiff."[264] Innerhalb der Frankfurter Krankenhauslandschaft war die Ausstattung einer Medizinischen Klinik mit einer Intensivstation ein Novum. Der Initiator der neuen Einrichtung und Chefarzt der Inneren, Kurt Hanf-Dressler, reagierte damit auf den dramatischen Anstieg der Herz-Kreislauf-Erkrankungen, insbesondere aber der Infarkte. Die Intensiv-Pflegestation des Bürgerhospitals verfügte über zwölf Betten und diente zugleich als Aufnahmestation für internistische Notfälle. „Die apparative Dauerüberwachung der Patienten", zeigte sich ein Redakteur der „Frankfurter Rundschau" von der modernen Medizintechnik beeindruckt, „ermöglicht eine fortlaufende genaue Kontrolle ihres Kreislaufs.

Wird der eingestellte Grenzwert überschritten, gibt die Schaltzentrale optisch, und, wenn sie danach eingestellt ist, akustisch Alarm. Jeder schrille Piepton ist ein Herzschlag, und oft klingt es nach höchster Bedrängnis. Automatisch zeichnet der Apparat das Elektrokardiogramm (EKG) auf, und über den Oszillograph geistert metallisch leuchtend die Kurve eines gefährdeten Lebens."[265]

Eine weitere Innovation, die in Hanf-Dresslers Amtszeit als Ärztlicher Direktor des Bürgerhospitals von 1964 bis 1971 fiel, war die Errichtung einer Bettenzentrale. Dass gebrauchte Betten künftig nicht mehr auf den Stationen frisch bezogen werden sollten, entlastete das Pflegepersonal und bot die Gewähr für eine sachgemäße Desinfektion der Krankenbetten. An die Wäscherei anschließend und entlang der Händelstraße erbaut, konnte die Bettenzentrale Anfang 1970 in Betrieb genommen werden. Der bei den Patienten beliebte Hanf-Dressler kam 1971 während eines Skiurlaubs an seinem 67sten Geburtstag auf tragische Weise ums Leben. In der Nähe des Silvretta-See-Hotels im Bill-Tal wurde der Internist aus Frankfurt am 24. Februar 1971 mit

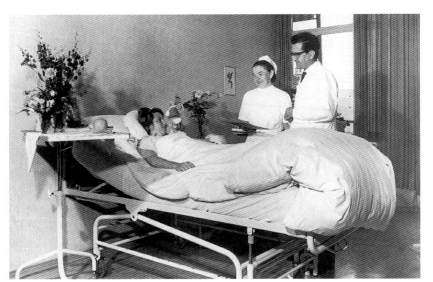

Der Chefarzt der Frauenklinik, Professor Helmut Wagner, macht in Begleitung einer Schwester Visite, um 1961.

seiner Frau von einer Staublawine erfasst und in die Tiefe gerissen.[266] Was zu Hanf-Dresslers Lebzeiten kaum jemand wusste, machte Valentin Senger, der als einer der wenigen Frankfurter Juden die NS-Diktatur in seiner Vaterstadt unerkannt überlebt hatte, in

dem 1978 veröffentlichten Tatsachenroman „Kaiserhofstraße 12" publik. Demnach hat Hanf-Dressler, der 1934 pro forma der SA beigetreten war, Senger 1938/39 in seiner Privatklinik im Westend behandelt, ohne ihn zu denunzieren. Und Senger war offenbar kein Einzelfall. Bis zur Zerstörung der Klinik bei einem Luftangriff und seiner anschließenden Notdienstverpflichtung nach Gelnhausen im Jahr 1944 hat Hanf-Dressler eine ganze Reihe jüdischer Patienten heimlich behandelt und zudem eine jüdische Ärztin unter falschem Namen als Krankenschwester beschäftigt.[267]

Nach dem plötzlichen Verlust des Chefarztes und Ärztlichen Direktors sah sich der Vorstand des Bürgerhospitals e. V. umgehend nach Ersatz um und wurde schnell fündig. Für die Chefarztposition an der Medizinischen Klinik des Bürgerhospitals konnte der Leitende Oberarzt der I. Medizinischen Universitätsklinik Kiel, Professor Dr. med. Ulrich Gottstein, gewonnen werden, der sich vor allem auf dem Gebiet der Herz-Kreislauf-Erkrankungen sowie der Durchblutungsstörungen des Gehirns im In- und Ausland einen Namen gemacht hatte. Das Amt des Ärztlichen Direktors übernahm auf zwei Jahre der Chefarzt der Frauenklinik, Professor Dr. med. Helmut Wagner. Gemeinsam wurden Gottstein und Wagner am 2. April 1971 in ihre Ämter eingeführt. Da Wagner seine Amtszeit von vornherein begrenzt hatte, folgte ihm 1973 der Chefarzt der Röntgenabteilung Dr. med. Johannes Köhler, der sich in den beiden nächsten sehr ereignisreichen Jahrzehnten als Ärztlicher Direktor für das Hospital engagierte. Ein weiterer Wechsel vollzog sich 1973 an der Spitze des Evangelischen Diakonievereins im Bürgerhospital: Margret Gramzow löste die gesundheitlich angeschlagene Oberin Dora Bussemer ab, die der Schwesternschaft seit 1952 vorgestanden hatte. Der Administrationsvorsitzende der Senckenbergischen Stiftung und Chefarzt des Rot-Kreuz-Krankenhauses, Dr. med. Otto Wilhelm Lürmann, betonte bei der Verabschiedung Bussemers in seiner Ansprache die Bedeutung des Zusammenwirkens von Schwestern und Ärzten: „Die Arbeit am Krankenbett beruht auf zwei Säulen: Schwesternschaft und Ärzte-Team, beide auf den Fundamenten: Wissenschaft und

Humanität. Wenn das der Fall ist, wenn die Schwesternschaft und die Ärzteschaft nicht isoliert nebeneinander stehen, sondern wenn beide eine gemeinsame Arbeit leisten, in Trennung der Aufgaben, aber in Harmonie des Wollens und mit dem gleichen Ernst der Zielsetzung, dann steht es gut um ein Krankenhaus."[268]

Die dritte Säule des Krankenhausbetriebs bildete die mehr im Hintergrund arbeitende Verwaltung. Zum täglichen Brot des Verwaltungsdirektors Emil Caprano gehörten die Betriebsorganisation, das Personal- und Rechnungswesen oder das Aufstellen von Haushaltsplänen und Jahresabschlüssen. Caprano stand seit November 1959 in Diensten des Bürgerhospitals, zunächst als stellvertretender Direktor und von 1963 bis 1975 als leitender Verwaltungsdirektor. Dass der Hospitalbetrieb nicht aus den roten Zahlen kam, erfüllte Caprano mit steter Sorge.[269] Finanziell hingen die freigemeinnützigen Krankenhäuser am Tropf der Stadt. Die Mehrzahl der privaten Krankenanstalten konnte sich zwischen 1958 und 1972 nur über Wasser halten, weil die Stadt Frankfurt die jährlichen Betriebsverluste mit zinslosen Darlehen ausglich und diese von Zeit zu Zeit in verlorene Zuschüsse abänderte. So beschlossen der Magistrat und die Stadtverordnetenversammlung im Herbst 1960 die Umwandlung sämtlicher bis dahin den freigemeinnützigen Krankenhäusern gewährten zinslosen Darlehen in Betriebszuschüsse, wodurch das Bürgerhospital mit einem Schlag von einem Verlustvortrag von fast fünf Millionen Mark befreit wurde. Im Gegenzug mussten die Krankenhausträger der Kommune Rechenschaft über die Verwendung der öffentlichen Gelder geben und am Noteinweisungsverfahren der Krankentransport-Leitstelle teilnehmen. Das Kardinalproblem der Krankenhausfinanzierung waren die zu keiner Zeit die Selbstkosten deckenden Pflegesätze der Krankenkassen. Für einen dritter Klasse liegenden Patienten zahlten die Kassen dem Bürgerhospital 1966 einen Pflegesatz von 34,20 Mark am Tag. Da derselbe Patient den Krankenhausetat mit Selbstkosten von über 44 Mark belastete, konnte das Bürgerhospital e. V. keine schwarze Zahlen schreiben.[270] Die freigemeinnützigen Krankenanstalten blieben auf die Finanzspritzen der Stadt angewiesen. Der Frankfurter Stadtkämmerer hatte das Gesundheitswesen im Haushaltsplan für 1969 mit rund siebzig Millionen Mark berücksichtigt. Den Löwenanteil des Gesundheitsetats verschlangen mit 65 Millionen die Krankenanstalten. Mit circa dreißig Millionen Mark bezuschusste die Stadt das seit 1967 vom Land Hessen getragene Universitätsklinikum, 15 Millionen flossen an das Städtische Krankenhaus Höchst und die restlichen zwanzig Millionen Mark kamen den freigemeinnützigen Krankenanstalten zugute.[271]

Das Frankfurter Gesundheitswesen wurde 1969/70 auf Herz und Nieren geprüft. Die Stadtverordnetenversammlung hatte den Magistrat beauftragt, einen Gesundheitsplan für Frankfurt zu entwerfen, der den Kommunalpolitikern im nächsten Jahrzehnt als Entscheidungshilfe dienen sollte. Das im Stadtgesundheitsamt erarbeitete und im Herbst 1970 vorgelegte Grundsatzpapier prognostizierte für die Siebzigerjahre eine erhebliche Zunahme an Patienten mit Alters- und Zivilisationskrankheiten wie Herz-Kreislauf-Erkrankungen, Krebs, Stoffwechselkrankheiten oder seelischen Störungen. Der Engpass in der Inneren Medizin war inzwischen notorisch. Bei fast allen 8.760 Noteinweisungen, die im Jahr 1968 in Frankfurt angeordnet wurden, hatte es sich um internistische Fälle gehandelt.[272] Um den drohenden Kollaps abzuwenden, sollten in den nächsten Jahren circa 150 Betten weniger frequentierter Disziplinen, wie zum Beispiel der Gynäkologie, den Inneren Abteilungen zugeteilt werden. Für den rationellen Einsatz kostspieliger Geräte empfahlen die Autoren des Gesundheitsplans die Reduzierung und Konzentration von Spezialdisziplinen auf wenige ausgewählte Krankenanstalten.

Die erwartete verstärkte Inanspruchnahme der Krankenhäuser sollte auch über die Verkürzung der durchschnittlichen Verweildauer der Patienten von 20,6 auf 18,5 Tage und die Schaffung von Abteilungen für Chronisch- und Langzeitkranke bewältigt werden. Um die apparativen und personellen Kapazitäten der Hospitäler besser auszuschöpfen, favorisierten

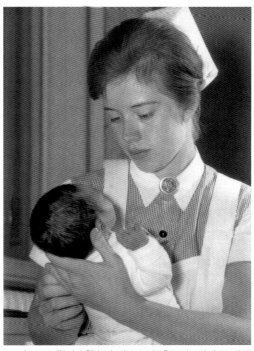

In guten Händen. Diakonieschwester im Bürgerhospital, um 1965.

die städtischen Gesundheitsplaner die ambulante Vordiagnostik und Nachsorge bei stationär behandelten Kassenpatienten, wofür allerdings der Gesetzgeber das Kassenarztrecht beziehungsweise die Reichsversicherungsordnung ändern musste. „Ziel der Frankfurter Planung auf dem Gebiet des Krankenhauswesens ist es", so das übergeordnete Fazit des Ende 1971 verabschiedeten Papiers, „in absehbarer Zeit jedem Patienten ohne Rücksicht auf seine Pflegeklasse die bestmögliche ärztliche und pflegerische Versorgung zu gewähren."[273] In Übereinstimmung mit den Empfehlungen des Gesundheitsplans hob das Bürgerhospital 1971 seine beiden Privatstationen auf und vereinheitlichte kurzfristig die Krankenverpflegung und die Besuchszeiten. Die Patienten durften nunmehr werktags von 17 bis 18 und sonntags von 14 bis 16 Uhr Besucher empfangen. Große Hoffnungen setzten die kommunalen Gesundheitspolitiker auf die neue sozialliberale Bundesregierung und die geplante Änderung der Bundespflegesatzverordnung sowie die bevorstehende Verabschiedung des Krankenhausfinanzierungsgesetzes, von denen eine deutliche Entlastung der städtischen Haushalte erwartet wurde.[274]

Die Weichen für die Neuregelung der Krankenhausfinanzierung hatte die 1966 von CDU/CSU und SPD gebildete Große Koalition gestellt, indem sie die Gestaltungskompetenz für diesen Teilbereich des Gesundheitswesens durch eine Gesetzesänderung dem Bund übertrug. Nach dem 1969 vollzogenen Machtwechsel verabschiedete die neue Regierungskoalition aus SPD und FDP das Krankenhausfinanzierungsgesetz. Das Gesetz trat zum 1. Juli 1972 in Kraft und bot im April 1973 die Grundlage für den Erlass einer Bundespflegesatzverordnung. Begünstigt wurde die erste große Krankenhausreform durch einen nachhaltigen Aufschwung der Konjunktur seit 1968, der dem Bund und den Ländern wachsende Steuereinnahmen und den Krankenkassen steigende Beitragszahlungen bescherte. Dadurch waren zu Beginn der Siebzigerjahre die finanziellen Spielräume und die gesellschaftlichen Rahmenbedingungen für eine Reform des Krankenhauswesens gegeben.[275]

Das System der dualen Finanzierung und das Prinzip der Selbstkostendeckung bildeten die Kernpunkte des Krankenhausfinanzierungsgesetzes von 1972. Von der sozialliberalen Regierungskoalition wurde die Vorhaltung von Krankenhäusern als öffentliche Aufgabe anerkannt, die nicht allein den Beitragszahlern der gesetzlichen Krankenversicherung aufgebürdet werden konnte. Krankenkassen und Staat sollten sich die Krankenhauskosten teilen, wobei die öffentliche Hand die Investitionskosten übernahm. Für eine bedarfsgerechte Versorgung der Bevölkerung hatten die Länder auf mehrere Jahre angelegte Krankenhauspläne aufzustellen. Nur mit einer bestimmten Bettenzahl im Krankenhausbedarfsplan vorgesehene Anstalten kamen in den Genuss der staatlichen Investitionsförderung. Die Subventionen wurden pauschal pro Bett und Jahr und als gesondert zu beantragende Einzelförderungen für Großprojekte gewährt. Nicht im Bedarfsplan enthaltene Krankenhäuser hatten keine Zukunft, da auch der Anspruch auf Deckung der „Selbstkosten eines sparsam wirtschaftenden und leistungsfähigen Krankenhauses"[276] an die Aufnahme in den Krankenhausplan des Landes gekoppelt war. Die Höhe der Pflegesätze legte nach vorheriger Verhandlung zwischen Krankenhäusern und Kostenträgern weiterhin der hessische Sozialminister fest, nunmehr allerdings „ohne Abzug der herkömmlich geleisteten öffentlichen Betriebszuschüsse und ohne Berücksichtigung der Leistungsfähigkeit der Sozialversicherungsträger."[277] Die Nichtanrechnung der bislang mehr oder weniger freiwillig gezahlten Zuschüsse befreite die Kommune von einer Zentnerlast. Hatte Frankfurt vor dem In-Kraft-Treten des Krankenhausfinanzierungsgesetzes 22 im Stadtgebiet betriebene Anstalten zuletzt mit rund 105 Millionen Mark im Jahr unterstützt, so zahlte die Kommune 1976 „nur" noch 41,4 Millionen Mark Krankenhausumlage an das Land und etwa zwanzig Millionen für das Universitätsklinikum. Die 1972er Krankenhausreform bezweckte die „wirtschaftliche Sicherung der Krankenhäuser, um eine bedarfsgerechte Versorgung der Bevölkerung mit leistungsfähigen Krankenhäusern zu gewährleisten und zu sozial tragbaren Pflegesätzen beizutragen."[278] Mit der finanziellen Absicherung der Krankenanstalten zu erträglichen Pflegesätzen wollten die Reformer das Unmögliche möglich machen.

Es hatte den Anschein, als ob nach 1972 in den Krankenhäusern die Kosten explodierten. Die Krankenkassen waren aufgrund der im Krankenhausfinanzierungsgesetz verankerten Deckung der Selbstkosten von einem deutlichen Anstieg der Pflegesätze ausgegangen, doch vom tatsächlichen Ausmaß der Kostenlawine wurden selbst Experten überrascht. Innerhalb von fünf Jahren schnellten in der Bundesrepublik die Ausgaben der Kostenträger für Krankenhausbehandlungen von circa sechs Milliarden Mark (1970) auf 17,5 Milliarden im Jahr 1975 hinauf. Der allgemeine Pflegesatz des Bürgerhospitals verdoppelte sich zwischen 1972 und 1974 von 72,30 auf fast 134 Mark. Die Krankenhausträger gerieten wegen der davongaloppierenden Pflegesätze ins Kreuzfeuer der Kritik. Zu Unrecht, denn nicht die Verschwendungssucht der Kliniken, sondern die vom Gesetzgeber gewollte Umverteilung der Lasten hatte zu der vermeintlichen Kostenexplosion geführt. Der Frankfurter Gesundheitsdezernent Ernst Gerhardt nahm die Krankenhäuser in Schutz: „Die Krankenhauskosten", so der Christdemokrat in einem von der „Frankfurter Allgemeinen Zeitung" am

9. Juni 1976 abgedruckten Bericht, „haben eine normale Kostensteigerung durchgemacht. Sie ist begründet durch die Wahrnehmung von Möglichkeiten, die der medizinische Fortschritt, die sozialen Verbesserungen und die Vierzig-Stunden-Woche brachten, und durch eine Reihe von Forderungen, die auf politischer Ebene an die Krankenhäuser herangetragen worden sind."[279]

Seit dem „Ölpreisschock" von 1973 und der anschließenden konjunkturellen Talfahrt hatten die Krankenhausträger einen schweren Stand. Der Bund kürzte den Krankenhäusern die Investitionsmittel, der hessische Sozialminister setzte 1975 die seitens der Kostenträger niedriger festgestellten Pflegesätze herab, so dass zum Beispiel das Bürgerhospital binnen Jahresfrist ein Defizit von einer Million Mark verbuchte. Im hessischen Krankenhausbedarfsplan wurde im September 1975 die ursprünglich für den Bereich Frankfurt/Offenbach

Röntgeneinrichtung des Bürgerhospitals mit Rasterwandgerät (li.) und 3D-Deckenstativ, 1972.

bis 1985 angestrebte Bettenzahl von 15.771 auf 13.327 Plätze reduziert. Da es im Versorgungsbereich der Mainmetropole schon im August 1974 weit über 13.800 Krankenhausbetten gegeben hatte, kam es 1976 in der Gesundheitspolitik zu einer Zäsur: Der Bettenabbau begann. Während in Frankfurt zum Beispiel das Kinderkrankenhaus in der Böttgerstraße dem Rotstift zum Opfer fiel, ging der Kelch am Bürgerhospital vorerst vorüber.

Die 1975 vom hessischen Sozialminister geplante Reduzierung der planmäßigen Bettenzahl des Bürgerhospitals von 417 auf 400 konnte von der Krankenhauskonferenz Frankfurt/Offenbach abgewendet werden.[280] Das Bürgerhospital wird seit 1975 von einem Dreigespann aus Ärztlichem Direktor, Oberin und Verwaltungsdirektor geleitet. In der Erstbesetzung bildeten Johannes Köhler, Margret Gramzow und der im Oktober 1975 zum Verwaltungsdirektor ernannte Rolf Merk die für eine ordnungsgemäße Krankenversorgung und Betriebsführung verantwortliche Krankenhausleitung. Mitte der Siebziger gliederte sich das Bürgerhospital in sechs von zumeist langjährigen Chefärzten geleitete Fachabteilungen für Augenkrankheiten (Professor Horst Müller, seit 1. April 1959), Gynäkologie und Geburtshilfe (Professor Helmut Wagner, seit 1. März 1961), Röntgendiagnostik und Strahlenheilkunde (Dr. med. Johannes Köhler, seit 1. Juli 1963), Chirurgie (Professor Günther Vetter, seit 1. Januar 1965), Innere Medizin (Professor

Ulrich Gottstein, seit 1. April 1971) und Anästhesie. Letztere verzeichnete mit Dr. med. Hans Zwilling, der am 1. Oktober 1973 den leitenden Anästhesisten Franicevic abgelöst hatte, den jüngsten Neuzugang im Chefarzt-Kollegium.[281] Die von dem Dienstältesten unter den Chefärzten geleitete Augenklinik umfasste 51 Betten und verfügte seit 1965 über eine der wenigen Sehschulen in Frankfurt. 1975 verzeichnete die Augenklinik 1.248 operative Eingriffe. Alle wesentlichen intraokularen Operationen führte Professor Müller selbst durch. In einem 1976 erstellten Gutachten bescheinigte der Direktor der Hamburger Universitäts-Augenklinik, Professor Hans Sautter, der Augenabteilung des Bürgerhospitals eine „außerordentlich hohe Operationsfrequenz", verbunden mit einem „raschen Patientendurchgang."[282] Was um 1975 als „rasch" galt, schilderte die ehemalige Schwester der Augenklinik Edith Stark Jahrzehnte später aus der Sicht des Pflegepersonals in einem Beitrag für das Hausblatt des Bürgerhospitals „Rund um's UhrTürmchen".

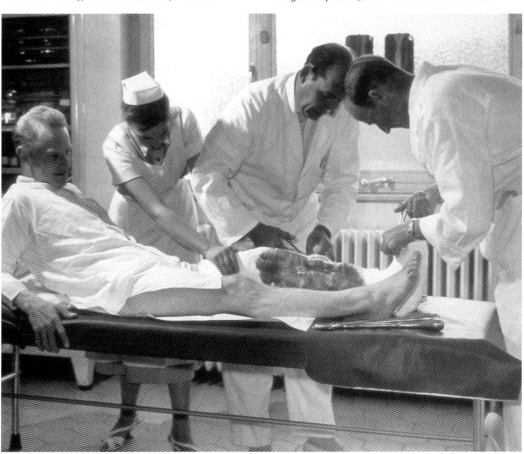

Verbandswechsel in der Chirurgie des Bürgerhospitals.

Der Aufnahmetag eines Kataraktpatienten stand demnach ganz im Zeichen der üblichen Routineuntersuchungen im Vorfeld einer OP. Neben einer Anamnese, der Blutentnahme oder dem EKG waren die Laborergebnisse von Abstrichen aus den Bindehautsäckchen von entscheidender Bedeutung, denn bei einem Nachweis von Krankheitserregern musste der OP-Termin verschoben werden. Der erste Tag im Bürgerhospital endete mit der „Verabreichung einer leichten Schlaftablette und Verabschiedung durch Händedruck für eine gute Nacht."[283] Am Tag der Operation wurde der am grauen Star leidende Patient nüchtern und mit OP-Wäsche bekleidet nach der Prämedikation mit Thalamonal, Dehydrobenzperidol und Atropin in den Augen-OP gefahren. Auf den nur 15 Minuten dauernden Eingriff folgte eine zweiwöchige stationäre Nachbehandlung. In den ersten drei Tagen musste der Patient strenge Bettruhe einhalten und nachts mit Handfesseln schlafen. Zu einem erfolgreichen Heilungsprozess gehörte, „dass unbedingt jede Kraftanstrengung und Erschütterung zu unterlassen war, d. h. Bücken, Heben, Weinen, Reiben, auf das operierte Auge legen und bei Stuhlgang drücken waren verboten."[284] Das operierte Auge blieb fünf Tage lang verbunden. Nach 14 Tagen wurde der Patient entweder entlassen oder am anderen Auge operiert. Heute werden Kataraktpatienten in der Augenklinik des Bürgerhospitals fast nur noch ambulant operiert.

Am 3. Dezember 1974 bekam das Bürgerhospital von einer Kommission der gewerblichen Berufsgenossenschaften Besuch. Nach der Inspektion beider Operationssäle der Chirurgischen Klinik wurde dem Hospital die Zulassung zum Verletzungsartenverfahren nur unter Auflagen vorläufig belassen. Der Krankenhausleitung waren die Missstände schon länger bekannt. Seit Jahren hatte der Chefarzt der Chirurgie, Professor Vetter, den unhaltbaren Zustand moniert, dass hochaseptische Eingriffe wie Gelenk- oder Knochenoperationen mit komplizierten Metallimplantationen in denselben Räumen vorgenommen werden mussten, in denen auch Operationen am offenen Darm oder am Magen durchgeführt wurden. Vetters Forderung nach der Errichtung eines dritten Operationssaals für

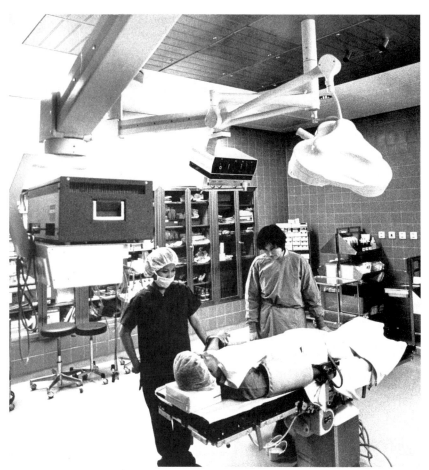

Modernste OP-Technik im neu eröffneten Operationstrakt des Bürgerhospitals, 24. März 1982.

hochaseptische Eingriffe war regelmäßig unter Verweis auf die fehlenden Mittel zurückgewiesen worden. Im Dezember 1975 erhielt das Bürgerhospital e. V. die Quittung: Die Berufsgenossenschaften widerriefen die Zulassung für das Verletzungsartenverfahren. Das Hospital verlor nicht nur die berufsgenossenschaftlich versicherten Schwerverletzten als Patienten, sondern es büßte allgemein an Ansehen ein. Als der Technische Überwachungsverein nach einer Inspektion im Juni 1976 auch noch den großen Sterilisator im chirurgisch-gynäkologischen OP-Bereich wegen gravierender Mängel stilllegte, musste allen Beteiligten klar sein, dass es so nicht weitergehen konnte.[285] Das Bürgerhospital e. V. beauftragte den Architekten Ernst E. Peter, den Ausbau des chirurgischen OP-Bereichs zu planen, und meldete das Projekt für das Krankenhausbauprogramm des Landes. Der hessische Sozialminister Armin Clauss stattete dem Bürgerhospital im September 1978 einen offiziellen Besuch ab und übergab bei dieser Gelegenheit dem Vereinsvorsitzenden Otto W. Lürmann für den OP-Ausbau einen Bewilligungsbescheid in Höhe von zwei Millionen Mark. Drei Jahre nach dem ersten Spatenstich konnte der am Westflügel des Altbaus errichtete, mit zwei hochmodernen aseptischen Operationssälen ausgestattete Anbau am 24. März 1982 eingeweiht werden. Einschließlich der Modernisierung des alten OP-Bereichs und der Einrichtung einer Zentralsterilisation waren in das Projekt 4,4 Millionen Mark investiert worden.

In den beifälligen Presseberichten über die Inbetriebnahme des OP-Anbaus schwang eine gewisse Kritik am allgemeinen Zustand des Bürgerhospitals mit. So beendete die „Frankfurter Neue Presse" ihren Artikel über die Einweihung mit dem „Wunsch nach Sanierung der restlichen Räume im Gebäude des Bürgerhospitals, das mit seinen mittlerweile 75 Jahren ‚reichlich renovierungsbedürftig' ist."[286]

Im Bürgerhospital lag um 1980 tatsächlich vieles im Argen. Bei einer Stippvisite des Frankfurter Arbeitsfeldes im Oktober 1981 empfand die Vorstandsoberin des Evangelischen Diakonievereins, Ursula von Dewitz, dessen Erscheinungsbild „besorgniserregend". Zurück in Berlin-Zehlendorf setzte von Dewitz ein wohlmeinendes Schreiben an die Administration der Dr. Senckenbergischen Stiftung auf, in dem sie auf verbrauchtes Mobiliar und fehlenden Service im Bürgerhospital aufmerksam machte. Schwestern hätten ihr gegenüber offenbart, „daß sie sich oftmals für das Haus

schämen, wenn die Patienten und vor allen Dingen deren Angehörige Klage führen."[287] Auf die Missstände angesprochen, habe sie der Verwaltungsdirektor lediglich auf die knappen Finanzen hingewiesen. In die gleiche Kerbe wie die Vorstandsoberin hatte der Chefarzt der Chirurgie, Professor Vetter, geschlagen, als er Beschwerden von Patienten über die Krankenhauskost schriftlich an den Direktor weiterleitete und dabei die in der Bevölkerung verbreitete Meinung zitierte: „Lassen Sie sich ruhig im Bürgerhospital operieren. Das ist zwar ein alter Kasten und das Essen ist schlecht, aber die Behandlung ist gut."[288] Mit großer Sorge registrierten natürlich auch der Ärztliche Direktor Johannes Köhler und der seit Mai 1981 amtierende Vorsitzende der Administration, Professor Dr. med. Horst Naujoks, die rückläufige Belegung des Bürgerhospitals, zumal eine Überprüfung des Rechnungswesens ans Licht brachte, dass die Probleme hausgemacht waren. Bedingt durch die verspätete Erstellung von Jahresabschlüssen und Abgabe von Selbstkostenblättern[289] kam das Bürgerhospital 1981 nur auf einen Basispflegesatz von knapp 210 Mark, während vergleichbare Krankenhäuser Sätze von 250 bis 300 Mark berechneten. Weitere Versäumnisse des Verwaltungsdirektors wie die Nichtbeantragung von Fördermitteln hatten die traditionsreiche Anstalt in eine große Investitionslücke manövriert und an den Rand eines Konkurses gebracht. Für das Bürgerhospital war es zu Beginn der Achtzigerjahre fünf vor zwölf.[290]

Ein modernes Akutkrankenhaus der Regelversorgung – das Bürgerhospital bis zur Jahrtausendwende

Die Rettung des Bürgerhospitals trat 1981/82 mit wichtigen personellen und strukturellen Veränderungen in eine entscheidende Phase. Im Vorstand des Bürgerhospitals e. V. und in der Administration der Senckenbergischen Stiftung hatten 1981 der Vorsitzende und der Stellvertreter gewechselt. Zum Vorsitzenden der Gremien war der Frankfurter Universitätsprofessor und Leiter der Abteilung für klinische Zytologie[291] am Zentrum für Frauenheilkunde und Geburtshilfe Horst Naujoks und zu dessen Stellvertreter der Bankier Friedrich von Metzler gewählt worden. Friedrich von Metzler hatte 1973 in der Administration die Nachfolge seines Vaters Albert angetreten, Naujoks bekleidete das Ehrenamt seit 1979. Von zentraler Bedeutung für die Zukunft des Bürgerhospitals war die von dem Vereinsvorstand und der Administration angestrebte und zum Beispiel auch von dem Ärztlichen Direktor Johannes Köhler mitgetragene Verpflichtung eines neuen Verwaltungsdirektors. Per Stellenanzeige wurde im Sommer 1982 eine „zielstrebige, wirtschaftlich denkende, mit den einschlägigen Gesetzen und Verordnungen vertraute Persönlichkeit" gesucht, „die Führungseigenschaften und Verhandlungsgeschick bei der Koordination, der Planung und der Organisation des gesamten Krankenhausbetriebes zeigt."[292] Die Wahl fiel auf den seit Mitte1980 zunächst als Leiter des Finanz- und Rechnungswesens und ab Januar 1981 als stellvertretender Verwaltungsdirektor amtierenden Jürgen Wauch, der schon viel zur Aufklärung der desolaten wirtschaftlichen Lage des Bürgerhospitals beigetragen hatte. Neuer stellvertretender Verwaltungsdirektor wurde im Dezember 1982 Horst Kieffer. In der Leitung des einschließlich neunzig Diakonieschwestern etwa 300 Mitarbeiter umfassenden Pflegedienstes erfolgte im November 1982 ein unvorhergesehener Wechsel. Auf Margret Gramzow, die zur Vorstandsoberin des Evangelischen Diakonievereins Berlin-Zehlendorf gewählt worden war, folgte Ursula Barthelmey im Amt der Oberin. Die Krankenhausleitung des Bürgerhospitals war Ende 1982 mit der Oberin Barthelmey, dem bewährten Ärztlichen Direktor Köhler und dem Verwaltungsdirektor Wauch besetzt: Vor ihnen lag eine Herkulesarbeit.[293]

Das Bürgerhospital geriet im Laufe der Achtzigerjahre bildlich gesprochen in Bewegung. Der Administration lag im Dezember 1981 eine Studie des Architekten Ernst E. Peter vor, in der dieser zur Sanierung des Bürgerhospitals vorschlug, sämtliche Krankenzimmer mit Nasszellen auszustatten, die Eingangshalle und die Zentralküche zu vergrößern, Fenster und Fassaden nach den geltenden Brandschutzbestimmungen und Wärmeschutzrichtlinien zu renovieren, die Heizungsanlage zu modernisieren, einen Kreißsaal einzurichten sowie die Zufahrt für die Liegendaufnahmen und die Intensivstation zu verlegen. Die Kosten des umfangreichen Maßnahmenkatalogs veranschlagte der

Drei Oberinnen-Generationen (v.l.n.r.):
Silke Künker (seit 2001), Ursula Barthelmey (1982-2000)
und Margret Gramzow (1973-1982).
Sie tragen das Zeichen der Diakonieschwestern:
die Brosche mit der Diakonierose.

Schwesternschülerinnen der Krankenpflegeschule, 1985.

Architekt mit stolzen 21,2 Millionen Mark.[294] Der gesamte Sanierungsplan wurde wegen der zu hoch veranschlagten Kosten nicht in das Krankenhausbauprogramm des Landes aufgenommen. Mit Unterstützung der Senckenbergischen Stiftung, mit Fördermitteln des Landes für Teilprojekte und mit Beginn der Sanierung der Finanzen des Bürgerhospitals machte sich der neue Verwaltungsdirektor an die schrittweise Modernisierung des Krankenhauses. Die Stadt begrüßte die Anstrengungen der neu formierten Krankenhausführung und bewahrte das Bürgerhospital e. V. zum Jahresende 1984 mit einem Schuldenerlass in Höhe von fast vier Millionen Mark vor der Konkursanmeldung. Auf der anderen Seite ließ die Verwaltungsleitung nichts unversucht, um die Wirtschaftlichkeit des Hospitalbetriebs zu verbessern. So sorgten die Einführung einer eigenen EDV, die Zentralisierung des Einkaufs, die Neuorganisation des Lagerwesens und die Belieferung der Stationen mit Arzneimitteln durch eine öffentliche Apotheke für mehr Effizienz. Sparmaßnahmen betrafen unter anderem die modernisierte Wäscherei, wo sieben Arbeitsplätze entfielen, oder die Schließung des Ärztekasinos.[295] Seit dem Führungswechsel wehte im Bürgerhospital ein anderer Wind.

Die Aufnahme der Liegendtransporte glich einem Hindernislauf. Moderne, größer dimensionierte Notarztwagen konnten das Bürgerhospital wegen der zu geringen lichten Höhe der Krankenwageneinfahrt überhaupt nicht ansteuern. Unter den Fahrern der Krankentransporte war die Bürgerhospital-Tour auch deswegen unbeliebt, weil sie auf der viel befahrenen Nibelungenallee manövrieren mussten, um in die Zufahrt einbiegen zu können, und weil sich die Türen zur Aufnahme erst nach dem Betätigen einer Klingel öffneten. Nach dem Entladen wurden die Patienten an der Spülküche vorbeigeschoben und über einen Aufzug in die im zweiten Stock des Hauptgebäudes (Mittelbau) gelegene Chirurgische Ambulanz befördert. Ein Raumtausch zwischen der Ambulanz im Altbau und dem Zentrallabor im Erdgeschoss des Bettenhochhauses, dem sogenannten Neubau, sollte die Aufnahme vereinfachen und die Erstversorgung der Patienten beschleunigen. Während das Labor in die zweite Etage des Mittelbaus verlegt wurde, wanderte die Chirurgische Ambulanz ins Parterre des „August de Bary-Hauses". Die Krankenwagen konnten ab August 1983 die Liegendaufnahme des Bürgerhospitals problemlos über den zur Richard-Wagner-Straße gelegenen Wirtschaftshof anfahren. Der Pförtner am Haupteingang öffnete die von einer Kamera überwachte Toreinfahrt zum Wirtschaftshof per Knopfdruck. Die neue Chirurgische Ambulanz verfügte über einen kleinen Operationssaal, einen Schockraum für lebensbedrohliche Fälle und ein Behandlungszimmer zum Röntgen von Knochenbrüchen. Durch den Umzug der zuvor im Dachgeschoss des Altbaus ungünstig platzierten Intensivstation in die erste Etage des Bettenhochhauses war im Oktober 1983 dank kurzer Wege in der Notaufnahme „lebenswichtige Zeit gewonnen".[296] Die optimale Sofortversorgung von Notfällen wurde im Bürgerhospital mit der Eröffnung einer Abteilung für Unfallchirurgie am 1. April 1984 abgerundet. Seit zehn Jahren hatte sich Chefarzt Vetter um die Einrichtung einer solchen fachlich selbstständigen Abteilung unter dem Dach der Chirurgischen Klinik bemüht. Mit Rolf Heine übernahm der Oberarzt der Chirurgie und Wunschkandidat Vetters die Leitung der Unfallchirurgischen Abteilung.[297]

Von der am 1. Mai 1983 in Betrieb genommenen Abteilung für Plastische Chirurgie
versprach sich die Administration positive
Auswirkungen auf die Bettenbelegung des
Bürgerhospitals. Die Auslastung der Krankenanstalt war seit geraumer Zeit rückläufig und
zuletzt zwischen 1980 und 1982 von gut 78 auf
knapp 75 Prozent gesunken. Der Rückgang der
Belegung in der Kinderchirurgie auf nur noch
48,7 Prozent der Planbetten wirkte sich auf die
Gesamtbelegung des Hospitals besonders ungünstig aus. Darüber hinaus war der Rückgang
an chirurgischen Operationen von 3.000 im
Jahr 1971 auf nur noch 2.100 in 1982 angesichts einer Investition von 4,4 Millionen Mark
in den neuen OP-Trakt nicht länger hinnehm-
bar. Mit der Eröffnung der kleinen 8-Betten-
Abteilung für Plastische Chirurgie erhielt
die nicht genügend ausgelastete Allgemein-
chirurgie am Bürgerhospital einige neue
Impulse. Die Abteilung wurde der leitenden
Assistenzärztin der Klinik für Plastische und
Wiederherstellungs-Chirurgie des Frankfurter
St. Markus-Krankenhauses, Dr. med. Renate
Przybilski-Roch, anvertraut. Die Behandlungs-
schwerpunkte der erst später zur Klinik für
Plastische und Wiederherstellungs-Chirurgie
aufgewerteten und auf 16 Betten vergrößerten
Abteilung des Bürgerhospitals lagen in der
Tumorchirurgie der Brust, der operativen
Entfernung von gut- und bösartigen Haut-
tumoren, der Wiederherstellungs-Chirurgie
zur Korrektur von angeborenen Fehlbildungen
oder Unfallfolgen sowie das weite Feld
der Schönheitschirurgie.[298] Einschneidende
Umstrukturierungen zur Hebung der Belegungs-
rate des Bürgerhospitals betrafen 1983 den
schrittweisen Abbau und die Umwidmung von
Planbetten. Am empfindlichsten traf es die
Kinderchirurgie, die zwölf Betten aufgeben und
acht Planbetten an die neue Abteilung für
Plastische Chirurgie abtreten musste. Insgesamt
wurde die Bettenzahl des Bürgerhospitals
im ersten Halbjahr 1983 von 417 auf 370
vermindert. Die verbliebenen Betten waren wie
folgt auf die einzelnen Kliniken verteilt:
Chirurgie 132, Plastische Chirurgie 8, Innere 126,
Frauen 64 und Augen 40.[299]

Die Instandhaltung des Bürgerhospitals ver-
schlang Unsummen. Schon allein die zwischen
1984 und 1993 getätigten Ausgaben für den

Seit 1984 sind die nach der Farbe ihres Kittels „Grüne Damen" genannten ehrenamtlichen Helferinnen im Bürgerhospital aktiv. Die Grünen Damen leisten Lotsendienste am Empfang oder verteilen mit einem Bücherwagen Lesestoff an bettlägerige Patienten, Mai 1990.

Brandschutz addierten sich auf 2,6 Millionen
Mark. Für die Sanierung der alten noch aus den
späten Fünfzigern stammenden zentralen
Ölheizung des Krankenhauses bewilligte das
hessische Sozialministerium in Wiesbaden 1987
einen Zuschuss in Höhe der erforderlichen
2,26 Millionen Mark. Als Beitrag zum Umwelt-
schutz wurden die Anlage auf Erdgas umgestellt,
neue Niederdruck-Heizkessel eingebaut und der
Schornstein saniert. Zudem mussten Teile des
Heizungsrohrsystems, die noch aus dem Jahr
1907 stammten, ausgetauscht werden. Parallel
zur Umrüstung der Heizungsanlage wurden
1986/87 die Fassade sowie die Fenster und
Balkontüren des Bettenhochhauses erneuert,
was nicht zuletzt auch zur Einsparung von
Heizkosten führte. 1989 und 1992/93 stand
die Sanierung der Aufzugsanlagen an –
Kostenpunkt: rund eine Million Mark. 1989
wurde mit der Erweiterung und Sanierung der
Zentralküche begonnen, um Platz für ratio-
nellere Arbeitsabläufe zu gewinnen. Der Ausbau
der Küche im Erdgeschoss des Ostflügels
schuf die baulichen Voraussetzungen für eine
Vergrößerung des Foyerbereichs gegenüber
dem Aufnahmebüro für Patienten. Auf der
hinzugewonnen Fläche wurde im Juni 1991
eine geräumige Cafeteria mit Kiosk für
Patienten und Mitarbeiter eingeweiht.[300]

Das Wohl der Patienten war das Ziel der
Sanierung und Umstrukturierung des Bürgerhospitals. So wurden innerhalb eines Jahrzehnts
stationsweise alle Krankenzimmer modernisiert.

Als letzte der 14 Stationen konnte im März 1995 die A 6 der Frauenklinik übergeben werden (zur Bedeutung der Stations-Kürzel: A = Altbau und N = Neubau). Da sich schon allein die aus Stiftungs- und Eigenmitteln finanzierten Modernisierungskosten der A 6 auf 850.000 Mark beliefen, gingen die von 1985 bis 1995 in die Ausstattung der Stationen gesteckten Gelder in die Millionen. Dafür verfügte nun jedes Krankenzimmer über ein kleines Bad mit Dusche und WC sowie über Telefon- und Fernsehanschlüsse. Die Benutzung der fest installierten TV-Geräte ist bis heute ein kostenloser Service des Hospitals. Ab 21 Uhr verriegelten sich fortan die Stationstüren automatisch, späte Besucher müssen sich über eine Gegensprechanlage anmelden – eine vom Technischen Leiter des Bürgerhospitals, Friedrich Röhm, erdachte Sicherheitsvorkehrung. Für die Nasszellen mussten Betten weichen. Aus den ohnehin nicht mehr zeitgemäßen Fünfbettzimmern entstanden Zwei- oder Dreibettzimmer und einige wenige Vierbettzimmer, so dass die Anzahl der Planbetten des Bürgerhospitals 1995 nur noch bei 345 lag.

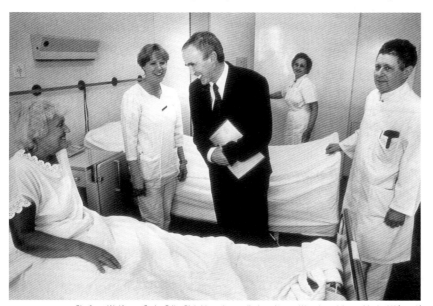

Chefarzt Wolfgang Stein, Erika Pick, Verwaltungsdirektor Jürgen Wauch und Anna-Maria Alf (v.r.n.l.) besuchen eine Patientin auf der renovierten Station A 6 der Frauenklinik, Mai 1995.

Viel Beifall fand das Ambiente der renovierten Stationen: „Dezente Lichtschalen neben Sandsteinsäulen, warme Farbstreifen im Weiß zeugen von Stil, nicht Sterilität"[301], urteilte die „Frankfurter Neue Presse" im Mai 1995. Den vorläufigen Schlusspunkt des 1983 eingeleiteten Sanierungsprogramms bildete

der neue im Herbst 1997 in der dritten Etage des Westflügels fertig gestellte Kreißsaal. Farbauswahl, gemütliche Lichteffekte und in Holzschränken versteckte technische Geräte sorgen in den Entbindungsräumen während der oft Stunden dauernden strapaziösen Geburten für eine behagliche Atmosphäre. Den werdenden Müttern stehen verschiedene Geburtsmöglichkeiten zur Wahl: Neben dem traditionellen Kindbett, dem alternativen Gebärhocker und dem Romarad ist ein Rundbett vorhanden, in dem das Paar die Geburt gemeinsam durchstehen und die anschließende Ruhephase mit dem Neugeborenen verbringen kann. Als zusätzliches Angebot kam 1997 eine große Gebärbadewanne hinzu. „Im Medium des warmen Wassers", so die beiden Hebammen Ljubica Rein und Luitgard Hessing-Rieth, „können die Frauen sich entspannen, wohlfühlen und gebären."[302] Bis Ende 1999 haben sich immerhin rund einhundert Frauen für die als besonders sanfte Methode geltende Wassergeburt entschieden. Mit dem neuen Kreißsaal war die bauliche Sanierung des Bürgerhospitals vorerst abgeschlossen. Der „alte Kasten" hatte sich zu einem modernen Krankenhaus mit Tradition und Zukunft entwickelt.

Auf den Gängen des sanierten Bürgerhospitals war manch neues Gesicht anzutreffen. Unter den Chefärzten und leitenden Abteilungsärzten hatte 1984/85 ein Generationswechsel sondergleichen stattgefunden. Bis auf die Medizinische Klinik waren innerhalb von 18 Monaten alle anderen Führungspositionen neu besetzt worden. Gleich zwei Chefärzte traten an Neujahr 1984 in die Dienste des Bürgerhospitals. Der Stuttgarter Facharzt für Anästhesie, Pharmakologie und Toxikologie Dr. med. Steffen Junghänel übernahm die Anästhesie-Abteilung, Professor Dr. med. Wolfgang Stein löste Helmut Wagner, der die Altersgrenze erreicht hatte, an der Spitze der Frauenklinik ab. 1974 in Frankfurt auf dem Gebiet der geburtshilflichen Ultraschalldiagnostik habilitiert, musste Stein als frisch gebackener Chefarzt des Bürgerhospitals zunächst das ihm von vielen niedergelassenen Frauenärzten entgegengebrachte Misstrauen zerstreuen. Ein Teil der einweisenden Gynäkologen hatte einen anderen Nachfolge-

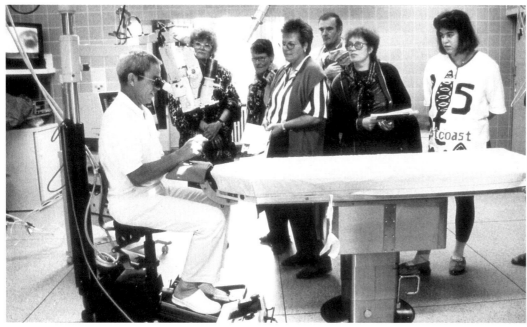

Chefarzt Bernd Weber mit einer Besuchergruppe am „Tag der offenen Tür" im Augen-OP, 10. September 1994.

kandidaten favorisiert. Im sich aufgrund des Pillenknicks verschärfenden Wettbewerb unter den Geburtskliniken wusste sich Stein jedoch sehr gut zu behaupten, so dass sich die Anzahl der Entbindungen im Bürgerhospital binnen zweier Jahre von 453 auf gut 900 in 1986 mehr als verdoppelte. Zu seinem Erfolgsrezept befragt verriet Stein im August 1985 der „Frankfurter Neuen Presse": „Die Überbewertung der Technik, der Apparatemedizin hat eine Gegenreaktion bei den Frauen hervorgerufen. Man muß doch ganz ehrlich zugeben, daß die frühere Geburtshilfe ohne die Frauen ablief. Heute stehen die Wünsche der Betroffenen im Vordergrund, der Betriebsablauf im Hintergrund. Wir benutzen nur so viel Technik, wie unbedingt notwendig ist. ... Das Mittagessen wird verschoben, wenn das Baby seine Bedürfnisse anmeldet. Niemand wird geweckt, weil jetzt Fieber gemessen werden muß. Das Kind und die Mutter stehen an erster Stelle."[303] Eine weitere wichtige Personalentscheidung betraf 1984 die Leitung der Abteilung für Neugeborenen- und Kinderchirurgie, mit der Professor Dr. med. Udo Schütze betraut wurde. Schütze hatte zuvor lange Jahre an der Heidelberger Universitätsklinik gewirkt und entwickelte in seiner Antrittsrede im Bürgerhospital die Vision von einem „Kinderzentrum", das alle kinderärztlichen Fachdisziplinen bündelt.[304]

Das Jahr 1985 begann so wie das vorangegangene auch: mit einem Chefarztwechsel. Professor Horst Müller, der seit 1955 den Aufbau der Augenklinik vorangetrieben hatte, übergab nach drei Jahrzehnten am 1. Januar 1985 sein Lebenswerk in jüngere Hände. Der neue Klinikchef Dr. med. Bernd Weber hatte in Frankfurt an der Johann Wolfgang Goethe-Universität studiert und seit 1968 als Assistenzarzt für Gynäkologie gearbeitet, bevor er sich endgültig für die Augenheilkunde entschied. 1979 war Weber aus Bremen an den Main zurückgekehrt, um als Oberarzt die Netzhaut- und Kinderabteilung der Augenklinik in der Nibelungenallee zu betreuen. Auf dem Gebiet der Linsentransplantation leistete Weber Pionierarbeit.[305] Die „Wachablösung" unter den ärztlichen Führungskräften des Bürgerhospitals ging weiter. Mit 65 Jahren verabschiedete sich der Chefarzt des Röntgeninstituts Johannes Köhler im März 1985 lediglich in den „Unruhestand", denn als Ärztlicher Direktor blieb der um den Erhalt des Bürgerhospitals hochverdiente Radiologe noch bis 1993 im Amt. Außerdem ist Köhler, der übrigens als einer der ersten die Mammographie[306] in der Bundesrepublik praktiziert hatte, seit 1985 Mitglied der Administration der Senckenbergischen Stiftung. Der Chefarzt des Röntgeninstituts am Bürgerhospital heißt seit 1. April 1985 Dr. med. Christian Schmidt.[307]

Im Sommer 1985 kam die mit 132 Betten größte Klinik des Bürgerhospitals an die Reihe. Nach 27-jähriger Betriebszugehörigkeit verabschiedete sich Professor Günther Vetter in den wohlverdienten Ruhestand. Zum neuen Chefarzt der Chirurgischen Klinik wurde ab 1. Juli 1985 Professor Dr. med. Robert A. Wahl berufen. Dem Oberarzt der Chirurgischen Universitätsklinik in Marburg ging ein hervorragender Ruf als Spezialist für Gefäß- und endokrinologische Chirurgie voraus, letztere befasst sich mit Erkrankungen der hormonproduzierenden Organe Bauchspeicheldrüse, Schilddrüse, Nebenschilddrüsen und Nebennieren. Darüber hinaus deckt Wahl das gesamte Gebiet der Allgemeinchirurgie ab, in deren Zentrum die Bauchchirurgie steht. „Unsere Operationen", so Wahls Kredo, „sollen nicht in den Bereich der heroischen Medizin fallen. Ich bin mit Leib und Seele Chirurg, doch hat Heldentum meines Erachtens nichts im Operationssaal zu suchen."[308] Bei seiner Amtseinführung kündigte Wahl eine enge Zusammenarbeit mit den Leitern der angegliederten Abteilungen für Unfall- und Kinderchirurgie, Heine und Schütze, an.

Als letzter Chefarzt der „alten Garde" ging zum Jahresende 1991 Ulrich Gottstein von Bord. Gottstein hatte seit 1968 an der Spitze der Medizinischen Klinik des Bürgerhospitals gestanden und zudem ein starkes ehrenamtliches Engagement entwickelt, so zum Beispiel als Vorstandsmitglied der von ihm selbst gegründeten Deutschen Gesellschaft für Angiologie[309] oder als einer der Vizepräsidenten der Weltorganisation Internationale Ärzte für die Verhütung des Atomkrieges (IPPNW). Zuletzt als Oberarzt am Frankfurter Universitätsklinikum beschäftigt trat Professor Dr. med. Peter-Henning Althoff am 1. Januar 1992 Gottsteins Nachfolge im Bürgerhospital an. Das besondere Interesse Althoffs gilt der Endokrinologie, dem Diabetes und dem Stoffwechsel. Zudem hat sich der 1940 in Breslau geborene Mediziner die Prävention und Behandlung des „Wohlstandssyndroms" auf seine Fahne geschrieben, wobei neben Fettsucht, mangelnder körperlicher Aktivität, erhöhten Blutfettwerten, Hochdruck, Gicht und Arteriosklerose der Erwachsenen-Diabetes eine wichtige Rolle spielt. In Anbetracht

des Chefarztwechsels sorgte der langjährige erste Oberarzt an der Medizinischen Klinik Ivo Sedlmeyer für Kontinuität. Sedlmeyer war seinem Lehrer Gottstein Ende der Sechzigerjahre von Kiel nach Frankfurt ins Bürgerhospital gefolgt und bildete danach von 1992 bis 2001 Althoffs rechte Hand.[310]

Die Erneuerung des Bürgerhospitals trug bald erste Früchte. Wies der Jahresabschluss 1983 noch ein Minus von 1,1 Millionen Mark aus, so verfügte das Hospital Ende 1988 dank wirtschaftlicher Betriebsführung, einer Finanzspritze der Stadt Frankfurt und der nachträglichen Bewilligung von Fördermitteln für an die Dr. Senckenbergische Stiftung geleistete Pachtzahlungen wieder über die betriebswirtschaftlich notwendigen Eigenmittel. Daneben hatte der Abbau von rund siebzig Planbetten auf nur noch 349 Plätze im Jahr 1988 und die damit verbundene Aufgabe kleinerer Stationen die wirtschaftliche Situation des Krankenhauses gestärkt. Während die durchschnittliche Verweildauer der Patienten innerhalb eines Jahrfünfts von rund zwei Wochen auf elfeinhalb Tage gesenkt werden konnte, stieg im gleichen Zeitraum die Bettenbelegungsrate von knapp 75 auf gut 87 Prozent. Der eigentlich erfreuliche Zustrom an Patienten war nicht ohne Risiko. „Seit Anfang 1986", mahnte Verwaltungsdirektor Wauch, „müssen wir unsere Kosten im voraus budgetieren, die Patientenzugänge und die Verweildauer planen. Mit diesem Budget müssen wir auskommen. "[311]

Die Handlungsspielräume der Krankenhäuser werden seit 1986 in einem zwischen jeder einzelnen Anstalt und den Kostenträgern im Voraus vereinbarten Jahresbudget festgelegt. Nach einem massiven Konjunktureinbruch zu Beginn der Achtzigerjahre verfolgte die neue, von Bundeskanzler Helmut Kohl geführte Regierungskoalition aus CDU/CSU und FDP eine strikte Sparpolitik. Mit dem im Dezember 1984 verabschiedeten Krankenhaus-Neuordnungsgesetz und der am 1. Januar 1986 in Kraft getretenen überarbeiteten Bundespflegesatzverordnung sollte die „Kostenexplosion" im Krankenhauswesen eingedämmt werden. Indem das seit 1973 geltende Anrecht der Krankenhäuser auf nachträgliche Erstattung der Selbstkosten eines abgelaufenen Pflegesatzzeitraums in einen Anspruch auf Deckung der „vorauskalkulierten Selbstkosten" (Budgetierung) umgewandelt wurde, sollten Anreize für eine sparsamere und wirtschaftlichere Betriebsführung geschaffen werden. Gewinne oder Verluste, die durch Über- oder Unterschreiten der dem Budget zugrunde gelegten Bettenbelegung entstanden, wurden nur zum Teil ausgeglichen. Von eventuellen Mehreinnahmen musste das Krankenhaus einen Großteil an die Kostenträger zurückzahlen. Das Bürgerhospital verstand es, sich mit den neuen Rahmenbedingungen zu arrangieren und erwirtschaftete zumindest in den ersten Jahren jeweils einen leichten Überschuss im pflegesatzrelevanten Bereich.[312]

An Krankenschwestern und -pflegern hat es eigentlich immer gefehlt, doch um 1990 war der Mangel besonders groß. Durch die schrumpfende Zahl examinierter Absolventen von Krankenpflegeschulen, die hohe Quote an Berufsaussteigern und die ungenügende, auf völlig veralteten „Anhaltszahlen" aus dem Jahr 1969 beruhende Ausstattung der Krankenanstalten mit Planstellen wurde der sogenannte Pflegenotstand geradezu heraufbeschworen. Zu viele Überstunden und Wochenenddienste sowie der permanente Zeitdruck, der zu wenig Freiräume für die eigentliche Betreuung der Kranken ließ, drückten im Pflegedienst auf die Stimmung. Verwaltungsdirektor Wauch nannte in einem „Es geht nicht nur um's Geld" überschriebenen Beitrag für das „UhrTürmchen", dem seit Dezember 1990 erscheinenden Hausblatt des Bürgerhospitals, die Probleme beim Namen. Demzufolge herrschte ein akuter Personalmangel im Intensivbereich sowie erheblicher Bedarf an examinierten Pflegekräften. Wegen personeller Engpässe kam es im

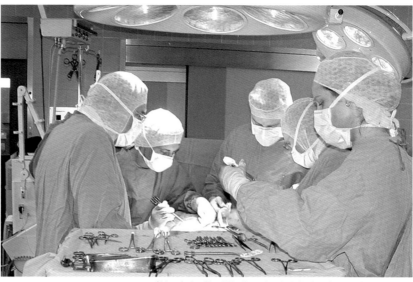

Chirurgischer Eingriff im Bürgerhospital: Chefarzt Dr. med. Robert A. Wahl, Dr. med. Said Saalabian, Dr. med. Peter Vietmeier und Dr. med. Christian Vorländer (v.l.n.r.).

ersten Halbjahr 1990 auf der acht Intensiv- und neun Allgemeinbetten führenden Station N 1 zur Stilllegung von elf Betten. Oberin Barthelmey bezifferte 1989 den zusätzlichen Bedarf an examinierten Pflegekräften auf 37 und bemängelte den überproportionalen Einsatz von Aushilfen zur Versorgung der Patienten. Der Krankenhausleitung waren die Hände gebunden, da die Personalausgaben über den Pflegesatz finanziert werden mussten und die Krankenkassen seit Jahren personelle Verbesserungen aus Kostengründen ablehnten. Mit seinem „UhrTürmchen"-Beitrag zur Pflegesituation wollte der Verwaltungsdirektor des Bürgerhospitals keineswegs den Kostenträgern allein den schwarzen Peter zuschieben, sondern auf die gesamtgesellschaftliche Relevanz der Problematik hinweisen. „Was sind wir auf Dauer bereit", so Wauch, „für die medizinische und pflegerische Betreuung kranker, behinderter und alter Menschen gegebenenfalls zu Lasten anderer Errungenschaften zu zahlen?"[313]

Im Großen und Ganzen war der Pflegedienst des Bürgerhospitals gut aufgestellt. Ein statistischer Vergleich der Jahre 1983 und 1991 ergab, dass sich die personelle Situation im Pflegebereich rein rechnerisch sogar verbessert hatte. Während dem Hospital 1983 bei 385 Planbetten und 8.020 versorgten Patienten sowie bei einer durchschnittlichen Verweildauer von 13,67 Tagen und rund 109.600 erzielten Pflegetagen 168 Pflegekräfte zugebilligt wor-

Der alte und der neue Chefarzt der Medizinischen Klinik: die Professoren Ulrich Gottstein und Peter-Henning Althoff (re.), 22. Januar 1992.

den waren, konnten 1991 bei 328 aufgestellten Betten, 10.600 behandelten Patienten, einer Verweildauer von 9,78 Tagen und insgesamt 103.700 geleisteten Pflegetagen immerhin 190 Pflegekräfte vereinbart werden. Aus der verkürzten Verweildauer und der gestiegenen Patientenzahl sowie aus dem zunehmenden Alter der Patienten resultierte für das Pflegepersonal jedoch eine wesentlich höhere Arbeitsbelastung. Damit die Mitarbeiter trotzdem bei der Stange blieben und um neue Pflegekräfte zu gewinnen, schnürte die Krankenhausleitung ein umfangreiches Maßnahmenbündel. Zur besseren Bewältigung des Stationsalltags nahmen von September bis März 1990/91 die ersten Mitarbeiter des Bürgerhospitals an einem von der Diplom-Psychologin Helga Bänfer geleiteten Stationsmanagement-Seminar teil. Die „Bänfer-Seminare" wurden zu einer ständigen Einrichtung. Ab Januar 1992 beteiligte sich das Bürgerhospital an dem vom Hofacker-Verband initiierten und von der Stadt Frankfurt finanzierten Pilotprojekt „Strukturverbesserung in der Krankenpflege durch den Einsatz von Stationsassistentinnen". Der in 14 Krankenhäusern gestartete Großversuch ergab, dass die Krankenschwestern und -pfleger normalerweise rund ein Drittel ihrer Arbeitszeit mit „pflegefremden" Tätigkeiten wie Putz- und Aufräumarbeiten oder Botengängen verbrachten, die ohne weiteres auch von Stationsassistentinnen erledigt werden konnten. Mit den Ergebnissen des Modellprojekts in der Tasche und in Absprache mit den Krankenkassen entschlossen sich die 14 Krankenhausleitungen im Herbst 1992 die Zahl der vorhandenen Stationsassistentinnen auf rund 100 zu verdoppeln.[314]

Im Kampf gegen den Pflegenotstand meldete sich der Hofacker-Verband als Sprachrohr der freigemeinnützigen Krankenhäuser Frankfurts zurück. Nachdem die Organisation der nichtstädtischen Krankenhausträger durch die Verabschiedung des Krankenhausfinanzierungsgesetzes 1972 ihr wichtigstes Wirkungsfeld (Pflegesatzverhandlungen) verloren hatte, war es um den Hofacker-Verband still geworden. Gleichwohl entschied sich die seit Jahren erstmals wieder einberufene Mitgliederversammlung am 20. Juli 1988 für den Fortbestand des Hofacker-Verbandes, um

„bei Bedarf entsprechend gestärkt als Interessengemeinschaft auftreten zu können und damit dem Anliegen entsprechendes Gewicht zu verleihen. ... Trotz weitgehender bester überregionaler Vertretung durch die Hessische Krankenhausgesellschaft können sich in Zukunft dennoch im Hinblick auf das Gesundheitsreformgesetz, Grundsätze der Budgetverhandlungen, Zuschußwesen der Stadt Frankfurt/M. u. a. örtliche Problemstellungen ergeben, die mit Hilfe des Hofacker-Verbandes im Interesse der Mitgliedshäuser geregelt werden könnten."[315] In dem reaktivierten Verband waren 1989 18 freigemeinnützige Krankenanstalten mit insgesamt 4.737 Betten organisiert, darunter auch als fünftgrößte Einrichtung das Bürgerhospital (349 Betten). Im Verbandsvorstand kam es 1988 ebenfalls zu einem Neubeginn. Die Mitgliederversammlung wählte am 20. Juni 1988 den Verwaltungsdirektor des Diakoniewerks Bethanien e. V., Bernd Weber, zum Vorsitzenden des Hofacker-Verbandes. Jürgen Wauch wurde damals mit in den Vorstand berufen und amtiert heute als stellvertretender Vorsitzender des Interessenverbandes. Im Herbst 1990 stand eine der beiden großen internistischen Stationen des Bürgerhospitals kurz vor der Schließung. Nach der Pensionierung von 19 Diakonieschwestern hatte sich die Situation im Pflegebereich zugespitzt. In einem mehrseitigen Brief signali-

Anfang 1989 gründeten einige Krankenschwestern und Pfleger den „Aktionsausschuss Frankfurter Krankenhäuser" und demonstrierten an einem Samstagvormittag im April auf der Zeil für mehr Stellen und bessere Bezahlung, 15. April 1989.

sierte das Team der Station N 4 der Krankenhausleitung die Bereitschaft, bei der Suche nach einem Ausweg aus der Misere mitzuhelfen. Die Pflegedienstleiterin Oberin Barthelmey sah in dem Schreiben einen Beleg für die „Not der Pflegenden". Unter Federführung des

Mitglieds der Pflegedienstleitung Karl Wagner startete das Bürgerhospital 1991 auf den Stationen N 4 und N 5 der Medizinischen Klinik einen dreijährigen Modellversuch zur „Kernarbeitszeit". Mit der Entlastung des Personals und der Verbesserung der Pflege verfolgte das Projekt ein doppeltes Ziel. Nach wie vor gliederte sich der Dienst auf den beiden Modellstationen in eine Früh- und eine Spätschicht sowie die Nachtwache (6 bis 13:30, 12:30 bis 20 und 20 bis 6 Uhr). Neu war die Verkleinerung der Frühschicht von vier auf zwei Pflegekräfte und vor allem die von 7:30 bis 15 Uhr eingesetzte vierköpfige Kernarbeitszeit-Gruppe. Personalintensive Tätigkeiten wie das Verteilen der Mahlzeiten, das Waschen der Patienten oder das Wechseln von Verbänden erfolgten möglichst in der Kernarbeitszeit. Parallel zu der zeitlichen Verlagerung der Arbeitsabläufe erfolgte eine Neuorganisation der Aufgabenverteilung. Die als „Fließbandpflege" verpönte Funktionspflege, bei der sich jede Schwester schwerpunktmäßig nur um die ihr zugewiesene Aufgabe, wie zum Beispiel das Bettenmachen oder den Verbandswechsel, zu kümmern hat, wurde von der „Gruppenpflege" abgelöst. Das neue Konzept sah vor, dass die Patienten einer Station nach dem Grad ihrer Pflegebedürftigkeit in drei Gruppen aufgeteilt und bestimmten Pflegeteams zugewiesen wurden. Dabei sollte die pflegeintensivste Gruppe mit weniger Patienten besetzt und mit vergleichsweise mehr Personal ausgestattet werden. Der ab 1993 vom Bürgerhospital durchgeführte und zu Beginn von den Krankenkassen finanzierte Modellversuch bewährte sich nach Überwindung gewisser Anfangsschwierigkeiten und wurde zu einer Dauereinrichtung. Den Pflegekräften blieb mehr Zeit für den einzelnen Patienten, außerdem musste mit den pflegerischen Routinearbeiten nicht schon zu „nachtschlafender" Zeit begonnen werden. Das Angebot der Kernarbeitszeit war insbesondere für berufstätige Mütter und Väter attraktiv, zumal das Bürgerhospital im März 1992 eine Krabbelstube eröffnete.[316]

Die Sendung des Hessischen Rundfunks „Unterwegs in Hessen" und Gesundheitsministerin Margarethe Nimsch zeichneten das Bürgerhospital 1996 mit vier anderen hessischen Einrichtungen als „besonders familienfreundlich" aus. Von ausschlaggebender Bedeutung für die Belobigung waren die Kernarbeitszeit-Regelung und die am 1. März 1992 in Kooperation mit der Gesellschaft zur Förderung betrieblicher und betriebsnaher Kindereinrichtungen e. V. eröffnete Krabbelstube „Ultra-Schall". In der auf Initiative von Oberin Barthelmey im Personalwohnhaus Richard-Wagner-Straße 36

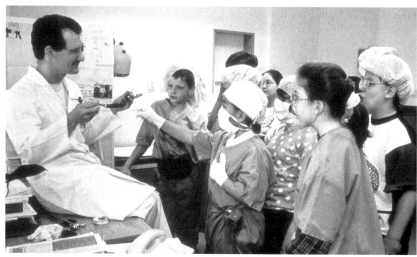

Der Kinderarzt Achim Ritter erklärt Schülern der Diesterwegschule bei einer Führung durch das Bürgerhospital die Funktionsweise eines Stethoskops, Juni 1994.

eingerichteten Krabbelstube konnten zehn Kinder im Alter von zehn Monaten bis vier Jahren ganztägig betreut werden. Die Plätze im „Ultra-Schall" waren in erster Linie für die Kinder von Mitarbeitern des Krankenhauses bestimmt, aber auch Kinder aus dem Stadtteil konnten von Fall zu Fall berücksichtigt werden. Elternbeiträge und Betriebskostenzuschüsse der Stadt finanzierten die von Sabine Drexler-Wagner geleitete Krabbelstube, von der sich die Krankenhausleitung positive Auswirkungen auf die Personalsituation im Pflegebereich erhoffte.[317]

Stellensuchende entschieden sich immer wieder wegen des veralteten Personalwohnheims in der Richard-Wagner-Straße gegen eine Tätigkeit im Bürgerhospital. Der Verwaltungsleitung war das 1961 eröffnete Wohngebäude ein Dorn im Auge. Der als Projektleiter für den Neubau eines Personalwohnhauses auserkorene Horst Kieffer nannte die Zustände in der „Wohnbatterie" entwürdigend. Als sich 1991 die Gelegenheit bot, ein benachbartes

Das neue Personalwohnhaus an der Ecke Rat-Beil- und Richard-Wagner-Straße, September 1996.

600 Quadratmeter großes Baugrundstück in der Rat-Beil-Straße für circa 2,4 Millionen Mark zu erwerben, griff die Dr. Senckenbergische Stiftung beherzt zu. Mit finanzieller Unterstützung der Stadt konnte am 5. September 1994 in unmittelbarer Nachbarschaft zur Richard-Wagner-Straße 36 der Grundstein für ein von dem Architekten Ernst E. Peter entworfenes Personalwohnhaus gelegt werden. Der Administrationsvorsitzende der Senckenbergischen Stiftung, Horst Naujoks, erklärte in seiner Ansprache anlässlich der Grundsteinlegung, dass in der Rat-Beil-Straße 55 ein Heim entstehen möge, das es den Mitarbeitern des Bürgerhospitals erlaubt, „ihre Freizeit in einem Rahmen zu verbringen, der ihnen Erholung und Muße nach ihrem verantwortungsvollen, sorgenden Dienst ermöglicht."[318] In der Rat-Beil-Straße 55 waren im Herbst 1995 15 Einzimmer-Appartements sowie 23 Zwei- und sechs Dreizimmerwohnungen bezugsfertig. Die begehrten Neubauwohnungen wurden bevorzugt an die Mieter der Richard-Wagner-Straße 36 vergeben, denn nun sollte das alte 1993 durch einen Kellerbrand zusätzlich in Mitleidenschaft gezogene Wohnheim von Grund auf saniert werden. Das Gebäude erhielt ein zusätzliches fünftes Obergeschoss, die Wohnungen wurden vergrößert und mit Kochnischen und Nasszellen ausgestattet. Nach Abschluss der beiden 12,5 Millionen Mark teuren Neu- und Umbauten verfügte das Bürgerhospital im September 1996 in der Rat-Beil- und Richard-Wagner-Straße über 93 Personalwohnungen. Von den 450 Mitarbeitern im Pflegedienst

lebten damals etwa fünfzig in einer dieser Personalwohnungen, die übrigen Unterkünfte wurden von Angestellten der Hauswirtschaft genutzt. Einige leerstehende Wohnungen hielt der stellvertretende Verwaltungsdirektor Kieffer für die neuen Krankenpflegeschülerinnen frei.[319]

Das Bürgerhospital sollte den „Pflegenotstand" bald in den Griff bekommen. Die Investitionen in bessere Arbeitsbedingungen zahlten sich spätestens Mitte der Neunzigerjahre aus. Während im Herbst 1989 mangels Bewerber an der Krankenpflegeschule des Bürgerhospitals kein neues Seminar zustande gekommen war, konnte im Oktober 1996 den drei vorhandenen Klassen sogar noch eine vierte, mit 17 Krankenpflegeschülerinnen besetzte, hinzugefügt werden. Das Bürgerhospital profitierte dabei von einem Sonderprogramm des Landes Hessen, das über einen Zeitraum von drei Jahren 215 Ausbildungsplätze im Pflegebereich an sieben Krankenhäusern mit insgesamt 7,2 Millionen Mark förderte. Zum Ausbildungsstart der Zusatzklasse an der Krankenpflegeschule des Bürgerhospitals reiste Anfang Oktober 1996 eigens Gesundheitsministerin Margarethe Nimsch aus Wiesbaden an. „Im Bürgerhospital", so die Frankfurterin Nimsch, „ist die Pflege sehr gut aufgehoben. Hier werden immer wieder neue Konzepte entwickelt."[320] Auf dem Stundenplan der seit 1994 von Regina Ruppel-Linker geleiteten Krankenpflegeschule standen neben Hygiene, Anatomie, Innerer Medizin oder Chirurgie auch Themen wie Sozialversicherung oder

Staatsbürgerkunde. Der praktische Teil der Ausbildung erfolgte auf den Stationen des Spitals. Seit Oktober 2002 bilden Ursula Günschmann und Anne Pollakowski als Schulleiterinnen eine Doppelspitze.[321]

Die Krankenhäuser mussten im Januar 1993 den Gürtel enger schnallen. Die Hauptzielsetzung des am 1. Januar 1993 in Kraft getretenen Gesundheitsstrukturgesetzes bestand hinsichtlich des Krankenhauswesens – wie könnte es anders sein – in der Kostendämpfung. Als Sofortmaßnahme wurden die Krankenhausbudgets bis 1995 auf dem Stand von 1992 eingefroren, sprich „gedeckelt". Das Selbstkostendeckungsprinzip blieb, wenn auch in abgewandelter Form, bestehen. Anstelle der vorauskalkulierten Selbstkosten eines „sparsam wirtschaftenden und leistungsfähigen Krankenhauses" sah das Gesundheitsstrukturgesetz die Zahlung „leistungsgerechter Erlöse" aus den Pflegesätzen vor. Nach einer gewissen Übergangszeit sollte der allgemeine, vollpauschalisierte Pflegesatz ab dem 1. Januar 1996 durch ein System differenzierter Entgelte ersetzt werden (Basispflegesatz, Abteilungspflegesätze, Sonderentgelte und Fallpauschalen). Darüber hinaus eröffnete das Gesundheitsstrukturgesetz den Krankenhäusern die Möglichkeit, vor- und nachstationär zu behandeln und ambulant zu operieren, wovon sich der Gesetzgeber eine weitere Verkürzung der Verweildauer, den Abbau von Betten und eine Erhöhung der Wirtschaftlichkeit auf dem Gebiet der stationären Krankenpflege erhoffte. Der Administrationsvorsitzende der Senckenbergischen Stiftung, Horst Naujoks, brachte die neue Ausgangslage auf den Punkt: „Nicht mehr die Zahl der belegten Betten, sondern Leistungen, Qualität und erfolgreiches Bestehen des Wettbewerbs bestimmen das weitere Schicksal auch des Bürgerhospitals."[322]

Vom Gesetzgeber zum Sparen verdammt war die Verwaltungsleitung des Bürgerhospitals fest entschlossen, das hohe medizinische Leistungsniveau durch die Umschichtung von Kosten zu halten. Im Klartext: Der nichtmedizinische Bereich sollte von einem externen Krankenhausberater nach Einsparungsmöglichkeiten durchforstet und für unwirtschaftlich arbeitende Abteilungen sollten

kostengünstigere Fremdleistungen eingekauft werden. Auf Neudeutsch wird dieses Vorgehen auch als Outsourcing bezeichnet. Als erstes traf es die Krankenhauswäscherei, die zum 31. März 1993 aufgegeben wurde. Mit der Beauftragung einer Großwäscherei in Aschaffenburg sparte das Bürgerhospital nicht nur Personalkosten, sondern auch einen hohen sechsstelligen Betrag für neue Wasch- und Bügelmaschinen. Im Jahr darauf übernahm die Firma „bioscientia" das krankenhauseigene Labor. Der seit 1990 der Administration der Senckenbergischen Stiftung angehörende Internist, Kosta Schopow, hatte den Kontakt zu dem Unternehmen hergestellt, das mit eigenem Personal Räume im Bürgerhospital bezog. Das Labor der „bioscientia" bedient seit nunmehr einem Jahrzehnt alle Kliniken und Abteilungen des Bürgerhospitals, aber auch andere Krankenhäuser und niedergelassene Ärzte mit dem kompletten Spektrum medizinischer Laboruntersuchungen.[323]

Bevorstehende Budgetkürzungen verlangten der Verwaltungsleitung eine weitere unpopuläre Entscheidung ab. Der hauswirtschaftliche Dienst wurde ab Januar 1997 einer Fremdfirma übertragen. Die bislang im Bürgerhospital gezahlten Stundenlöhne hatten um ein Drittel über dem gültigen Tarif für gewerbliche Reinigungsfirmen gelegen und dem Sparprogramm entgegengestanden. Für 41 gekündigte Mitarbeiterinnen wurde in Abstimmung mit dem Betriebsratsvorsitzenden Alfred Wölfer ein Sozialplan aufgestellt. Da sich die Fremdfirma nicht bewährte, wurde im Herbst 2000 die Bürgerhospital-Service GmbH gegründet, die ab Januar 2001 Hol- und Bringdienste sowie hauswirtschaftliche Tätigkeiten (Reinigungsdienst) besorgte. Als ein „Fels in der Brandung" überstand die ehemalige Leiterin des hauswirtschaftlichen Dienstes, Edda Feick, die Umstrukturierungen und kümmert sich bis heute an der Nahtstelle von Service GmbH, Küchenchef Aloysius Wehmeyer und der von Hartmut Vischer geleiteten Technischen Abteilung um die Details des Krankenhausalltags.[324]

Unter dem viel sagenden Titel „Der Taschenrechner ist fast wichtiger als das Skalpell" berichtete die „Frankfurter Rundschau" in den

Zwei Patientinnen vor einem Wandgemälde des Malers Hans H. Adam in der neu gestalteten Abteilung für Neugeborenen- und Kinderchirurgie, November 1993.

ersten Januartagen 1997 über das vergangene Jahr im Bürgerhospital. Allem Anschein nach hatte das Krankenhaus das erste Jahr mit den neuen, um Fallpauschalen und Sonderentgelte kreisenden Abrechnungsvorschriften unbeschadet überstanden. So hatte der Soll-Katalog des Bürgerhospitals für 1996 zum Beispiel 76 Blinddarmoperationen enthalten, die einschließlich der durchschnittlichen Verweildauer von acht Tagen bundesweit mit einer Fallpauschale von jeweils 3.494 Mark abgerechnet wurden. Tatsächlich musste 74mal ein Blinddarm entfernt werden. Derartige Punktlandungen waren indes nur schwer vorauszuberechnen. Anstelle der 1.150 veranschlagten Geburten – Fallpauschale pro Entbindung: 3.624 Mark – kamen 1996 im Bürgerhospital 32 Babys „zu viel" zur Welt. Die Hoffnung von Verwaltungsdirektor Wauch, über die Sonderentgelte und Fallpauschalen durch mehr Leistung die Einnahmeseite des Krankenhauses verbessern zu können, wurde durch das Gesetz zur Stabilisierung der Krankenhausausgaben zwar enttäuscht, nichtsdestotrotz hatte sich das Bürgerhospital 1996/97 als wirtschaftlich gesund erwiesen. Damit dies auch in Zukunft so blieb, richtete die Verwaltungsleitung ihr Augenmerk auf in der freien Wirtschaft erfolgreich angewandte Qualitätsmanagementsysteme.[325]

Als erstes Frankfurter und zweites Krankenhaus in ganz Deutschland verfügte das Bürger-

hospital im April 1997 über ein Qualitätsmanagementsystem, das die internationale Norm ISO 9001 erfüllte. Die Leiterin des Frankfurter Stadtgesundheitsamtes, Margarete Peters, überreichte am 2. Juli 1997 Claudia Welz und Jürgen Wauch in der voll besetzten neu gestalteten Hospitalkapelle das von externen Prüfern, den sogenannten Auditoren, ausgestellte Zertifikat. Im Oktober 1996 als Qualitätsbeauftragte eingestellt, hatte Claudia Welz die beteiligten Hospitalmitarbeiter bei der Erstellung eines Handbuchs angeleitet, das die Grundlage eines jeden Qualitätsmanagementsystems bildet. Die in dem 480 Seiten starken Handbuch festgehaltenen Unternehmensziele und Standards dienen im Hospitalalltag als Leitfaden. Monatelang hatten Verbesserungsteams das Bürgerhospital auf Schwachstellen abgeklopft und auf deren Abhilfe gesonnen. Das erste handfeste Resultat des Qualitätsmanagements war eine engere Terminabsprache zwischen dem Röntgeninstitut und den Stationen, um den Patienten lange Wartezeiten zu ersparen. „Der entscheidende Faktor", war sich die Qualitätsbeauftragte bewusst, „bleibt aber nach wie vor das überdurchschnittliche Engagement unserer Mitarbeiterinnen und Mitarbeiter. Sie stehen für die menschliche Atmosphäre unseres Hauses. Und durch das Qualitätsmanagementsystem wird ihre Fähigkeit zur konstruktiven Kritik gefördert, die Eigenverantwortlichkeit erhöht."[326] Nach der Verleihung des Gütesiegels konnten sich weder die Qualitätsbeauftragte noch die Verbesserungsteams in ihren Sesseln zurücklehnen. Qualitätsmanagement ist ein permanenter Prozess, außerdem kommen die zertifizierten Unternehmen alle drei Jahre erneut auf den Prüfstand. Sowohl im Jahr 2000 als auch in 2003, jetzt schon nach dem neuen, mehr auf die Belange des Krankenhauswesens zugeschnittenen ISO PLUS Verfahren, wurde das Bürgerhospital erfolgreich rezertifiziert. In Bezug auf die Sicherung von Qualitätsstandards gehört das Bürgerhospital zweifelsohne zu den fortschrittlichsten Krankenhäusern der Bundesrepublik. Mit der Qualitätsbeauftragten als Moderatorin verständigten sich im September des Jahres 2000 die Mitarbeiter aus allen Bereichen des Krankenhauses auf ein neues Leitbild mit fünf Kerngedanken: „Wir sind für unsere Patienten

ZERTIFIKAT

EQ ZERT

Das Europäische Institut zur Zertifizierung
von Managementsystemen und Personal
(ein Institut der Steinbeis-Stiftung für Wirtschaftsförderung)

bescheinigt hiermit dem Unternehmen

Bürgerhospital
Frankfurt am Main e.V.
Nibelungenallee 37-41
60318 Frankfurt am Main

ein eingeführtes und angewendetes

QUALITÄTSMANAGEMENTSYSTEM

für den Geltungsbereich

Chirurgische Klinik mit den Bereichen
Unfallchirurgie, Neugeborenen- und
Kinderchirurgie, Gefäßchirurgie, Proktologie und Chirurgische Ambulanz, Medizinische Klinik, Frauenklinik, Augenklinik, Klinik für Plastische- und Wiederherstellungs-Chirurgie, Interdisziplinäre
Intensivmedizin, Anästhesie-Abteilung,
Röntgeninstitut, Pflegedienst, Administration, Zentralküche, Technische Abteilung und Hauswirtschaft

welches die Forderungen der folgenden internationalen Norm erfüllt

ISO 9001

(identisch mit DIN EN ISO 9001 : 1994
und EN ISO 9001 : 1994)

Gültigkeitsdauer: 11.05.2000
Register-Nr.   97.233.01
Datum der Erteilung: 12.05.1997

Jürgen G. Kerner   Prof. Dr. J. P. Bläsing
Zertifizierungsstelle   Fachgremium

Die Leiterin des Stadtgesundheitsamtes Margarete Peters (li.)
überreicht Claudia Welz und Jürgen Wauch das
Qualitäts-Zertifikat, 2. Juli 1997.

und ihre Angehörigen da. Schon immer. –
Wir sind für die Qualität unserer Arbeit
verantwortlich. Persönlich. – Wir pflegen einen
offenen, ehrlichen und freundlichen Umgang.
Mit jedem. – Wir arbeiten an der Verbesserung
unserer Qualität. Ständig. – Wir haben in Heilkunde, Pflege und Versorgung hohe Standards.
Überprüfbar."[327]

Im Krankenhaussektor ging es immer schnell-
lebiger zu. Horst Naujoks hielt es daher nach
Vollendung seines siebzigsten Lebensjahres für
an der Zeit, den Vorsitz in der Administration
der Dr. Senckenbergischen Stiftung und im
Bürgerhospital e. V. ab 1999 in jüngere Hände
zu geben. Zu seinem Nachfolger wurde in der
Administrationssitzung vom 25. November 1998
der 50-jährige Dr. med. Kosta Schopow gewählt.
Schopow hatte seine Facharztausbildung zum
Internisten in der Abteilung für Hämatologie
und Onkologie[328] des Frankfurter Universitätsklinikums absolviert und führt als nieder-
gelassener Arzt im Frankfurter Westend eine
gut gehende Praxis. Zu den anstehenden
Projekten im Bürgerhospital befragt, nannte
der neue Administrationsvorsitzende im
März 1999 gegenüber der „Frankfurter
Allgemeinen Zeitung" als die drei wichtigsten
die bereits im Gang befindliche Erweiterung
der Entzugs- und Motivationsstation für

Drogenabhängige zu einer Klinik für Abhängigkeitserkrankungen, die Verlegung der Interdisziplinären Intensivstation in einen Neubau
und die Errichtung einer Abteilung für
Neonatologie.[329]

Ein weiterer verdienter Mitstreiter der
Krankenhausleitung verabschiedete sich im
November 1999 nach 17-jähriger Zugehörigkeit zum Bürgerhospital: der stellvertretende
Verwaltungsdirektor Horst Kieffer. Im Rahmen
einer hausinternen Regelung wurde der
bisherige Leiter der Inneren Verwaltung,
Wolfgang Heyl, zu Kieffers Nachfolger ernannt.
Begünstigt durch eine Satzungsänderung
des Bürgerhospitals e. V. avancierte Heyl schon
im August 2000 zum Verwaltungsdirektor.
Um die ehrenamtlichen Vorstandsmitglieder
zu entlasten, war Jürgen Wauch zuvor in den
Vorstand als geschäftsführendes Mitglied
berufen und zum Krankenhausdirektor ernannt
worden. Der Hauptzweck des Vereins lautet
nach der am 18. August 2000 in Kraft
getretenen und bis heute gültigen Satzung:
„Der Verein verfolgt zur Förderung des öffentlichen Gesundheitswesens ausschließlich und
unmittelbar den Zweck, Kranke ohne Rücksicht
auf Weltanschauung, Konfession, Rasse oder
Nationalität zu untersuchen, zu behandeln,
zu pflegen sowie Geburtshilfe zu leisten.
Im Rahmen dieser Aufgabenstellung ist die
Förderung der Gesundheitspflege der Bürger
der Stadt Frankfurt am Main und Umgebung

Um das Wohl des Bürgerhospitals verdiente Honoratioren (v.l.n.r.): Friedrich von Metzler, Kosta Schopow und Horst Naujoks, 19. März 2004.

ein besonderes Anliegen. In diesem Sinne betreibt er das Bürgerhospital."[330]

Bis zum Jahr 2001 wurde das Bürgerhospital von 345 auf 302 Planbetten zurückgeführt. Der Bettenabbau war Teil eines Ende 1998 zwischen dem Hofacker-Verband und den gesetzlichen Krankenkassen vereinbarten „Partnerschaftsmodells", demzufolge an 15 freigemeinnützigen Krankenhäusern bis 2002 mehr oder weniger freiwillig rund 550 Betten stillgelegt werden sollten. Der Vorsitzende des Verbandes der Angestellten-Krankenkassen in Frankfurt, Ulrich Blondin, bezifferte das aufgrund des in Deutschland bis dahin einmaligen „Partnerschaftsmodells" errechnete Einsparungsvolumen auf rund 63 Millionen Mark. Im Gegenzug garantierten die Kostenträger den am Modell beteiligten Krankenhäusern feste, wenngleich Jahr für Jahr leicht sinkende Budgets bis 2002, was in Zeiten gesundheitspolitischer Ungewissheit zumindest für Planungssicherheit sorgte. Die Einsparungen sollten nicht nach dem Rasenmäher-Prinzip erfolgen, sondern möglichst durch die Bildung von Versorgungsschwerpunkten erzielt werden. Bestes Beispiel für diesen Konzentrations-prozess war die Angliederung der Motivations-

und Präventionsstation für Alkoholabhängige des Diakonissenhauses an die 1997 am Bürgerhospital errichtete Entzugs- und Motivationsstation für Drogenabhängige.[331]

Um 1970 entstand in Frankfurt am Main eine Drogenszene, in der bald auch mit Heroin „gedealt" wurde. Bei der Polizei waren 1995 exakt 5.796 Drogenabhängige registriert, wobei die Dunkelziffer unter den Heroin-, Kokain-oder Ecstasy-Konsumenten sicherlich noch einmal so hoch gewesen sein dürfte. Entzugs-willige mussten sich bis weit in die Achtziger-jahre zur Entgiftungsbehandlung in eine geschlossene Psychiatrie begeben. Nur wenige Allgemeinkrankenhäuser waren bereit, sich dieser schwierigen und zunehmend unter körperlichen Begleiterkrankungen wie zum Beispiel Tuberkulose, Leberentzündungen oder HIV-Infektionen leidenden Patientengruppe anzunehmen. Eine Vorreiterrolle übernahm in Frankfurt die von Peter-Henning Althoff geleitete Medizinische Klinik des Bürger-hospitals, in der schon frühzeitig Rauschgift-süchtige von Fall zu Fall entgiftet wurden. Das abweichende Verhalten der „Junkies" stellte nicht nur das Pflegepersonal vor große Probleme, so dass man anderenorts dazu übergegangen war, Spezialstationen mit niederschwelligen, suchtspezifischen Behandlungsangeboten zu erproben. In Anlehnung an die in Essen oder Basel gemachten Erfahrungen wurde Mitte 1995 an der Klinik für Psychiatrie und Psychotherapie II der Universitätsklinik Frankfurt eine entsprechende Spezialstation mit Wilfried Köhler als Oberarzt eingerichtet.

Auf der Agenda der Frankfurter Gesundheitsdezernentin Margarethe Nimsch stand die Integration ortsnaher Entzugsangebote im Drogenbereich in einem Allgemeinkrankenhaus ganz weit oben. Mit Rücksicht auf die übrigen Patienten wollte jedoch kein Krankenhausträger das Wagnis eingehen. Da die Gesundheitsdezernentin kraft ihres Amtes dem Vorstand des Vereins Bürgerhospital e. V. angehörte, nutzte sie 1994 eine Sitzung des Gremiums, um für ihr Vorhaben zu werben. Zunächst wurde die Vision von einer Entzugsstation auch an der Nibelungenallee mit Skepsis betrachtet. Verwaltungsdirektor Jürgen Wauch hielt jedoch einen vom Land Hessen auf dem Krankenhausgelände finanzierten Neubau mit separatem Eingang für die Drogenabhängigen für einen gangbaren Weg. Nachdem Nimsch aus Wiesbaden grünes Licht für die Finanzierung des Bauprojekts erhalten hatte, musste die Administration der Senckenbergischen Stiftung Farbe bekennen. Als sich in der Administrations-Sitzung am 15. Dezember 1994 die kontrovers geführte Diskussion im Kreis zu bewegen begann, stellte Kosta Schopow mit Blick auf das über den Köpfen der Versammlung hängende Ölporträt des Stifters die Frage in den Raum, wie denn wohl Johann Christian Senckenberg in dieser schwierigen Frage entschieden hätte. Mit der spontanen Antwort des Senckenberg-Kenners und Administrationsvorsitzenden, Horst Naujoks, dass sich der Stifter der Randgruppe angenommen hätte, waren die Würfel zugunsten der Entzugsstation am Bürgerhospital gefallen. Anfang 1995 bewilligte die hessische Landesregierung 3,4 Millionen Mark für den Bau einer Entgiftungsstation für Drogenabhängige auf dem Gelände des Bürgerhospitals . „Damit", so Gesundheitsministerin Iris Blaul, „ist die unwürdige, meist vergebliche Suche nach einem Entgiftungsplatz nun bald zu Ende."[332]

Bis zur offiziellen Einweihung der Entzugs- und Motivationsstation am 28. November 1997 in der Händelstraße sollten zwar noch fast zwei Jahre verstreichen, doch der entscheidende erste Schritt war getan. Bevor mit dem zweistöckigen Neubau begonnen werden konnte, musste vorab die Bettenzentrale abgerissen und der Betrieb in die ehemaligen Räume der Wäscherei verlegt werden. Das fünf Millionen Mark teure Gebäude kann 16 Patienten in modernen Zweibettzimmern beherbergen und ist im Erdgeschoss an das Labor der „bioscientia" vermietet. Zur Einweihung am 28. November 1997 meldete der neue Chefarzt der Abteilung für Abhängigkeitserkrankungen und Konsiliarpsychiatrie am Bürgerhospital, Dr. phil. nat. Wilfried K. Köhler, die Belegung sämtlicher Betten.[333]

Die Entzugs- und Motivationsstation wird als halb offene psychiatrische Einrichtung geführt. Der zur Händelstraße gelegene und per Video überwachte separate Stationseingang ist nur von außen verschlossen. Die Patienten können die Station jederzeit verlassen, wenn sie die Behandlung abbrechen möchten. Der Abschluss von außen soll unkontrollierte Kontakte und das Einschmuggeln von Drogen verhindern. Aufnahme in der Spezialabteilung des Bürgerhospitals findet, wer opiatabhängig ist und eine Krankenhauseinweisung vorlegen kann. Die Wartezeit auf einen Platz in der Entzugs- und Motivationsstation schwankt zwischen einigen Tagen und sechs Wochen. Die Behandlungskosten der sich im Schnitt über drei Wochen hinziehenden Entgiftung tragen die Krankenkassen, der Landeswohlfahrtsverband oder das Sozialamt. Fast alle Patienten entscheiden sich für einen „warmen Entzug", das heißt Heroinsüchtige erhalten die Ersatzdroge Methadon, Kokain- oder Amphetaminabhängige bekommen Medikamente gegen Schlafstörungen, Krampfanfälle oder Depressionen. Im Laufe der Entgiftung wird die Dosis der Ersatzmittel dann langsam auf Null zurückgeschraubt. Die im Vergleich zu den konventionellen („kalten") Entzügen geringere seelische und körperliche Beeinträchtigung und die längere Verweildauer ermöglichen es Chefarzt Köhler zufolge, „besseren therapeutischen Kontakt zu gewinnen und gerade bei noch unentschlossenen Patienten die

Chance zur Motivationsarbeit und zum Überdenken der eigenen Lebenssituation zu nutzen."[334] Neben Einzelgesprächen ist für die Patienten die Teilnahme an Gruppentherapien verpflichtend. Im Kern zielt die Arbeit mit den Süchtigen aber darauf ab, eine Atmosphäre für neue, attraktive Erfahrungen ohne Drogen zu schaffen. Wie der zweite Teil des Namens „Abteilung für Abhängigkeitserkrankungen und Konsiliarpsychiatrie" schon sagt, steht das psychiatrische Fachpersonal auch allen anderen Patienten des Bürgerhospitals zur Beratung oder Krisenbewältigung zur Verfügung. So kann sich hinter einer Herz-Kreislauf-Störung auch eine Herzangstneurose verbergen und nicht selten fallen Schwangere nach der Entbindung in Depressionen. Durch die Übernahme der 16 Betten führenden Motivations- und Präventionsstation für Alkoholabhängige vom Diakonissenhaus wuchs die Entzugsstation

Das Gebäude der Entgiftungs- und Motivationsstation für Drogenabhängige in der Händelstraße, 2003.

des Bürgerhospitals im Februar 1999 auf 32 Betten und wurde folglich zur Klinik für Abhängigkeitserkrankungen und Konsiliarpsychiatrie aufgewertet. Die ersten Alkoholabhängigen konnten in der neu hergerichteten Station A 9 allerdings erst im Januar 2000 behandelt werden. Für das Team um Chefarzt Köhler ist es immer wieder ein Lichtblick, wenn sich ein Patient mit den Worten verabschiedet: „Im Bürgerhospital bin ich geboren. Hier beginne ich wieder ein neues Leben."[335]

Als letzter großer Neubau in der 225-jährigen Geschichte des Bürgerhospitals wurde nach dreijähriger Bauzeit am 29. November 2000 der „Zwischenbau" der Öffentlichkeit vorgestellt. Das parallel zum Mittelteil des Altbaus errichtete viergeschossige Gebäude verbindet das Bettenhochhaus mit dem Westflügel und teilt den Hospitalgarten in zwei Hälften. Den Verlust an Grünfläche kompensierte die mit der Ausführung des Neubaus beauftragte Frankfurter Aufbau AG durch einen Dachgarten. Fördermittel des Landes Hessen in Höhe von 7,3 Millionen Mark sowie 5,9 Millionen Mark aus Zuschüssen der Senckenbergischen Stiftung und aus Eigenmitteln hatten das Bauvorhaben ermöglicht, das nicht nur einen baulichen, sondern auch einen finanziellen Kraftakt darstellte. Durch den Zwischenbau erfuhr die Notfallversorgung im Bürgerhospital eine deutliche Qualitätsverbesserung. Die 1993 infolge des „Pflegenotstands" durch die Zusammenlegung der operativen und der internistischen Intensivstation entstandene Interdisziplinäre Intensivstation (ITS) zog im November 1999 vom Bettenhochhaus in die erste Etage des Zwischenbaus um. Mit beweglichen Trennwänden ausgestattet, kann die von zehn auf zwölf Betten vergrößerte Intensivstation den jeweiligen Erfordernissen angepasst werden. Alle wichtigen Daten über den Zustand der Patienten laufen in einer modernen Überwachungsanlage im Zentrum der ITS zusammen. Die interdisziplinäre Arbeitsweise von Chirurgen, Internisten und Anästhesisten hob der Vorsitzende der Administration der Stiftung, Kosta Schopow, bei der Vorstellung des Zwischenbaus am 29. November 2000 ganz besonders lobend hervor. Die ganzheitliche Versorgung der Patienten, so Schopow damals, sei das Ziel.[336]

Rundum bestens versorgt werden die Patienten auf der im zweiten Stock des Zwischenbaus eingerichteten neuen Pflegestation N 2. Die 13 eher an Hotel- denn an Krankenzimmer erinnernden Einzelzimmer der Extraklasse tragen, wie inzwischen fast das ganze Bürgerhospital, die Handschrift der Innenarchitektin Bettina Rudhoff. Neben einer komfortablen Einrichtung sind die Extrazimmer mit Toilette, Dusche, Telefon, TV, Fax und Internetanschluss ausgestattet. Vier Zimmer sind so geräumig,

Ansicht, Empfang und Extrazimmer des im Hospitalgarten errichteten Zwischenbaus, 2001.

dass eine Begleitperson mit übernachten kann. Die im Oktober 1999 fertiggestellte N 2 wurde mit Patienten der Chirurgischen Klinik (fünf Betten), der Klinik für Plastische und Wiederherstellungs-Chirurgie (vier Betten) sowie der Frauen- und Augenklinik (jeweils zwei Betten) belegt. Während in der ersten und zweiten Etage des Zwischenbaus schon reger Betrieb herrschte, konnte die im Erdgeschoss vorgesehene Chirurgische Ambulanz mit dem neuen Funktionsdiagnostikbereich (EKG, Sonographie, Endoskopie und Proktologie[337]) erst im Februar 2000 die Arbeit aufnehmen. Seitdem geht es auch in dem großzügig gestalteten Empfangs- und Wartebereich der Ambulanz rund. In den vier Untersuchungszimmern, zwei mit modernster medizinischer Gerätetechnik ausgerüsteten OP-Räumen sowie einem Aufwach- und einem Schockraum wurden im Herbst 2000 von dem elfköpfigen

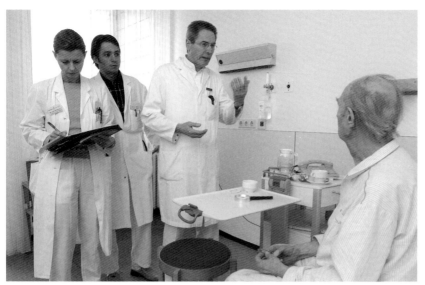

Stationsärztin Pia Konow, Assistenzarzt Thomas Amelang und Chefarzt Alfred Hellstern (v.l.n.r.) bei einer Nachmittagsvisite auf der Station N 4, 2004.

Team täglich etwa siebzig Patienten behandelt. Das Spektrum reicht von der notfallmäßig aufzunehmenden Oberschenkelhalsfraktur bis zur lange im Voraus geplanten und ambulant durchgeführten Vorhautbeschneidung in der Kinderchirurgie. Mit der neuen Chirurgischen Ambulanz erfüllte das Bürgerhospital die Voraussetzungen für die stufenweise Einführung des ambulanten Operierens in allen Fachbereichen, wodurch der Krankenhausaufenthalt zeitlich auf ein Minimum verkürzt wird, ohne dass darunter die medizinische Sorgfalt leidet. Ein Schenkelhalsbruch wäre dagegen ein klarer Fall für die seit März 1994 von Dr. med. Jörn Kunz geleitete Abteilung für Unfallchirurgie. Kunz kam von der BG-Unfallklinik an die Nibelungenallee zurück, wo er bereits bis 1991 als Assistenzarzt der Chirurgischen Klinik beschäftigt war. In der Unfallchirurgie erfolgt neben der Sofortversorgung auch die operative Versorgung chronisch gelenkkranker Patienten. Insbesondere ist der Hüft-, Knie- und Schultergelenkersatz in zementierter und unzementierter Technik hervorzuheben. Einen weiteren Schwerpunkt bildet die arthroskopische Kniegelenkchirurgie, wobei modernste Verfahren zum Einsatz kommen.[338]

Zwischen dem Bürgerhospital und dem Ärztlichen Notdienst der Kassenärztlichen Vereinigung Hessen besteht seit dem 14. Juni 2000 eine bis dato in Frankfurt einzigartige Kooperation. Der zur Sicherstellung einer ausreichenden vertragsärztlichen Versorgung der Bevölkerung zu den sprechstundenfreien Zeiten der niedergelassenen Ärzte eingerichtete Notdienst ist in der neuen Chirurgischen Ambulanz des Hospitals untergebracht. Durch die gemeinsame Nutzung der Diagnostik des Krankenhauses sowie des Inventars und des Personals erfolgt die von vielen Experten zur Steigerung von Qualität und Wirtschaftlichkeit seit langem geforderte engere Verzahnung ambulanter und stationärer Versorgungsstrukturen. Die Kooperation bietet dem Bürgerhospital insbesondere durch die Zunahme stationärer Fälle Vorteile.[339] Für das Kellergeschoss des neuen Zwischenbaus konnte das Unternehmen PHYSIOTEC-Wirbelsäulenstützpunkt Frankfurt als Mieter gewonnen werden, das dort in erster Linie spezielle Trainingsprogramme zur Vermeidung von chronischen Rückenschmerzen und Bandscheibenoperationen sowie zur Gesundheitsprophylaxe der Wirbelsäule anbietet.

Die Verwaltungsleitung des Bürgerhospitals nutzte die im „Partnerschaftsmodell" mit den Krankenkassen vorgesehenen Möglichkeiten für Strukturveränderungen weidlich aus. Auf die Übernahme der Station für Alkoholabhängige vom Diakonissenhaus folgten im Januar und April 2001 drei Neugründungen: Im Einzelnen waren das die Sektion für Gynäkologische Endokrinologie und Fertilitätschirurgie, die Abteilung für Neonatologie und die Abteilung für Gastroenterologie und interventionelle Endoskopie. Letztere leitet seit dem 1. April 2001 Professor Dr. med. Alfred Hellstern. Der Spezialist für Stoffwechsel- und Verdauungskrankheiten kam vom Bockenheimer St. Elisabethen-Krankenhaus an die Nibelungenallee. Bis 1995 hatte Hellstern am Zentrum der Inneren Medizin des Frankfurter Universitätsklinikums als Oberarzt gearbeitet. Die unter dem Dach der Medizinischen Klinik angesiedelte Abteilung für Gastroenterologie und interventionelle Endoskopie versteht sich als Dienstleister für alle Patienten im Bürgerhospital mit entsprechenden Problemstellungen. Die Endoskopie ermöglicht exakte Bilder aus dem Magen- und Darmbereich, so dass nach einer Diagnose am Bildschirm gegebenenfalls sofort operiert werden kann. Vielen Patienten bleiben dadurch größere Eingriffe erspart.

Die interventionelle Endoskopie ist wiederum ein Bestandteil der Gastroenterologie, die sich mit Erkrankungen der Speiseröhre, des Magens, des Darms, der Leber und der Bauchspeicheldrüse befasst. Als Verfechter interdisziplinären Handelns legt Professor Hellstern zum Beispiel großen Wert auf den regelmäßigen Informationsaustausch mit seinem Kollegen Professor Wahl, nötigenfalls machen beide Chefärzte gemeinsam Visite.[340]

Die Frauenklinik des Bürgerhospitals bekam 2001 gleich zweimal Zuwachs. Mit fünf Betten auf der Station A 2 wurde am 1. Januar 2001 unter Leitung von Privatdozent Dr. med. Rudolf Baumann die Sektion für Gynäkologische Endokrinologie und Fertilitätschirurgie[341] eröffnet. „Vor allem geht es", erläuterte Baumann im „UhrTürmchen" den Auftrag der Sektion, „um die Lehre der weiblichen Sexualhormone. Z. B. wenn Paare lange Zeit ihren Kinderwunsch nicht erfüllen können, dann werde ich oft aufgesucht."[342] Das hochspezialisierte Team der Sektion korrigiert mechanische Störungen im Bereich der Eileiter und Eierstöcke, macht Sterilisationen rückgängig und führt alle Operationen innerhalb der Gebärmutter mit modernsten „hysteroskopischen" Geräten[343] durch. Grundsätzlich macht der zwischenzeitlich zum außerplanmäßigen Professor ernannte leitende Arzt den Betroffenen Mut: „Dank unserer Wissenschaft können die meisten Frauen ein Kind bekommen." Der Ausbau der Geburtshilfe der Frauenklinik am Bürgerhospital wurde im April 2001 von der neu gegründeten Abteilung für Neonatologie flankiert.

Ein dramatischer Vorfall im Jahr 1995 sollte die Verantwortlichen des Bürgerhospitals nicht mehr loslassen. Als ein Risiko-Neugeborenes dringend einen Beatmungsplatz benötigte, fand sich erst in der zweiten Telefonrunde, bei der jeweils die Neugeborenen-Intensivstationen der Universitätsklinik Frankfurt, des Städtischen Krankenhauses Höchst und des Offenbacher Stadtkrankenhauses sowie die entsprechenden Einrichtungen in Darmstadt, Hanau, Aschaffenburg, Gießen, Wiesbaden und Mainz angefragt wurden, in der rheinland-pfälzischen Landeshauptstadt ein freier Inkubator. Das Neugeborene überlebte glücklicherweise

die Suche und den Transfer, doch der Chefarzt der Frauenklinik Stein und Verwaltungsdirektor Wauch nahmen das Vorkommnis zum Anlass, sich für eine Neugeborenen-Intensivbehandlungs-Einheit am Bürgerhospital einzusetzen. An stichhaltigen Argumenten für das Vorhaben fehlte es nicht: Keine der sechs im nördlichen und östlichen Stadtgebiet Frankfurts vorhandenen geburtshilflichen Krankenhaus-Abteilungen, in denen 1995 insgesamt rund 5.200 Kinder zur Welt gekommen waren, befand sich in verkehrsgünstiger Nähe zu den drei bestehenden Neugeborenen-Intensivstationen des

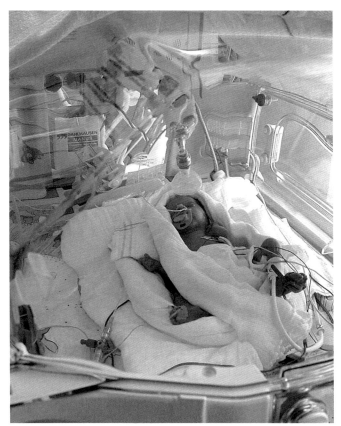

Ein Frühchen im Inkubator auf der Neugeborenen-Intensivstation des Bürgerhospitals.

Universitätsklinikums, des Höchster oder des Offenbacher Stadtkrankenhauses. Unter den betroffenen Einrichtungen bildete das Bürgerhospital mit dem St. Marienkrankenhaus die geographische Mitte zwischen dem Nordwest Krankenhaus, dem St. Markus-Krankenhaus, dem St. Katharinen-Krankenhaus und dem Hospital zum Heiligen Geist. Ungefähr die Hälfte der besagten 5.200 Babys wurde rechts und links der Richard-Wagner-Straße geboren. Für das Bürgerhospital als Standort des Perinatalschwerpunkts sprach, dass dort bereits eine Abteilung für Neugeborenen- und Kinderchirurgie vorhanden war und geeignete Räume für eine Neonatologie bereitgestellt werden konnten. Das Bürgerhospital beantragte daher im September 1996 bei der Krankenhauskonferenz für das Versorgungsgebiet Frankfurt am Main/Offenbach die „Errichtung eines Perinatalschwerpunktes mit sechs Intensivbetten."[344]

Die Krankenhauskonferenz stimmte dem Antrag des Bürgerhospitals e. V. zu, zumal das Clementine Kinderhospital Dr. Christ'sche Stiftung im Zuge der Bettenumstrukturierung durch das „Partnerschaftsmodell" sechs seiner Betten an die geplante Neonatologie abtrat. Unter Einschluss der von Professor Dr. med. Volker von Loewenich geleiteten Abteilung für Neonatologie des Universitätsklinikums vereinbarten das Bürgerhospital und das Clementine

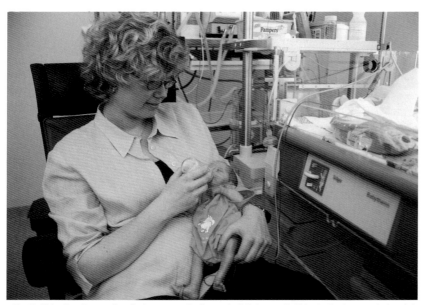

Ein glücklicher Tag: Kurz vor ihrer Entlassung aus der Neonatologie bekommt die kleine Louisa Jones noch einmal ein Fläschchen. Elf Wochen zu früh war das Mädchen zur Welt gekommen. Sie wog nur 1.050 Gramm. Fünf Wochen später hat Louisa ihr Geburtsgewicht fast verdoppelt und ist gesund.

Kinderhospital (Chefarzt: Professor Dr. med. Jürgen Dippell) einen Kooperationsvertrag, der die Vertragspartner verpflichtet, die ärztliche und pflegerische Betreuung von intensiv zu behandelnden Früh- und Neugeborenen im Bürgerhospital zu sichern. Die Abteilung für Neonatologie startete im April 2001 mit sechs Ärzten und 13 Pflegekräften, wobei die

Abteilung für Neugeborenenmedizin des Universitätsklinikums und das Kinderhospital jeweils zwei ihrer Ärzte für diese Aufgabe beurlaubten. Aus dem früheren Mitarbeiterstab von Professor von Loewenich kam der neue Chefarzt, Privatdozent Dr. med. Werner Rettwitz-Volk. Den Löwenanteil der Investitionskosten von 2,5 Millionen Mark übernahm großherzig die Königsteiner Carls-Stiftung (1,7 Millionen Mark), die sich stark auf dem Gebiet der Kinderhilfe engagiert und zum Beispiel auch an der Einrichtung einer Tagesstation am Clementine Kinderhospital beteiligt gewesen war. Mit der Eröffnung der sechs Inkubatoren umfassenden Abteilung für Neonatologie schloss das Bürgerhospital am 23. April 2001 eine Versorgungslücke bei Risikoschwangerschaften im nordöstlichen Frankfurt. Neben der intensivmedizinischen Betreuung auch extrem kleiner Frühgeborener nimmt die von dem zwischenzeitlich zum außerplanmäßigen Professor ernannten Chefarzt Rettwitz-Volk geleitete Abteilung für Neonatologie intensivpflegebedürftige kranke oder in der Abteilung für Neugeborenen- und Kinderchirurgie operierte Babys auf. Die Neonatologie vervollständigt mit der leistungsfähigen Geburtshilfe und der effektiven kinderchirurgischen Abteilung das medizinische Rundum-Angebot des Bürgerhospitals für Neu- und Frühgeborene.[345]

Aus Sicht der Eltern eines Frühchens schilderte Andrea Frölich im „UhrTürmchen" ihre Erfahrungen auf der Neugeborenen-Intensivstation des Bürgerhospitals. Die Tochter der Frölichs, Johanna Sophie, wurde schon in der 26. Schwangerschaftswoche, mithin zwölf Wochen vor dem errechneten Geburtstermin, mit einem Körpergewicht von nur neunhundert Gramm im Bürgerhospital entbunden. „Als ich sie am gleichen Abend das erste Mal sah", erinnerte sich die Mutter, „war ich sehr erschrocken; sie lag im Inkubator, überall Schläuche, sie war beatmet, ständig piepste es. Sie war so klein, so dünnhäutig; ein winziger Mensch und sie sah ihrer älteren Schwester so unglaublich ähnlich. Ich hätte sie so gerne in den Arm genommen, doch zuerst konnte ich sie nur im Inkubator berühren."[346] Für die Eltern folgte eine schwere von Hilflosigkeit geprägte Zeit. Dabei vermischten sich Ängste über mögliche Behinderungen und Traurigkeit darüber, dass nicht sie selbst, sondern das Pflegepersonal das Töchterchen versorgte. Doch erste Fortschritte wie das selbstständige Wickeln im Inkubator oder das „Känguruhn", bei dem das Baby der Mutter oder dem Vater auf den Oberkörper gelegt wird, verliehen frischen Mut. Und dann war da ja auch noch das Team der Station A 1: „Trotz aller Ängste und Unsicherheit", heißt es in dem Erfahrungsbericht weiter, „haben wir uns auf der Neugeborenen-Intensivstation aufgehoben gefühlt. Hier sind Menschen, denen klar ist, was Eltern in dieser Situation durchmachen, die Anteil am ersten Kennen lernen zwischen Eltern und Kind haben. Die hier erfahrene Stärkung und Unterstützung hat uns auch für die weitere Etappe Kraft gegeben."[347] Nach sechs Wochen konnte Johanna Sophie von der Intensivstation des Bürgerhospitals zur weiteren Beobachtung in das Clementine Kinderhospital verlegt und zweieinhalb Wochen später nach Hause entlassen werden. Das Frühchen entwickelte sich in der Folgezeit prächtig und ist heute ein „wahrer Wirbelwind". In ihrem Bericht für das „UhrTürmchen" zog Andrea Frölich zwei Jahre danach ein menschlich beeindruckendes Resümee: „So problematisch Johannas Start auch war, so war die überschaubare Neugeborenen-Intensivstation des Bürgerhospitals sicher unser Glück, denn hier gab es für uns auch Intimsphäre und wunderschöne Momente."[348]

Die Bilanz des zwischen dem Hofacker-Verband und den Krankenkassen auf die Dauer von fünf Jahren vereinbarten „Partnerschaftsmodells" fiel für das Bürgerhospital positiv aus. Das Hospital konnte 1998/2002 die Station für Alkoholabhängige vom Diakonissenhaus übernehmen und aus eigener Kraft eine Sektion und zwei Abteilungen neu einrichten. Die mit der Reduzierung der Planbettenzahl von 345 auf 302 einhergegangenen Veränderungen in der Betten- und Stationsstruktur des Bürgerhospitals erinnern an ein großes Karussell. Es wäre müßig, alle Umgruppierungen und Umzüge aufzählen zu wollen. Teil dieses Wandels war jedenfalls auch die Verlegung der Interdisziplinären Intensivstation in den neuen Zwischenbau. Die verwaisten ITS-Räume im Bettenhochhaus wurden anschließend zur

Interdisziplinären Aufnahmestation umgestaltet. Unter den baulichen Maßnahmen ragen neben dem Zwischenbau die Errichtung eines Patientenaufenthalts- und Aufzugsturms am Bettenhochhaus sowie die Neugestaltung des Wirtschaftshofes und der Hospitalgärten

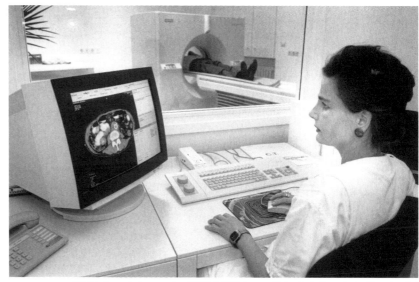

Mit dem Computertomographen (CT) hielt 1996 eine neue Technologie Einzug in das Bürgerhospital. Zeigen Röntgenaufnahmen in der Draufsicht eher schemenhaft die Organe, liefert das CT-Bild einen Querschnitt des untersuchten Bereichs. Auf dem Foto betrachtet die Assistenzärztin des Röntgeninstituts, Riccarda Hornstein, die CT-Darstellung innerer Organe auf dem Bildschirm, Oktober 1996.

heraus. Von der 2002 vollzogenen Übertragung der Krankenhausversorgung (Beschaffung und Logistik) mit Medikalprodukten und Artikeln des Wirtschaftsbedarfs auf die Medvantis Business Solutions AG erwartete die Verwaltungsdirektion zusätzliche Einsparungseffekte. Einen erneuten Zugewinn an Renommee brachte die Aufnahme des Bürgerhospitals in den Kreis der Akademischen Lehrkrankenhäuser. Im ehrwürdigen Sitzungszimmer der Administration versammelten sich am 16. Oktober 2002 der Dekan der Medizinischen Fakultät der Johann Wolfgang Goethe-Universität, Professor Dr. med. Josef Pfeilschifter, und der Studiendekan Professor Dr. med. Frank Nürnberger sowie von Seiten des Bürgerhospitals der Vorstandsvorsitzende Kosta Schopow, der Ärztliche Direktor Wolfgang Stein und Krankenhausdirektor Jürgen Wauch zur feierlichen Vertragsunterzeichnung. Das Bürgerhospital stellt zwölf Arbeitsplätze für Medizinstudenten des Praktischen Jahres bereit und beteiligt sich somit ganz im Sinn des Stifters Johann Christian Senckenberg an der Förderung der Heilkunde in Frankfurt am Main.[349]

Den zwischen 1997 und 2002 eingetretenen Wandel im Leistungsgeschehen des Bürgerhospitals belegt ein Blick auf die Krankenhausstatistik. Demnach erhöhte sich die Anzahl der stationär behandelten und ambulant operierten Patienten innerhalb von fünf Jahren um sage und schreibe 27 Prozent von 12.199 (1997) auf 15.504 (2002). Die 1997 extra mit einem zweiten OP für ambulante Eingriffe ausgestattete Augenklinik hatte mit 2.077 Operationen im Jahr 2002 den Löwenanteil an den „Ambulanten stationsersetzenden Operationen" (AOPLs). Im Gegenzug gingen im Bereich der Augenklinik zwischen 1997 und 2002 die vollstationären Fälle von 2.818 auf 828 zurück, sank die Anzahl der Pflegetage von 9.826 auf 2.040 und verkürzte sich die durchschnittliche Verweildauer von 3,49 auf 2,46 Tage – eine Entwicklung, die bezüglich der Pflegetage und der Liegezeiten in abgeschwächter Form auch auf das Gesamthaus zutraf. So verringerte sich innerhalb eines Jahrfünfts im Bürgerhospital aufgrund der von 7,66 auf 6,41 Tage verkürzten Verweildauer und bedingt durch die Zunahme der AOPLs die Zahl der Pflegetage[350] um beachtliche elf Prozent auf circa 82.000 Tage im Jahr 2002. Der Rück-

gang entsprach 29 nicht belegten Betten. Entgegen diesem Trend entwickelte die Frauenklinik 1997/2002 einen höheren Bettenbedarf (43 statt 37 Betten), was in erster Linie auf die kontinuierliche Zunahme an Geburten zurückzuführen war. Die Frauenklinik des Bürgerhospitals gehörte mit 1.901 Entbindungen im Jahr 2002 zu den geburtenstärksten Kliniken in Hessen. „Das Bett als Planungsgröße", urteilte Krankenhausdirektor Wauch, „wird für die stationäre Versorgung der Bevölkerung unter krankenhauspflegerischen Aspekten nach wie vor seine Bedeutung behalten, für das einzelne Krankenhaus werden jedoch für dessen Existenzberechtigung mehr denn je das Leistungsgeschehen, die Wertigkeit der erbrachten Leistungen im zentralen Mittelpunkt stehen."[351]

Nach dem seit 1. Januar 2004 geltenden neuen Abrechnungsverfahren für stationäre Leistungen, das das Bürgerhospital als optierendes Krankenhaus bereits ab 1. Januar 2003 einsetzte und das auf einem international schon erprobten Vergütungssystem, den „Diagnosis Related Groups" (DRG), basiert, kann es für die Krankenhausleitungen eigentlich nur noch ein Ziel geben: den Patienten nicht länger als medizinisch erforderlich im Krankenhaus zu behalten. Bundesgesundheitsministerin Ulla Schmidt hatte im September 2002 die Verordnung zum Fallpauschalensystem für Krankenhäuser nebst DRG-Katalog, der 824 Fallpauschalen (= DRGs) umfasst, unterzeichnet. In dem neuen System errechnet sich der Erlös des Krankenhauses je Patient nicht mehr nach der Verweildauer und einem festen Tagessatz. Stattdessen bemisst sich die Vergütung nach einem Basisfallpreis und einem relativen Kostengewicht je Krankheit. Nach der vorläufigen Gewichtung (Stand: Januar 2003) sollte beispielsweise eine Geburt ohne Komplikationen mit der Messzahl 1,0 zu Buche schlagen, ein Blinddarm mit 0,8 und eine Hüft-Arthrose-Behandlung mit 3,5. Wird eine festgelegte Verweildauer überschritten, erhält das Krankenhaus für den Mehraufwand nur noch einen begrenzten Ausgleich. Ergo kommt es nicht mehr auf die Dauer der stationären Behandlung an, sondern nur noch auf die tatsächliche Leistung. Die Verordnung zum Fallpauschalensystem ist Bestandteil einer neuerlichen Gesundheitsreform, die die Krankenkassen entlasten soll und die Versicherten sowie die Patienten zusätzlich belastet. In der Praxis krankt die neue Vergütungsform für die Krankenhäuser an der Diskrepanz zwischen der Steigerung der Grundlohnsumme, die maßgeblich für die Veränderungsrate der Krankenhausbudgets ist, und den tatsächlichen Personal- und Sachkostenerhöhungen. Bei einer vom Gesetzgeber für 2003 verordneten Nullrunde wurde dem Bürgerhospital, weil es das DRG-Fallpauschalensystem freiwillig schon ein Jahr vorher anwendete, eine Budgetsteigerung von 0,81 Prozent zugebilligt. Da jedoch allein die Personalkosten um ein Mehrfaches anstiegen, schloss das Bürgerhospital 2003 im operativen Bereich erstmals wieder mit einem Fehlbetrag ab. Die Aussichten für 2004 sind ähnlich düster. Im Wissen um die hohe Kompetenz der Mitarbeiter und den guten Ruf des Bürgerhospitals zeigte sich die Verwaltungsleitung im Frühjahr 2004 dennoch optimistisch, auch diese wirtschaftliche Durststrecke erfolgreich zu überwinden.[352]

Das neue Abrechnungssystem sorgte am 19. März 2004 beim Festakt anlässlich der 225-Jahr-Feier des Bürgerhospitals im Kaisersaal des Römers für Gesprächsstoff. Vor zahlreichen geladenen Gästen aus Medizin, Politik und Wissenschaft sowie aus der Belegschaft des Bürgerhospitals kam der Administrationsvorsitzende der Dr. Senckenbergischen Stiftung, Kosta Schopow, in seinem Festvortrag auch auf die aktuelle Lage im Krankenhauswesen zu sprechen: „Die enorme Ausweitung der vollstationären Leistungen im Bürgerhospital, bei nicht auch nur annähernd adäquater Anpassung der Budgets, beschert uns in Erfüllung unseres Versorgungsauftrages einige Kostenprobleme, die Dank des insgesamt wirtschaftlich gesunden Krankenhausbetriebes noch verkraftbar sind. Entlastung erwarten wir von der ab dem Jahr 2005 beginnenden und derzeit gesetzlich vorgegebenen und auf drei Jahre ausgelegten Anpassungsphase zur Umsetzung des neuen Entgeltsystems."[353] Die beiden anderen Hauptredner des Abends, der Frankfurter Gesundheitsdezernent Nikolaus Burggraf und die hessische Sozialministerin Silke Lautenschläger, stärkten dem Bürgerhospital verbal den Rücken. Mit Beifall nahm die Festgesellschaft die Mitteilung der Ministerin auf, dass die Landesregierung das Hospital für seine weiteren baulichen Planungen in das Investitionsprogramm ab

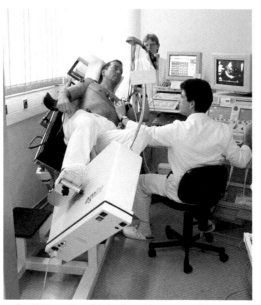

Das 2001 erworbene Echokardiographiegerät ermöglicht zusammen mit der neuen Ergometer-Liege, auf der Patienten in Linksseitenlage Rad fahren können, genauere Herzultraschallaufnahmen unter Belastung, November 2001.

2006 aufnehmen werde. „Bei der Akzeptanz des Bürgerhospitals wird deutlich", so Lautenschläger, „dass Sie sich in eine gute Richtung bewegen. Dabei werden wir Sie begleiten."[354] Die Feierlichkeiten erstreckten sich über drei Tage. Am eigentlichen Jubiläumstag, dem 21. März 2004, wurde in der Kapelle des Bürgerhospitals von den beiden Hospitalgeistlichen, der katholischen Seelsorgerin Christine Gabriel und dem evangelischen Pfarrer Christoph H. Rahlwes, ein ökumenischer Gottesdienst abgehalten. Für die Allgemeinheit war sicherlich der „Tag der offenen Tür" am Samstag, dem 20. März, der eigentliche Höhepunkt der 225-Jahr-Feier. Viele Frankfurter nutzten die Gelegenheit, um sich bei einem Rundgang durch den Gebäudekomplex über das Angebot des Krankenhauses zu informieren.

Der Haupteingang des Bürgerhospitals an der Nibelungenallee atmet Offenheit. Das ist Programm: 1996 wurde die noch aus den Fünfzigerjahren stammende verglaste Pförtnerloge durch einen offenen Tresen ersetzt. Seitdem heißt der nach Plänen der Innenarchitektin Bettina Rudhoff umgestaltete Eingangsbereich nicht mehr nur „Pforte", sondern „Service- und Informations-Center". Beim Betreten eines Krankenhauses verspüren viele, gerade ältere Menschen, unwillkürlich Schwellenängste. Neuankömmlinge werden im Bürgerhospital daher von ehrenamtlichen „Grünen Damen" begrüßt, auf die Patientenaufnahme-Büros hingewiesen und bei Bedarf auf ihre Station begleitet.[355]

Akute Notfälle werden im Rahmen des Versorgungsauftrags des Bürgerhospitals überwiegend in die Chirurgische und die Medizinische Klinik eingewiesen. Die seit 1992 von Peter-Henning Althoff geleitete Medizinische Klinik bietet das gesamte Spektrum der allgemeinen internistischen Diagnostik und Therapie. Darüber hinaus ist die fünf Stationen umfassende Klinik auf bestimmte Teilgebiete der Inneren Medizin wie die Intensivmedizin, die nichtinvasive Kardiologie, die Endokrinologie und Diabetologie spezialisiert. Der Medizinischen Klinik ist die Abteilung für Gastroenterologie und interventionelle Endoskopie von Alfred Hellstern

angegliedert. Zu den neuesten Errungenschaften der Klinik zählt ein Kipptisch zur Klärung von Ohnmachtsanfällen (Synkopen). Die Kipptischuntersuchung dient dem Nachweis neuro-kardiogener Synkopen, die durch ein Versagen derjenigen Mechanismen ausgelöst werden, die den Blutdruck und vor allem die Durchblutung des menschlichen Gehirns im Liegen und Stehen konstant halten. Die „Paradedisziplin" von Chefarzt Althoff ist die Endokrinologie, das heißt die Wissenschaft von Erkrankungen der Drüsen mit innerer Sekretion, und hier das Phänomen der Wechseljahre des Mannes. Die nachlassende Produktion des Geschlechtshormons Testosteron führt bei manchen Männern, die älter als fünfzig Jahre sind, zu Antriebslosigkeit und allgemeiner Lustlosigkeit. Im Unterschied zur Frau geht die Testosteronproduktion beim gesunden Mann aber nie so weit zurück, dass die Fortpflanzungsfähigkeit gänzlich aufhört. Von Peter-Henning Althoff, der nach den Ursachen für die Wechseljahre des Mannes forscht und inzwischen davon überzeugt ist, dass auf die körpereigene Hormonproduktion und deren Sexualfunktion Einfluss genommen werden kann, ist in diesem Zusammenhang das Bonmot überliefert: „Use it or lose it."[356]

Das Montagsmagazin „Focus" veröffentlichte im November 2000 einen „Wegweiser zum Spezialisten". Nach ihren eigenen Angaben hatten die Magazinmacher in einer fünfmonatigen Recherche ermittelt, welche Mediziner unter Kollegen und Patienten großes Ansehen genossen. Anschließend prüften die „Focus"-Redakteure das Qualitätsmanagement, die Publikationen und die Spezialisierungen der Kandidaten. Heraus kam dabei die „Ärzte-Liste 2000". Bei aller Skepsis gegenüber von den Medien aufgestellten Ranglisten bedeutete das hervorragende Abschneiden des Chefarztes der Chirurgischen Klinik, Robert A. Wahl, auch für das Bürgerhospital eine schöne Bestätigung. Unter den 13 aus der Ärzte-Liste hervorgehobenen Medizinern war Wahl einer von sieben am besten Bewerteten. Auf dem Gebiet der Operation gutartiger Knotenkröpfe, der Totalentfernung bei Schilddrüsenkrebs und der Chirurgie bei Morbus Basedow (Überfunktion der Schilddrüse) ist Wahl eine international geachtete Koryphäe.

Prof. Dr. med.
Robert A. Wahl

Dr. med.
Jörn Kunz

Dr. med.
Michael Kriewald

Prof. Dr. med.
Peter-Henning Althoff

Prof. Dr. med.
Alfred Hellstern

Dr. med.
Bernd Weber

Dr. phil. nat.
Wilfried K. Köhler

Pflegedirektorin
Oberin Silke Künker

Priv.-Doz. Dr. med.
Oliver Schwenn

Priv.-Doz. Dr. med.
Franz Bahlmann

Prof. Dr. med.
Rudolf Baumann

Prof. Dr. med.
Werner Rettwitz-Volk

Dr. med.
Christian Schmidt

Dr. med.
Steffen Junghänel

Krankenhausdirektor
Jürgen Wauch

145

In Anerkennung seiner Verdienste übertrug die Deutsche Gesellschaft für Chirurgie dem Chefarzt des Bürgerhospitals die Ausrichtung und die wissenschaftliche Leitung der 22. Arbeitstagung der Chirurgischen Arbeitsgemeinschaft Endokrinologie im November 2003. Rund 160 Fachleute aus Europa und den USA diskutierten in der Mainmetropole über minimal-invasive Operationsverfahren und das wohl am meisten unterschätzte menschliche Organ: die Schilddrüse. Schätzungsweise zwanzig Millionen Bundesbürger haben Probleme mit ihrer Schilddrüse, ohne dass die meisten es wissen. Viel zu selten denken die konsultierten Ärzte bei Symptomen wie Frieren und Gewichtszunahme oder Hitze und Aggressivität an eine Unter- beziehungsweise Überfunktion der Schilddrüse. In der Chirurgie des Bürgerhospitals sind aber nicht nur Schilddrüsen-Patienten gut aufgehoben. Die von Robert A. Wahl geleitete Klinik umfasst mit der

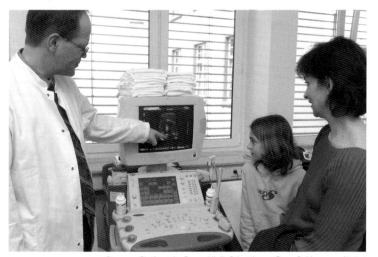

Der neue Chefarzt der Frauenklinik, Privatdozent Franz Bahlmann, erläutert am „Tag der offenen Tür" die Ultraschalltechnik, 20. März 2004.

Chirurgie des Bauchraums und der Bauchwand sowie der endokrinen Chirurgie (Schilddrüse, Nebenschilddrüse, Nebenniere) das gesamte Feld der so genannten Visceralchirurgie. Weitere Schwerpunkte sind die Behandlung von Durchblutungsstörungen in der Gefäßchirurgie und von Erkrankungen des Enddarms und des Afters in der Proktologie. Fachlich und organisatorisch selbstständig werden unter dem Dach der Chirurgischen Klinik die Abteilungen für Unfallchirurgie von Jörn Kunz und für Neugeborenen- und Kinderchirurgie von Michael Kriewald geleitet.

Seit 1997 als Oberarzt in der Kinderchirurgie des Bürgerhospitals beschäftigt, hatte Kriewald am 1. März 2003 die Nachfolge von Udo Schütze angetreten. Bei seiner Amtseinführung betonte Kriewald, wie wichtig eine freundliche Grundstimmung für die Kinderchirurgische Station A 2 und ihre höchstens 14 Jahre alten Patienten ist, denn „bei uns geht es vor allem um die Reduzierung von Aufregungen, Ängsten und Schmerzen."[357]

Die Abteilungen für Neugeborenen- und Kinderchirurgie sowie für Neonatologie und die Frauenklinik ergänzen einander zu einem Familienzentrum. Seitdem im April 2001 die Abteilung für Neonatologie hinzugekommen ist, gilt das Bürgerhospital als eine der ersten Adressen für Familien im Raum Frankfurt. In den zurückliegenden Jahren investierte die Verwaltungsleitung mit Hilfe der Dr. Senckenbergischen Stiftung 1,9 Millionen Mark in den Umbau und die Renovierung der Frauenklinik. Innerhalb von vier Jahren wurden alle Zimmer der Wochenstation neu gestaltet und mit Wickeltischen und Wärmelampen bestückt. Durch die Verlegung von Ärztebüros entstand Platz für ein Neugeborenenzimmer mit zentralem Wickelblock, ein Aufenthaltsraum und ein Stillzimmer. Die Renovierungsphase konnte am 1. März 2000 mit der Einweihung der „Integrierten Wochenstation" beendet werden. Auf der Wochenstation sollte der Routinebetrieb des Krankenhauses mit den individuellen Anforderungen der Mütter und ihrer Babys verschmelzen.[358]

Die Frauenklinik des Bürgerhospitals steht seit dem 1. Januar 2004 unter neuer Leitung. Nach zwei Jahrzehnten übergab Chefarzt Wolfgang Stein das Steuerruder an Franz Bahlmann. Der ehemalige Oberarzt der Mainzer Universitäts-Frauenklinik übernahm keine einfache Aufgabe, denn mit fast 2.000 Geburten im Jahr 2003 lag das Bürgerhospital unter den hessischen Entbindungskliniken an zweiter Stelle. „Da gilt es zunächst einmal, die Zahlen zu halten"[359], war sich Bahlmann der großen Herausforderung bewusst. Gleichwohl wird der Spezialist für Ultraschalldiagnostik und Pränatalmedizin sowie für gynäkologische operative Endoskopie eigene Akzente setzen. So besitzt Bahlmann als einer von vielleicht vierzig Ärzten in der Bundesrepublik die von der Deutschen Gesellschaft für Ultraschallmedizin verliehene höchste Ausbildungsstufe DEGUM III. Das Verfahren kommt bei Risikoschwangerschaften zum Einsatz und dient der Kontrolle der normalen Kindesentwicklung. „Wir prüfen", so der neue Chefarzt, „ob das Kind gesund ist und versuchen alles, dass ein guter Familienstart gelingt."[360] Da Schwangerschaft und Kinderkriegen in der Lebensplanung immer weiter nach hinten rücken und die werdenden Mütter immer älter sind, ist mit einer Zunahme an Mehrlings- und Frühgeburten zu rechnen. Die vom Bürgerhospital neu erworbenen Ultraschall-High-End-Geräte, die bereits in der zwölften Schwangerschaftswoche hervorragende Aufnahmen liefern, ermöglichen Bahlmann optimale Arbeitsbedingungen. Außer der Geburtshilfe bietet die Frauenklinik die Behandlung aller gynäkologischen Erkrankungen unter Einsatz des gesamten Spektrums der heute möglichen diagnostischen Methoden und operativen Therapieverfahren. Die Schwerpunkte liegen auf der Behandlung von Ovarialtumoren[361], Myomen[362] und uterinen Blutungsstörungen. Weiterhin wird die Brustchirurgie bei Tumorerkrankungen unter Anwendung brusterhaltender Operationsverfahren ebenso erfolgreich durchgeführt wie die Inkontinenz-Chirurgie. Der Frauenklinik ist die von Rudolf Baumann geleitete Sektion für Gynäkologische Endokrinologie und Fertilitätschirurgie angegliedert. Eine enge Zusammenarbeit besteht mit der Abteilung für Neonatologie mit Werner Rettwitz-Volk an der Spitze.

In der Augenklinik, einem weiteren Aushängeschild des Bürgerhospitals, bahnt sich ebenfalls ein Wechsel in der Leitung an. Chefarzt Bernd Weber wird im November 2005 in den Ruhestand gehen, sein designierter Nachfolger, Oliver Schwenn, ist schon seit Juli 2003 im Haus und leitet die Abteilung für Glaukomerkrankungen. Bei seiner Einstellung ist Schwenn im Bürgerhospital kein Unbekannter gewesen, hatte er doch hier von 1987 bis 1991 bei Chefarzt Weber seine Ausbildung zum Augenarzt absolviert. Anschließend ging Schwenn an die Mainzer Universitäts-Augenklinik, wo er zuletzt als Leitender Oberarzt das ganze operative Spektrum der Augenheilkunde

ausübte. Die eigens für den Rückkehrer am Bürgerhospital eingerichtete Abteilung befasst sich mit der Früherkennung, Verlaufsbeurteilung und Behandlung des Grünen Stars (Glaukom). Der Grüne Star bezeichnet eine Gruppe von Erkrankungen, die alle zu einer Schädigung des Sehnervs und schlimmstenfalls zur Erblindung führen. Hauptrisikofaktor ist dabei der erhöhte Augeninnendruck. Therapiert wird der Grüne Star mit den Innendruck senkenden Augentropfen und durch die Anwendung eines laserchirurgischen Verfahrens. Mit dem im November 2003 in Betrieb genommenen AugenDiagnostik-Center Rhein-Main (ADC), einem Pool neuer diagnostischer Geräte, suchte Schwenn den Schulterschluss mit den niedergelassenen Augenärzten. Im ADC können niedergelassene

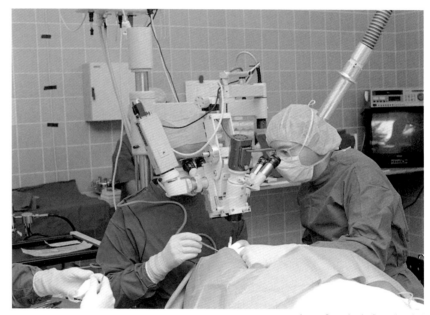

Augen-Operation im Bürgerhospital.

Augenärzte ihre Patienten eigenverantwortlich mit den dort vorhandenen, für die einzelne Praxis in der Regel zu kostspieligen Geräten untersuchen. Diejenigen Augenärzte, die sich dem ADC angeschlossen haben, können auf die gleichen apparativen diagnostischen Möglichkeiten zurückgreifen wie eine größere Klinik. Für die Nutzung des ADC wird lediglich die in Anspruch genommene Leistung berechnet. Die Vorteile für das Bürgerhospital liegen auf der Hand: enger Kontakt zu den einweisenden Augenärzten, zusätzlicher Bekanntheitsgrad der Augenklinik und gute

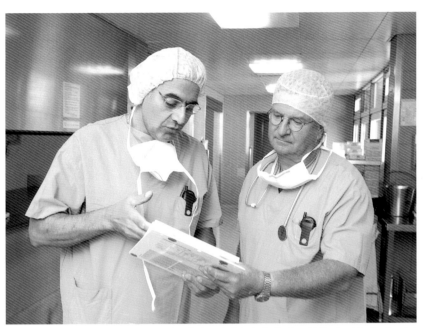

Der Chefarzt der Anästhesie-Abteilung Steffen Junghänel im Gespräch mit dem Oberarzt Hacik Tataryan (li.), 2003.

Chancen, dass sich ehemalige Augenpatienten später auch mit anderen Krankheiten an das Hospital in der Nibelungenallee wenden.[363]

Die Klinik für Abhängigkeitserkrankungen und Konsiliarpsychiatrie und ihr Chefarzt Wilfried K. Köhler wurden spätestens im Zusammenhang mit dem in Frankfurt kontrovers diskutierten Bundesmodellversuch zur kontrollierten Heroinvergabe einem größeren Publikum bekannt. Außer Frankfurt beteiligen sich an dem auf drei Jahre angelegten Projekt, bei dem das Rauschgift unter Aufsicht an Schwerstabhängige abgegeben wird, auch noch Bonn, Hamburg, Hannover, Karlsruhe, Köln und München. In jeder Stadt wurden etwa einhundert Drogenabhängige ausgewählt und eine Heroin-Ambulanz eingerichtet, in der die eine Hälfte der Teilnehmer täglich ihre Dosis Heroin und die andere die Ersatzdroge Methadon erhält. Dabei soll herausgefunden werden, ob Heroin bei bestimmten Süchtigen besser als Methadon geeignet ist, den Gesundheitszustand zu verbessern sowie der Beikonsum und die Kriminalität verringert werden können. Auf Ersuchen des Frankfurter Gesundheitsdezernenten Nikolaus Burggraf übernahm Wilfried K. Köhler die ärztliche Leitung der Heroin-Ambulanz und die Dr. Senckenbergische Stiftung unter Federführung der Verwaltungsleitung des Bürgerrhospitals die Durchführung des Projekts. Gegen Erstattung der Kosten baute die Stiftung das Gebäude Grüne Straße 2 zur Heroin-Ambulanz um und stellte für die Laufzeit des Modellversuchs das erforderliche Personal ein. Das Projekt ist im März 2003 in Frankfurt gestartet.[364]

Kaum ein Patient kommt während seiner Behandlung im Bürgerhospital nicht mit den beiden Funktionsabteilungen, dem Röntgeninstitut und der Anästhesie-Abteilung, in Berührung. Im Röntgeninstitut werden von Chefarzt Christian Schmidt alle Register der modernen Apparatemedizin gezogen. So stehen dem Institut zum Beispiel ein Computertomograph und seit 1999 das computergesteuerte digitale Röntgengerät Sireskop SX zur Verfügung. Im Vergleich zu herkömmlichen Geräten ist die Strahlenbelastung beim Sireskop SX für die Patienten auf ein Achtel der üblichen Dosis reduziert. Das moderne Durchleuchtungsverfahren findet bei Untersuchungen des Magen-Darm-Trakts, der Galle, des Knochensystems, der Gelenke und der Gefäße Verwendung. Zum weiteren Leistungsspektrum des Röntgeninstituts zählen Kernspintomographie mit einem kooperierenden Frankfurter Krankenhaus, angiographische[365] und lymphangiographische Diagnostik, interventionelle Radiologie, Brust-Vorsorgeuntersuchungen und Ultraschalldiagnostik der Schilddrüse mit Farbdoppler. Die Hauptaufgabe der von Chefarzt Steffen Junghänel geleiteten Anästhesie-Abteilung besteht kurz gesagt darin, bei operativen Eingriffen für die Schmerzfreiheit und das Wohlergehen der Patienten zu sorgen. Die Anästhesisten wenden abgesehen vom Lachgas alle gängigen Narkosemittel an. Als erstes Frankfurter Krankenhaus hat das Bürgerhospital im Januar 2000 auf das bei vielen Patienten Übelkeit und Erbrechen verursachende Lachgas verzichtet. Vor geplanten operativen Eingriffen ist eine Eigenblutspende in der Anästhesie-Abteilung möglich. Während einer Operation mit hohem Blutverlust kann mit dem Verfahren der kontinuierlichen maschinellen Autotransfusion das verlorene Blut jederzeit wieder aufgearbeitet werden. Die operierten Patienten bleiben so lange im Aufwachraum der Anästhesie, bis eine Verlegung auf die jeweilige Station möglich ist.[366]

Im Jubiläumsjahr 2004 beschäftigte das Bürgerhospital rund 750 voll- und teilzeitbeschäftige Mitarbeiter, darunter achtzig Ärzte und 210 Pflegekräfte. Für den Pflegedienst zeichnet seit 1. Januar 2001 die Oberin und Pflegedirektorin Silke Künker verantwortlich. Die Schwester des Evangelischen Diakonievereins Berlin-Zehlendorf gehört dem Bürgerhospital seit Oktober 1996 an und arbeitete zunächst als stellvertretende Pflegedirektorin bis sie die Nachfolge von Oberin Ursula Barthelmey antrat. Der Einsatz von, die Schülerinnen mitgerechnet, vierzig Diakonieschwestern trägt sicherlich nicht unwesentlich zur viel gerühmten freundlichen Atmosphäre des Bürgerhospitals bei. Selbst die eher nüchternen Auditoren hoben bei der Rezertifizierung des Qualitätsmanagements 2003 die „angenehme Hausatmosphäre" hervor. Der Auszug aus einem Brief von

Angehörigen einer 91-jährigen Frankfurterin, die sich im Bürgerhospital einer schweren Operation unterziehen musste und dabei drei Stationen kennen lernte, sagt zum Schluss mehr als viele Worte: „Neben der Tatsache, daß auch medizinisch getan wird, was getan werden kann, ist jedoch die Gesinnung der Menschen im Bürgerhospital der Heilfaktor Nummer eins. Ein paar Beispiele: Der operierende Arzt nimmt sich die Zeit, sich ausführlich und genau zu informieren; der Pfleger führt zu den Apparaten am Krankenbett und erklärt geduldig die einzelnen Funktionen; die Schwester umarmt die angsterfüllten Angehörigen und hat auch für diese tröstende Worte und und und. Wir sind jetzt glücklich, daß unsere Mutter bzw. Großmutter auf dem Wege der Besserung ist, und den Mitmenschen im Bürgerhospital sehr, sehr dankbar."[367]

Das Bürgerhospital im Jubiläumsjahr.

Anhang

· Zeittafel zur Geschichte des Bürgerhospitals
· Bildergalerie Bürgerhospital 2004
· Die Krankenhausleitung seit 1945
· Anmerkungen
· Literaturverzeichnis
· Abkürzungen
· Bildquellennachweis
· Danksagung
· Der Autor

Zeittafel zur Geschichte des Bürgerhospitals

10. Dezember 1765
Johann Christian Senckenberg erweitert seine Stiftung um ein Hospital für bedürftige Frankfurter Bürger und Beisassen.

22. Februar 1766
Senckenberg erwirbt das Stiftungsgelände am Eschenheimer Tor.

9. Juli 1771
Grundsteinlegung für das Bürgerhospital.

15. November 1772
Der Stifter Senckenberg kommt bei einem Sturz vom Baugerüst des Uhrtürmchens ums Leben.

19. Februar 1779
Johann Matthäus Auernhammer wird als erster Patient aufgenommen.

21. März 1779
Offizielle Einweihungsfeier des Bürgerhospitals in der Gasse „Hinter der Schlimmen Mauer" (heute: Stiftstraße 30).

31. Dezember 1779
Im ersten Jahr des Bestehens werden 44 Patienten behandelt und fünf Pfründner aufgenommen.

1782
Simon Moritz Bethmann vermacht dem Bürgerhospital 50.000 Gulden zur Verpflegung bedürftiger Patienten.

13./14. Juli 1796
Französische Truppen bombardieren die Stadt und beschädigen dabei auch das Bürgerhospital.

22. März 1812
Johann Carl Brönner stiftet dem Bürgerhospital testamentarisch 100.000 Gulden zur Versorgung von sechs Pfründnern.

1828
Durch einen Hospitalanbau erhöht sich die Bettenzahl auf 108.

21. Juli 1846
Ankauf der östlich an das Stiftungsgelände angrenzenden Bleichgärten. Beginn der Neubaudiskussion.

18. September 1848
Aufnahme verwundeter Barrikadenkämpfer und Soldaten.

1. Oktober 1849
Einstellung eines Assistenzarztes.

15. Oktober 1850
Neben der Inneren Abteilung wird eine Chirurgische Station eingerichtet.

10. August 1870
Zwei Baracken des Bürgerhospitals dienen bis zum 8. April 1871 als Lazarett.

4. Oktober 1871
Erster Spatenstich für den Hospitalanbau auf dem Gelände der ehemaligen Bleichgärten.

14. Juni 1875
Die ersten Patienten werden vom Alt- in den Neubau des Bürgerhospitals verlegt.

1875
Die Aufnahmebedingungen für das Bürgerhospital werden der preußischen Gesetzgebung angepasst und das medizinische Hilfsangebot auf alle diejenigen ausgedehnt, die einen Anspruch auf öffentliche Unterstützung in Frankfurt haben.

10. Mai 1876
Schwestern des „Vereins zur Pflege im Felde verwundeter und erkrankter Krieger" übernehmen die Krankenpflege.

18. August 1876
Offizielle Einweihung des Hospitalanbaus.

1. Juli 1877
Die Stadt beteiligt sich an den Pflegekosten im Bürgerhospital.

April 1881
Juden wird die Aufnahme ins Bürgerhospital gewährt.

1886
Neuer Operationssaal eingerichtet.

1. Januar 1887
Die Ortskrankenkassen zahlen dem Bürgerhospital einen Pflegesatz von einer Mark fünfzig.

1. April 1896
Der Pflegesatz für Mitglieder der Allgemeinen Ortskrankenkasse steigt auf zwei Mark.

1. Januar 1902
Schwestern des Ev. Diakonievereins Berlin-Zehlendorf übernehmen den Krankenpflegedienst.

18. August 1903
Der Vertrag über den Verkauf des alten Stiftungsgeländes besiegelt das Ende der räumlichen Einheit der Dr. Senckenbergischen Stiftung.

18. August 1905
Grundsteinlegung für das neue Bürgerhospital an der Nibelungenallee.

18. August 1907
Einweihung des neuen Bürgerhospitals
an der Nibelungenallee mit 110 Betten.

1. Januar 1910
Gründung eines Diakonieseminars.

1. August 1914 – 10. Dezember 1918
Das Hospital beteiligt sich als Vereinslazarett
42 an der Pflege verwundeter und erkrankter
Soldaten.

12. Mai 1920
Erster Betriebsrat des Bürgerhospitals
gewählt.

1. April 1921
Bildung eines „Verwaltungsausschusses"
unter Beteiligung der Administration zur
Leitung des Bürgerhospitals. Abteilung
für Frauenkrankheiten und Geburtshilfe
gegründet.

Mai 1922
Die „Vereinigung der Freunde des Bürger-
hospitals e. V." beginnt mit der finanziellen
Unterstützung des Hospitals.

21. Mai 1926
Städtisches Darlehen ermöglicht die
Erweiterung des Hospitals auf 204 Betten
sowie die Einrichtung einer Abteilung für
Augenkrankheiten.

1. Oktober 1926
Gründung einer Röntgenabteilung.

1. Januar 1934
Auflösung des „Verwaltungsausschusses".
Die Administration übernimmt
die Krankenhausleitung wieder in
eigene Verantwortung.

1. September 1939
Beschlagnahmung durch die Wehrmacht.
Im Zweiten Weltkrieg dient das
Bürgerhospital als Reservelazarett.

25. September 1944
Bei einem Luftangriff wird das Dach
des Schwesternhauses zerstört.

27. März 1945
US-Soldaten besetzen das Reservelazarett.
Beschlagnahmung des Bürgerhospitals durch
die amerikanische Militärregierung.

1. April 1946
Wiedereröffnung des freigegebenen
Bürgerhospitals.

1947
Einrichtung einer Abteilung
für Kinderchirurgie.

Juni 1952
Aufgrund finanzieller Schwierigkeiten
droht die Schließung des Bürgerhospitals.

15. Juni 1955
Gründung des Vereins
„Bürgerhospital Frankfurt am Main e. V."

15. Mai 1957
Einweihung des Bettenhochhauses.
In Verbindung mit weiteren Um- und
Anbauten steigt die Bettenzahl bis 1959
auf rund 450.

April 1961
Die ersten Zivildienstleistenden beginnen
ihren Ersatzdienst im Bürgerhospital.

November 1961
Übergabe des neuen Personalwohnhauses
Richard-Wagner-Straße 36.

Mai 1968
Inbetriebnahme der „Intensiv-Pflegestation".

24. März 1982
Einweihung des OP-Trakts am Westflügel.

1983
Die Sanierung und Modernisierung des
Bürgerhospitals beginnt mit der Gründung
einer Abteilung für Plastische- und
Wiederherstellungs-Chirurgie sowie der
Verlegung der Liegendaufnahme und der
Intensivstation in das Bettenhochhaus.

1983 – 1995
Durch die Verbesserung des Komforts
in den Patientenzimmern und die strukturelle
Neuordnung des Hospitals erfolgt eine
Reduzierung der Bettenzahl auf 345.

1. April 1984
Eröffnung der Abteilung für Unfallchirurgie.

1991 – 1994
Modellversuch zur Kernarbeitszeit.

1994
„bioscientia" übernimmt das Krankenhauslabor.

1994 – 1998
Errichtung eines Aufzugsturms am
Bettenhochhaus, Neugestaltung des
Funktionstraktes der Augenklinik, der
Bäderabteilung und der Kreißsäle.
Modernisierung des Röntgeninstituts.

Herbst 1995
Übergabe des Personalwohnhauses
Rat-Beil-Straße 55.

2. Juli 1997
Das Bürgerhospital erhält das Qualitäts-
management-Zertifikat ISO 9001.

28. November 1997
Einweihung der Entzugs- und Motivationsstation im Neubau an der Händelstraße.

29. November 2000
Übergabe des „Zwischenbaus" mit Chirurgischer Ambulanz, Interdisziplinärer Intensivstation und erweiterter Bettenstation N 2.

2001
Neubau eines Aufenthaltsturms am
Bettenhochhaus.

1. Januar 2001
Bürgerhospital-Service GmbH übernimmt
hauswirtschaftlichen Dienst.

1. Januar 2001
Eröffnung der Sektion für Gynäkologische
Endokrinologie und Fertilitätschirurgie.

1. April 2001
Abteilung für Gastroenterologie und
interventionelle Endoskopie eingerichtet.

23. April 2001
Übergabe der Abteilung für Neonatologie.

16. Oktober 2002
Ernennung zum Akademischen Lehrkrankenhaus der Johann Wolfgang Goethe-Universität.

Juli 2003
Abteilung für Glaukomerkrankungen eröffnet.

November 2003
Inbetriebnahme
des AugenDiagnostikCenters Rhein-Main.

Januar 2004
Zentrum für Ultraschalldiagnostik und
Pränatalmedizin eröffnet.

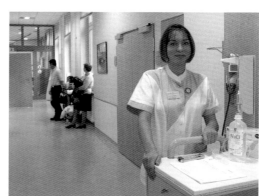

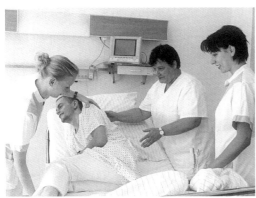

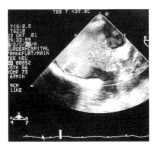

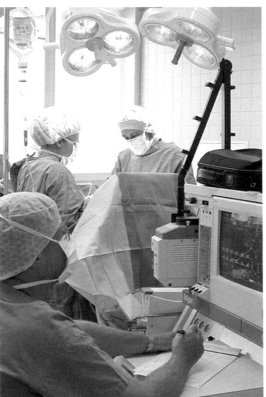

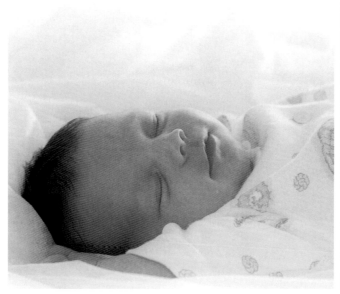
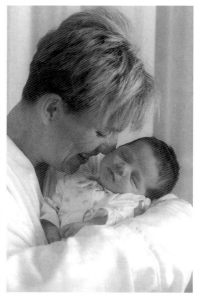

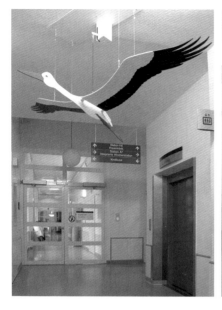

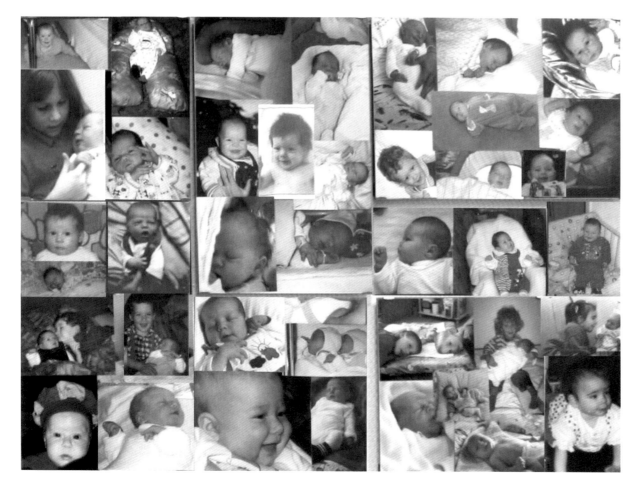

Ärztliche Direktoren

1946 – 1947 Prof. Dr. med. Albert Lezius
1947 – 1964 Dr. med. Charlotte Mahler
1964 – 1971 Dr. med. Kurt Hanf-Dressler
1971 – 1973 Prof. Dr. med. Helmut Wagner
1973 – 1993 Dr. med. Johannes Köhler
1993 – 1998 Prof. Dr. med. Peter-Henning Althoff
1998 – 2000 Dr. med. Bernd Weber
2000 – 2003 Prof. Dr. med. Wolfgang Stein
2003 bis heute Dr. phil. nat. Wilfried K. Köhler

Verwaltungsdirektoren

1945 – 1946 E. Flörchinger (Oberzahlmeister)
1946 – 1963 Karl Eichenauer
1963 – 1975 Emil Caprano
1975 – 1982 Rolf Merk
1982 – 2000 Jürgen Wauch (seit 2000: Krankenhausdirektor)
2000 bis heute Wolfgang Heyl

Oberinnen

1945 – 1946 Elli Schulze
1946 – 1952 Else Seipp
1952 – 1973 Dora Bussemer
1973 – 1982 Margret Gramzow
1982 – 2000 Ursula Barthelmey
2001 bis heute Silke Künker

Die Vorsitzenden des Vereins
Bürgerhospital Frankfurt am Main e. V.

1955 – 1964 Dr. med. Herrmann Günther
1964 – 1978 Dr. med. Otto W. Lürmann
1978 – 1981 Prof. Dr. med. Wolfgang Rotter
1981 – 1998 Prof. Dr. med. Horst Naujoks
1999 bis heute Dr. med. Kosta Schopow

Anmerkungen

1 Vgl. den am 19. Februar 1779 ausgestellten Aufnahmeschein für Johann Matthäus Auernhammer, in: J. R. Schrotzenberger, Stichwort: Patient. Siehe auch: S. A. Scheidel, S. 69.

2 Im Original lautet die Inschrift: „NOSOCOMIUM CIVICUM, JESU CHRISTO SALVATORI SACRUM, CIVIUM PAUPERUM AMORE CONDITUM ET INSTRUCTUM OPERA ET IMPENSIS JOANNIS CHRISTIANI SENCKENBERG, M. D. ET PHYSICI ORDINAR. ANNO MDCCLXX, CIVIUM MUNIFICENTIA AMPLIFICATUM.", aus: S. A. Scheidel, S. 56.

3 J. A. Claus, S. 23.

4 Vgl. die Instruktionen des Hospitalmeisters und der Hospitalmeisterin vom 19. Mai 1778, SB Mappe 581.

5 Paragraph 18 der Instruktion des Krankenwärters vom 19. Mai 1778, ebd. Hierzu auch die Artikel 14 und 15 der im März 1779 vom Rat bestätigten Allgemeinen Spitalgesetze, ASS Nr. 893.

6 Paragraph eins der Instruktion des Krankenwärters vom 19. Mai 1779, SB Mappe 581. Zur Einhorn-Apotheke: J. R. Schrotzenberger, Stichwort: Arzneilieferungen.

7 Paragraph acht der Allgemeinen Spitalgesetze, ASS Nr. 893. Vgl. J. R. Schrotzenberger, Stichwort: Hospitalgesetze.

8 Zitiert nach dem am 24. Februar 1782 mit Reichards Nachfolger Georg Philipp Lehr abgeschlossenen Dienstvertrag. Der drei Jahre zuvor mit Reichard selbst vereinbarte Kontrakt ist nicht überliefert, wird aber mit Lehrs Vertrag nahezu identisch gewesen sein, vgl. A. de Bary, Geschichte, S. 71.

9 Auszug aus dem Sitzungsprotokoll der Administration der Dr. Senckenbergischen Stiftung vom 22. Oktober 1778, SB Mappe 582. Siehe auch: A. de Bary, Geschichte, S. 63.

10 Vgl. „Vierte Nachricht, von dem Fortgang und Anwachs der D. Senckenbergischen Stiftung, zum Besten der Arzneykunde und Krankenpflege", hrsg. von der Dr. Senckenbergischen Stiftungsadministration, Frankfurt a. M. 1780, S. 5.

11 J. W. Goethe, S. 78. Siehe auch die handschriftlichen Aufzeichnungen Senckenbergs „Personen so bey mir gewesen mein Institut zu besehen welche von Belang gewesen", S. 8, SB Mappe 245.

12 Vgl. G. L. Kriegk, S. 1-35, Th. Bauer, Senckenberg, S. 376f. Über Conrad Hieronymus Senckenberg, der immer im Schatten seiner Brüder gestanden hat, ist nur bekannt, dass er von Beruf Apotheker gewesen und 1739 in London gestorben ist.

13 G. L. Kriegk, S. 40.

14 Vgl. ebd., S. 36-212.

15 Vgl. ebd., S. 213-232, A. de Bary, Senckenberg. Sein Leben, S. 53-97, 122-134 und 206f. sowie H.-H. Eulner, Senckenberg und sein Werk, S. 135-138 und 145-154. Die Bezeichnung „Christ außerhalb der Kirche" stammt von B. Reifenberg, S. 10.

16 Zitiert nach: A. de Bary, Senckenberg. Sein Leben, S. 169. Siehe auch: G. L. Kriegk, S. 276ff. und A. de Bary, Senckenberg und seine Stiftung, S. 8f.

17 Renatus von Senckenberg, Nachricht von dem Leben und Charakter D. Johann Christian Senkenbergs, um 1773, SB Mappe 1.

18 Ebd. Siehe auch: A. de Bary, Senckenberg. Sein Leben, S. 39f.

19 Vgl. G. L. Kriegk, S. 233-242, H.-H. Eulner, S. 138, W. Kramer, S. 48 und Th. Bauer, Senckenberg, S. 377f.

20 Zitiert nach dem Druck: „Der Haupt-Stiftungs-Brief. Hierinnen ist mein Johann Christian Senckenbergs, Med. Doct. Und Physici Ordinarii allhier, wohlbedaechtige Willens-Verordnung und unwiderrufliche Stiftung enthalten, aufgerichtet Frankfurt den 18ten Augusti 1763", S. 41, ASS Nr. 233.

21 Vgl. Reformation/ Oder Erneuerte Ordnung deß Heyl. Reichs Stadt Franckfurt am Mayn/ die Pflege der Gesundheit betreffend; Welche den Medicis, Apotheckern/ Materialisten/ und andern Angehoerigen daselbsten/ auch sonsten jedermaenniglich zur Nachrichtung gegeben worden, Frankfurt a. M. 1668, passim, in: Corpus Legum Francofurtensium (1685-1693), hrsg. von Johann Wolfgang Starck, Frankfurt a. M. o. J. (Exemplar des Historischen Museums Frankfurt), W. Stricker, S. 50ff. und 66 sowie Th. Bauer, Im Bauch, S. 40ff.

22 Vgl. R. Koch, Grundlagen, S. 8ff. sowie das noch immer grundlegende Werk über die „unblutige Revolution" von P. Hohenemser, passim.

23 Vgl. ISG, Bürgermeisterbuch 1743, S. 1063, A. de Bary, Geschichte, S. 19f. und ders., Senckenberg. Sein Leben, S. 112-120. Siehe auch: SB Mappen 192-194 „Verbesserungen des Medizinalwesens in Frankfurt 1729-1742."

24 Vgl. A. de Bary, Geschichte, S. 17-22.

25 Haupt-Stiftungs-Brief, wie Anm. 20, S. 44.

26 Ebd., S. 33. Die Quittungen des Rechneiamts über den Empfang des Stiftungskapitals finden sich in: SB Mappe 246. Siehe auch: R. Roth, S. 166f.

27 Zitiert nach: A. de Bary, Senckenberg und seine Stiftung, S. 13f. Hans-Heinz Eulner hat die Anzahl der von Johann Christian Senckenberg ab 1743 in Fortführung seines neunbändigen Tagebuchs (1730-1742) beschriebenen sogenannten Tagebuchzettel auf rund 20.000 geschätzt, vgl. H.-H. Eulner, Tagebücher, S. 239.

28 Zitiert nach: A. de Bary, Geschichte, S. 30.

29 Zitiert nach einer Abschrift des von Johann Christian Senckenberg am 15. Juni 1765 an seinen Bruder Heinrich Christian aufgesetzten Briefs, SB Mappe 247.

30 Zitiert nach: A. de Bary, Senckenberg. Sein Leben, S. 272.

31 Das Beisassenrecht war ein minderes Bürgerrecht. Grob gesagt hatten Beisassen für die Dauer ihres Aufenthalts in Frankfurt als Schutzverwandte der Bürgergemeinde zwar die Pflichten, nicht aber die gleichen Rechte eines Bürgers.

32 Vgl. „Die Zugabe zu dem Stiftungs-Brief. Hierinnen sind befindlich meine Johann Christian Senckenbergs, Med. Doct. Und Physici Ordniarii allhier, noethig erachtete Zusaetze und Erlaeuterungen der von mir 1763. 18. Aug. zum Besten des Vaterlandes in Verbesserung des Medicinal-Wesens und Versorgung armer Kranken errichteten Stiftung, Sub dato Frankfurt den 16. Decembris 1765", S. 59, ASS Nr. 233.

33 "Franckfurter Hospital-Ordnung de Anno 1725. den 5. Dec.", in: C. S. Müller, S. 155. Siehe auch R. Koch, Hospital, passim und R. Spree, S. 144ff.

34 Vgl. H. Meidinger, S. 23 und R. Jütte, S. 128-132.

35 Zitiert nach: A. de Bary, Geschichte, S. 31.

36 Zitiert nach: A. de Bary, Senckenberg. Sein Leben, S. 277. Hierzu auch: SB Mappe 46 mit Senckenbergs Bestimmungen für seine Beisetzung.

37 Zitiert nach: S. A. Scheidel, S. 51. Siehe auch: A. de Bary, Geschichte, S. 45-48, C. Wolff, R. Jung, S. 326-336, W. Kallmorgen, Siebenhundert Jahre Heilkunde, S. 143f. und SB Mappe 244, unter anderem findet sich dort eine Bleistiftskizze der von Stöcklein in der Kuppel der Anatomie 1770 ausgeführten Deckengemälde.

38 Aus dem Vorwort Johann Christian Senckenbergs zum „Stiftungs-Briefe zum Besten der Artzneykunst und Armenpflege; Samt Nachricht wegen eines zu unternehmenden Buerger- und Beysassen-Hospitals zum Behufe der Stadt Frankfurt", Frankfurt a. M. 1770, S. 4, ASS Nr. 233.

39 Johann Christian Senckenberg „Personen so bey mir gewesen mein Institut zu besehen welche von Rang gewesen", S. 9f., SB Mappe 245. Siehe auch die von Johann Erasmus von Senckenberg ausgearbeitete Druckschrift „Pro-Memoria in Betreff eines Franckfurter venerirlichen Raths-Decrets vom 13. September 1768, wodurch die, Abseiten einiger Contract-Schliesenden Personen, aus eigner Bewegung geschehene Bestimmung ihrer sogenannten Gottes-Pfennige, zu dem Vorhaben des D. Med. & Phys., Johann Christian Senckenberg, der ersten Stiftung eines Burgerlichen Siechen-Hauses vors kuenftige soll abgestellet werden", Frankfurt a. M. 1768, ASS Nr. 284 und das „Einnahm-Buch von Legaten, Gottes-Pfennige und Verehrungen zum Senckenberg-Stift und Burger Hospithal 1767-1784", S. 1ff., ASS Nr. 51.

40 Abschriften von Johann Christian Senckenbergs Testaments-Nachträgen, hier: Notiz vom 19. März 1772, ASS Nr. 231. Siehe auch: A. de Bary, Geschichte, S. 49ff., C. Wolff, R. Jung, S. 337ff., G. Preiser, S. 17 und A. H. Murken, S. 1632f.

41 R. von Senckenberg, wie Anm. 17.

42 Ebd.

43 Aktualisierte Übersetzung nach: S. A. Scheidel, S. 47. Siehe auch: Ebd., S. 58f. und A. de Bary, Senckenberg. Sein Leben, S. 315-321. Der gebundene Sektionsbericht „Visum Repertum über den Leichnam des seligen Herrn Hofraths Senckenberg des Stifters des Burgerspitals" verwahrt: SB Mappe 44.

44 „Erste Nachricht, von dem Fortgang und Anwachs der D. Senckenbergischen Stiftung, zum Besten der Arzneykunde und Krankenpflege; nach der Verordnung des Stifters herausgegeben von der D. Senckenbergischen Stiftungsadministration", Frankfurt a. M. 1776, S. 4, ASS Nr. 235. Hierzu auch: A. de Bary, Geschichte, S. 40f.

45 Erste Nachricht, wie Anm. 44, S. 5. Einzelheiten zum Nachlass-Inventar Johann Christian Senckenbergs bei: S. A. Scheidel, S. 64f.

46 Vgl. Erste Nachricht, wie Anm. 44, S. 5ff. und A. de Bary, Geschichte, S. 60f.

47 Testaments-Abschrift vom 8. Juli 1782, SB Mappe 426. Vgl. Erste Nachricht, wie Anm. 44, passim, „Einnahm-Buch", wie Anm. 39, S. 8, 17, 21, 23, 28, 34 und 42 sowie A. de Bary, Geschichte, S. 62ff. und W. Forstmann, Bethmann, S. 11-16.

48 Der Text der Inschrift ist abgedruckt in: 10. Nachricht (1786), wie Anm. 44, S. 5f.

49 „Legaten-Buch des Doct. Senckenbergischen Burger- und Beisassenhospital 1772-1828", S. 107, ASS Nr. 89, 11., 19. und 20. Nachricht (1788, 1803 und 1807), wie Anm. 44, jeweils S. 7 und S. 5ff., H. Meidinger, S. 31ff. und A. de Bary, Geschichte, S. 68f.

50 Zitiert nach: R. Diehl, S. 66. Vgl. 7. und 8. Nachricht (1783 und 1784), wie Anm. 44, jeweils S. 5.

51 Pfründnervertrag mit Inventar vom 17. Juni 1787, SB Mappe 504. Hierzu auch: Renatus von Senckenbergs Vorbericht zum „Stiftungs-Brief", wie Anm. 38, S. 27f. und das Pfründnerverzeichnis von 1779 bis 1819 bei J. R. Schrotzenberger, Stichwort: Pfründner.

52 17. Nachricht (1796), wie Anm. 44, S. 4. Vgl. A. de Bary, Geschichte, S. 83-87.

53 „Die von Herrn Coad. Fingerlin aufgestellte wahrhafte Schilderung des Zustandes des Doct. Senckenberg. Burger- u. Beisaßen Hospitals; welche im Monat Juny 1806 bei sämtl. Herrn Administratoren circulirte, und/ vid.: Amtsprotocoll vom 19. Juny 1806 bei Amt vorkam", S. 6f., SB Mappe 128.

54 Vgl. ebd. und „Etat der Doct. Senckenberg'schen Stiftung", S. 7 vom 16. April 1807, ASS Nr. 55:2. Siehe auch die Akten „Militärische Einquartierung", SB Mappen 354 und 355.

55 Vgl. W. Klötzer, Frankfurt, S. 309ff. und die „Medicinalordnung für die großherzogliche Residenzstadt Frankfurt und die dazugehörigen Dorfschaften", Frankfurt a. M. 1811, S. 12f.

56 Vgl. das Schreiben des Maire Guiollett an die Administration und den Entwurf für einen Antwortbrief vom 18. und 30. Januar 1813, SB Mappe 128 sowie das Schreiben des Präfekten von Günderrode an die Administration und den Entwurf für eine Stellungnahme vom 3. und 17. März 1813, SB Mappe 352. Siehe auch: A. de Bary, Geschichte, S. 89ff. und 96.

57 Auszugsweise Abschrift des am 25. April 1810 aufgesetzten Testaments von Johann Carl Brönner, ASS Nr. 440, f. 2r.-4v., Bericht über das Einhundertjährige Jubelfest der Dr. Senckenbergischen Stiftung für Arzneikunde und Krankenpflege, am 18. August und 8. Oktober 1863, hrsg. von der Stiftungsadministration, Frankfurt a. M. 1863, S. 6 und 22. Nachricht (1813), wie Anm. 44, S. 8.

58 Vgl. das Schreiben Zschoches an die Administration der Dr. Senckenbergischen Stiftung vom 3. März 1813, SB Mappe 506, J. R. Schrotzenberger, Stichwort: Brönner und „Allgemeine Gesetze für die in Gemäßheit des Vermächtnisses von weiland Herrn Senator Brönner in dem Dr. Senckenbergischen Hospitale aufgenommen werdende Pfründner", o. J. (1813), ASS B 230.

59 „Gehorsamster Bericht und Gutachten der niedergesetzten gemischten Deputation, das Versorgungshaus betr." Vom 5. November 1816, zitiert nach: W. Schmidt-Scharff, S. 13. Zur Geschichte des Alters in Frankfurt: Th. Bauer, Das Alter.

60 Jacob Friedrich Ferber, Standhafte Ideen und der Ruhm des sich selbst verewigten von Senckenberg, Frankfurt a. M. 1812, SB Mappe 268.

61 Vgl. S. A. Scheidel, S. 80ff., A. de Bary, Geschichte, S. 98-120, W. Kallmorgen, Eine medizinische Fakultät, „Auszug aus dem Register der Praefektur des Departements Frankfurt Nr. 5350" vom 21. Oktober 1813, SB Mappe 128 und W. Klötzer, Frankfurt, S. 313.

62 Vgl. W. Klötzer, Frankfurt, S. 314.

63 24. Nachricht (1819), wie Anm. 44, S. 3.

64 J. W. von Goethe, Kunst und Altertum, S. 63. Siehe auch: A. de Bary, Geschichte, S. 124 und 145.

65 J. W. von Goethe, Kunst und Altertum, S. 72.

66 Anonym (Christian Ernst Neeff), Das Senkenbergische Stift, Frankfurt a. M. 1817, passim.

67 Vgl. A. de Bary, Geschichte, S. 126-140 und 155 sowie J. Steen, S. 17ff.

68 A. Kirchner, S. 60.

69 Vgl. S. A. Scheidel, S. 95, J. R. Schrotzenberger, Stichwort: Hospital, Anbau, A. de Bary, Geschichte, S. 157 und W. Klötzer, Bürgerhospital, S. 12f.

70 Vgl. S. A. Scheidel, S. 97ff., Vertrag über den Grundstückstausch zwischen der Stadtkämmerei und der Dr. Senckenbergischen Stiftung vom 1. Mai 1850, ASS Nr. 534, f. 17r.-21r. und die gedruckte Bittschrift der Administration an den Senat, o. J. (1863), S. 3.

71 Vgl. 31. Nachricht (1840), wie Anm. 44, S. 4-7 und J. R. Schrotzenberger, Stichwort: Kostbestimmungen.

72 Vgl. A. Kirchner, S. 60, J. R. Schrotzenberger, Stichwort: Besuchszeit und A. de Bary, Geschichte, S. 163.

73 Vgl. Medizinal-Ordnung für die Freie Stadt Frankfurt und deren Gebiet, Frankfurt a. M. 1841, S. 7 und 19, A. de Bary, Geschichte, S. 169 und 172 sowie Th. Bauer, Stadt und Gesundheit, S. 21.

74 Vgl. W. Klötzer, Nationalversammlung, S. 422f. und H. Naujoks, Barrikadenkampf, S. 5.

75 34. Nachricht (1849), wie Anm. 44, S. 5.

76 Ebd. S. 6. Siehe auch: J. B. Lorey, Teil I, S. 29 und 32-39 sowie J. R. Schrotzenberger, Stichwort: Verwundete.

77 Vgl. J. B. Lorey, Teil I, S. 64-83 und ders., Teil II.

78 K. Schlosser, S. 16.

79 Vgl. J. B. Lorey, Teil I, S. 21f. und 67f.,
J. R. Schrotzenberger, Stichwort: Mikroskop,
H. Goerke, S. 69-73 und Th. Bauer, R. Hoede, S. 31f.

80 J. B. Lorey, Teil I, S. 49. Siehe auch ebd., S. 71ff.
und H. Goerke, S. 70f.

81 Anstellungsregulativ und Instruktion für den
Hospital-Wundarzt am Dr. Senckenbergischen
Bürger- und Beisassen-Hospital vom 15. Oktober 1850,
SB Mappe 583.

82 Instruktion für den Assistenzarzt im Dr. Senckenbergischen Bürgerhospital vom 1. Juli 1851, SB Mappe
583. Siehe auch: J. R. Schrotzenberger, Stichwort:
Hospitalärzte und A. de Bary, Geschichte, S. 165.
Eine Liste der Assistenzärzte von 1849 bis 1881 enthält
der Zeitungsbericht „Die Dr. Senckenbergische Stiftung.
Das Bürgerhospital", in: Frankfurter Hausblätter vom
29. Oktober 1881.

83 Vgl. Th. Bauer, Im Bauch, S. 189, 35. Nachricht,
wie Anm. 44, S. 9 und J. B. Lorey, Teil I, S. 7 und 65.

84 F. Stoltze, S. 5f.

85 E. Marcus, Varrentrapp, S. 273. Zu Varrentrapps
Biographie: Th. Bauer, Im Bauch, S. 204-207.

86 Vgl. 35. Nachricht (1852), wie Anm. 44, S. 10f.,
„Dr. Senckenberg'sches Bürgerhospital", in:
Frankfurter Volksbote vom 22. Februar 1852 und
A. de Bary, Geschichte, S. 175f.

87 Gutachterliches Schreiben von Georg Varrentrapp an den
Vorsitzenden der Administration Johann Michael Mappes
vom 7. Februar 1861, SB Mappe 567. Vgl. das gedruckte
„Programm zu dem in Frankfurt am Main auszuführenden
Anbau an das Dr. Senckenbergische Bürgerhospital"
mit den „Concurrenz-Bedingungen" vom 27. Mai 1861,
ASS Nr. 738, f. 1r.ff.

88 Programm, wie Anm. 87. Siehe auch die Eingabe
der Hospitalärzte Lorey und Passavant an die
Administration vom Juli 1854, SB Mappe 567.

89 Entwurf für ein Schreiben der Administration an
das Frankfurter Sanitätsamt aus dem Jahr 1863,
ASS Nr. 738, f. 9r.-14v., hier: f. 12v. Vgl. den Bericht der
Preisrichter an die Stiftungsadministration vom
10. Dezember 1861, SB Mappe 562, 41. Nachricht (1863),
wie Anm. 44, S. 3-6, die gedruckte Eingabe „An den
Hohen Senat der freien Stadt Frankfurt gehorsamste
Vorstellung und Bitte der Administration der
Dr. Senckenbergischen Stiftung betr. Neubau", April 1862,
ASS Nr. 738, f. 2r.ff. und den „Auszug Protocolls
der Gesetzgebenden Versammlung § 315" vom
7. August 1863, SB Mappe 562. Das Polizeiamt schilderte
der Stiftungs-Deputation in einem Schreiben vom
11. November 1862 die Notlage der Pflegebedürftigen in
Frankfurt. Das Amt bezifferte die Zahl der Pflegefälle
auf unter 25 und plädierte für die Anbindung eines
Siechenhauses an das Bürgerhospital,
ASS Nr. 738, f. 7r.-8r.

90 Vgl. Senats-Protokoll 1866, § 1115 vom 2. März 1866 und
A. de Bary, Geschichte, S. 177ff.

91 Vgl. den Entwurf für ein Schreiben der Administration
an das Frankfurter Bauamt vom 29. Mai 1866 und den
zwischen der Dr. Senckenbergischen Stiftung und
Heinrich Burnitz vereinbarten Vertrag vom 31. Mai 1866,
beide: ASS Nr. 738, f. 37r./v. und 33r.-35r.

92 Vgl. Th. Bauer, Rotes Kreuz, S. 13-16, W. Forstmann,
Frankfurt, S. 349-353 und A. de Bary, Geschichte, S. 183.

93 Vgl. das Schreiben der Administration an den Magistrat
vom 11. Juni 1868, MA V 379, f. 1r. und die Denkschrift
der Administration vom 14. Februar 1870, ISG,
Wohlfahrtsamt Nr. 945/I, f. 3r.-5r.

94 Denkschrift, wie Anm. 93, f. 3v./4r. Vgl. die „Verordnung,
Sanitätspolizei betreffend" vom 14. Dezember 1868, in:
A. H. E. von Oven, S. 96, A. Spieß, S. 54f. und W. Klötzer,
Bürgerhospital, S. 14.

95 Vgl. den Auszug aus dem Sitzungsprotokoll der
Stiftungsadministration vom 4. Dezember 1875, ISG,
Wohlfahrtsamt Nr. 945/I, f. 7r.-8r.

96 W.-A. Kropat, S. 23-46 und 76-91 sowie das Schreiben
der Administration an den Magistrat vom 29. April 1868
(Präsentatum), den Bericht des Rechneiamts an den
Magistrat vom 30. April 1868 und den Magistrats-
Beschluss vom 5. Mai 1868, alle: MA V 378, f. 1r.-4v.

97 Vgl. A. de Bary, Geschichte, S. 182f. und
G. Varrentrapp, S. 392f.

98 Schreiben von Melchior Burck an Hospitalmeister Johann
Christoph Reichard vom 21. November 1870, SB Mappe
590. Siehe auch: 42. Nachricht (1876), wie Anm. 44,
S. 8, das Schreiben der Administration an den Magistrat
vom 26. Mai 1871, MA S 106/II (Akte nicht paginiert) und
Th. Bauer, Rotes Kreuz, S. 20-29.

99 Schreiben der israelitischen Gemeinde an den Magistrat
vom 24. März 1870 (Präsentatum), MA V 378, f. 40r.-47v.,
hier: f. 47r. Siehe auch die Schreiben der Administration
an den Magistrat und an Stadtrat von Oven vom
9. September und 15. November 1869, MA V 378,
f. 10r.-11r. und 27r.-29r. sowie K. Maly,
Die Macht, S. 61-65.

100 „Der Bau eines neuen Bürgerhospitals", in: Frankfurter
Journal (2. Beilage zu Nr. 141) vom 22. Mai 1870.

101 Gedruckter Bericht der „Commission für Hospitalbau"
an den Ärztlichen Verein vom 19. Dezember 1870,
MA V 378, f. 72r./v.

102 Schreiben der Administration an den Magistrat vom
10. März 1871, MA V 378, f. 76r. Siehe auch den
Magistrats-Beschluss Nr. 478 vom 21. April 1871,
ebd., f. 81r.-82r.

103 „Notizen zum Neu-Bau 1871", nicht paginiert,
SB Mappe 568.

104 Vgl. 42. Nachricht (1876), wie Anm. 44. S. 8ff.,
F. Wendling, S. 133-141 und 159ff., Mietvertrag
zwischen der Administration und der Weinhandlung
Seckbach & Cie. Vom 28. November 1877, ASS Nr. 402,
f. 1r./v. und 21r. sowie „Frankfurter Stiftungen", in:
Kleine Presse vom 16. April 1899.

105 Vgl. E. Marcus, Die Anstalten, S. 393ff., A. Labisch,
R. Spree, S. 21ff. und Th. Bauer, R. Hoede, S. 13ff.

106 Paragraph elf der Instruktion für den Assistenzarzt
im Dr. Senckenbergischen Bürgerhospital vom
1. Juli 1851, SB Mappe 583. Siehe auch die undatierte
katalogartige Darstellung des Bürgerhospitals, um 1867,
SB Mappe 576.

107 Personalbuch 1857-1876, ASS Nr. 90, S. 20.

108 Ebd., S. 2.

109 Ebd., S. 73.

110 Vgl. A. Labisch, R. Spree, S. 22f., R. Spree, S. 148f.
und 42. Nachricht (1876), wie Anm. 44, S. 5.

111 Die Währungsumstellung vom Gulden auf die Mark
erfolgte 1875: 1 Gulden = 1 Mark und 71 3/7 Pfennige.

112 Vgl. Th. Bauer, Rotes Kreuz, S. 29ff., das Schreiben des
Vereins zur Pflege im Felde verwundeter und erkrankter
Krieger an Moritz Schmidt vom 1. März 1876 und der
Vertrag zwischen der Administration und dem Verein vom
10. Mai 1876, ASS Nr. 537, f. 1r./v. und 11r.-12r. sowie
F. Wendling, S. 111f.

113 Vgl. die Instruction für die Pflegerinnen am
Dr. Senckenberg'schen Bürger-Hospital zu Frankfurt am
Main, Frankfurt a. M. 1876, passim, SB Mappe 581,
Instruction des Hospitalmeisters der Senckenberg'schen
Stiftung vom 1. Mai 1876, ASS Nr. 831, f. 1r.-2v., die
Instruction für die Haushälterin im Dr. Senckenberg'schen
Bürgerhospital vom 1. Juli 1876, ASS Nr. 588, f. 3r.-4r.
und die Instruction für den Hausgeistlichen des
Dr. Senckenberg'schen Bürgerhospitals vom
1. Oktober 1879, ASS Nr. 484, f. 8r.

114 Das Rechnungsjahr der Dr. Senckenbergischen Stiftung
begann jeweils am 1. Juli und endete am 30. Juni des
nächsten Jahres.

115 45. Nachricht (1879), wie Anm. 44, S. 3.

116 Vgl. 43. Nachricht (1877), wie Anm. 44, S. 3, das Schreiben der Administration an den Magistrat vom 26. März 1877, MA V 377/I, f. 15r.-19r., den Vertrag zwischen der Administration und der Polizeisektion vom 1. Juli 1877, ISG, Wohlfahrtsamt Nr. 943, f. 7r.-8v. und die „Uebersicht seit der Erbauung und Eröffnung des Dr. Senckenbergischen Bürgerhospitals in demselben verpflegten Patienten" (1779-1911), ASS Nr. 798, f. 1r./v. sowie A. de Bary, Geschichte, S. 198.

117 Schreiben der Polizeisektion an den Magistrat vom 24. Februar 1882, MA V 377/I, f. 59v. Vgl. die 44. Nachricht (1878), wie Anm. 44, S. 3, das Schreiben der Administration an den Magistrat vom 7. Februar 1878, MA V 377/I, f. 35r.-37r., das Schreiben der Administration an die Polizeisektion vom 3. Februar 1879, ISG, Wohlfahrtsamt Nr. 943, f. 16r. und A. de Bary, Geschichte, S. 199.

118 Vgl. A. Knoblauch, S. 125f., Th. Bauer, Stadt und Gesundheit, S. 46ff. und D. Jetter, S. 117ff.

119 „Ausführung des § 9, al. 3 der Instruction des Stadtarztes" vom 2. Dezember 1884 (Abschrift), ASS Nr. 639, f. 10r.

120 Abschrift eines Schreibens von Carl Conrad Wilhelm Bardorff an das Armenamt vom 31. August 1885, ISG, Wohlfahrtsamt Nr. 943, f. 39r. Siehe auch: A. de Bary, Geschichte, S. 201.

121 V. Hentschel, S. 9-23.

122 Zitat des AOK-Vorstandes nach Ph. Steffan, S. 2.

123 Vgl. das Schreiben des Verbands-Vorstandes der Frankfurter Ortskrankenkassen an die Administration vom 23. Dezember 1886, ASS Nr. 622, f. 9r./v., 53. Nachricht (1887), wie Anm. 44, S. 4, Abschrift des Sitzungsprotokolls der Stiftungsadministration vom 7. April 1887 und die gedruckten „Bestimmungen für Benutzung der Separat-Zimmer im Bürger-Hospital" von 1887, beide: ASS Nr. 403, f. 5r. und 14r.

124 Vgl. das Schreiben der AOK an die Administration vom 18. Oktober 1891, ASS Nr. 622, f. 17r., das Schreiben der Fleischer-Innungs-Krankenkasse an die Administration vom 23. Oktober 1891, ASS Nr. 761, f. 19r. und Ph. Steffan, S. 6.

125 Vgl. das Exposé von Philipp Steffan „Bürgerhospital und Allgemeine Ortskrankenkasse" vom 24. September 1894, das Protokoll der Besprechung der Krankenhaus-Vertreter vom 11. Dezember 1894 und den Vermerk vom 15. Dezember 1895, alle: ASS Nr. 622, f. 29r.-32v., 44r./v. und 60r. sowie Ph. Steffan, S. 6.

126 Vgl. „Die Frankfurter Ortskrankenkasse", in: Frankfurter Zeitung (Abendblatt) vom 11. August 1898, das Schreiben der Allgemeinen Ortskrankenkasse an die Administration vom 11. Januar 1900, ASS Nr. 388, f. 8r. und den Entwurf für ein Schreiben der Administration an das Polizeipräsidium vom 7. September 1901, ASS Nr. 488, f. 35r.

127 52. Nachricht (1886), wie Anm. 44, S. 3.

128 Schreiben von Heinrich Schmidt an die Administration vom 10. Juni 1887. Vgl. auch die 55. Nachricht (1889), wie Anm. 44, S. 3, die Abschrift des Sitzungsprotokolls der Administration vom 12. Februar 1891, ASS Nr. 612, f. 11r. und A. Labisch, R. Spree, S. 26f.

129 Desinfections-Anlagen und Desinfections-Apparate für Stadt- und Landgemeinden, Krankenhäuser, Lazarethe u.s.w. von W. Budenberg, Dortmund 1886, S. 5 (ASS Nr. 383, f. 18ff.). Siehe auch das Schreiben von Heinrich Schmidt an die Administration vom 6. September 1887, ASS Nr. 383, f. 8r.-9v.

130 Vgl. den Bericht über die „Probe mit dem Budenberg'schen Desinfections-Apparat im Garten des Dr. Senckenberg'schen Bürgerhospitals am 15. Februar 1888", die Abschrift des Sitzungsprotokolls der Stiftungsadministration vom 8. März 1888 und das Schreiben des Armenamts an die Administration vom 29. Januar 1889, alle: ASS Nr. 383, f. 33r.-34v. und 44r.-45r.

131 Vgl. die „Bedingungen betr. Die Lieferung der Medicamente an das Bürger-Hospital" vom 1. Juli 1884, ASS Nr. 736, f. 15r./v. und den Schriftwechsel zwischen dem Polizeipräsidium und der Administration im Frühjahr 1900, ASS Nr. 800, f. 1r.-14v.

132 Leserbrief von Peter Krupp, in: General-Anzeiger (2. Blatt) vom 28. Juni 1891. Siehe auch die Nachricht des Hospitalmeisters Reichard an den Vorsitzenden der Administration Schmidt-Metzler vom 16. Mai 1891, ASS Nr. 833, f. 2r.

133 Vgl. den Entwurf für ein Schreiben des Magistrats (Armenamt) an den Polizeipräsidenten vom 31. Dezember 1886, ISG, Wohlfahrtsamt Nr. 943, f. 45v.-46v. und Th. Bauer, Rotes Kreuz, S. 41-44.

134 Bestimmungen über die Regelung des freiwilligen Rettungswesens, genehmigt durch den Magistrats-Beschluss Nr. 320 vom 3. Mai 1901, ASS Nr. 487, f. 5r. Siehe auch das Schreiben des Ausschusses für das Rettungswesen an die Administration vom 28. August 1901, ebd., f. 10r.

135 Vgl. die Krankenblätter Eduard Bärs vom 12. bis 18. September 1900 und vom 20./21. Juli 1903, ASS Nr. 687, f. 14r.-16r.

136 Abschrift eines Schreibens von Moritz Orthenberger an den „Verein zur Pflege im Felde verwundeter und erkrankter Krieger" vom 5. März 1890, ASS Nr. 537, f. f. 32r. Siehe auch den zwischen der Administration und dem Hilfsverein vereinbarten Vertrag vom 6. Juli 1891, ebd., f. 49r.-50v.

137 Vgl. das Schreiben des Rot-Kreuz-Vorsitzenden Emanuel Cohn an den Vorsitzenden der Dr. Senckenbergischen Stiftungsadministration, Moritz Schmidt-Metzler, vom 19. Februar 1901, ASS Nr. 537, f. 90r.-93r.

138 „Bestimmungen betreffend die in den städtischen Krankenanstalten verwendeten Vereinsschwestern", Magistrats-Beschluss Nr. 1252 vom 24. Juli 1900, ASS Nr. 537, f. 19v. Siehe auch den gedruckten Jahresbericht „Verein vom Rothen Kreuze in Frankfurt a. M. Dreiunddreißigster Bericht über das Jahr 1900", ISG, Akten der Stadtverordnetenversammlung Nr. 1560: „Dem mit der hiesigen Anstaltsdeputation abgeschlossenen Vertrag lag unsererseits das Bestreben zu Grunde, den Schwestern vom Rothen Kreuze eine ihrer sozialen Bedeutung entsprechende Stellung zu wahren: bei voller Inanspruchnahme ihrer Kräfte für die Krankenpflege Befreiung von niederen Arbeiten."

139 Vgl. den von August Knoblauch für die Administration verfassten Bericht vom 10. Mai 1901, ASS Nr. 537, f. 103r.-104v. und den Eintrag in das Protokollbuch der Administration vom 10. Mai 1901, § 3, ASS Nr. 156, S. 572.

140 Schreiben von Friedrich Zimmer an Ernst Roediger vom 17. Mai 1901, ASS Nr. 817, f. 10r.

141 Vgl. die Niederschriften im Protokollbuch der Administration vom 14. Juni, 30. August und 10. September 1901, ASS Nr. 156, S. 575, 584 und 586 sowie das Schreiben von Friedrich Zimmer an Moritz Schmidt-Metzler vom 2. September 1901, ASS Nr. 817, f. 16r. und den Entwurf für das Kündigungsschreiben der Administration an den Vorstand des Vereins "Zum Rothen Kreuz" vom 11. September 1901, ASS Nr. 537, f. 105r.-107r.

142 Vertrag zwischen der Administration der Dr. Senckenbergischen Stiftung und dem Evangelischen Diakonieverein vom 30. November 1901, ASS Nr. 817, f. 20v.

143 Zitiert nach einer im Archiv des Evangelischen Diakonievereins Berlin-Zehlendorf verwahrten Vereinschronik, S. 241. Siehe auch: „Aus der Anfangszeit der Pflegerinnenschule in Frankfurt", in: Blätter aus dem Ev. Diakonieverein 6 (1902), S. 91.

144 Der in Frankfurt geborene Moritz Schmidt-Metzler (1838-1907) ließ sich 1861 als praktischer Arzt in seiner Vaterstadt nieder und wurde im darauffolgenden Jahr im Bürgerhospital als Assistenzarzt angestellt. Seit 1886 widmete er sich ausschließlich den Krankheiten des Kehlkopfes (Laryngologie). Bekannt wurde Schmidt-Metzler 1887 durch die Behandlung von Kronprinz Friedrich und von Kaiser Wilhelm II., den er 1903 erfolgreich am Stimmband operierte, vgl. F. Hodes, o. S.

145 Vgl. A. de Bary, Geschichte, S. 208f.

146 Vgl. A. de Bary, Geschichte, S. 207 und P. Kluke, S. 46f.

147 Schreiben der Administration an Oberbürgermeister Adickes vom 12. Mai 1899, MA V 381 (Akte nicht paginiert). Siehe auch das Schreiben der Administration an den Magistrat vom 28. Februar 1899, ebd.

148 Vgl. den Entwurf für ein Schreiben des Oberbürgermeisters an die Administration vom 6. Juni 1899 und das Schreiben der Administration an den Oberbürgermeister vom 17. August 1899, beide: MA V 381, den Baubescheid der Baupolizei vom 15. Februar 1905, ASS Nr. 700, f. 49f. und A. de Bary, Geschichte, S. 210f.

149 B. Freudenthal, S. 425.

150 Vgl. das Protokoll der Magistratssitzung vom 24. Februar 1903, MA V 381 und das Protokoll der „Gemeinschaftlichen Sitzung der Herren Coexecutoren und der Administration der Dr. Senckenbergischen Stiftung" vom 26. Februar 1903, ASS Nr. 11, f. 13r.-14r.

151 Mittheilungen aus den Protokollen der Stadtverordneten-Versammlung der Stadt Frankfurt a. M. 36 (1903), S. 215, MA V 381. Siehe auch: K. Maly, Das Regiment, S. 60.

152 Vgl. den gedruckten „Vertrag. Zwischen der Stadtgemeinde Frankfurt a. M., vertreten durch ihren Magistrat, einerseits, und der Dr. Senckenbergischen Stiftung zu Frankfurt a. M., vertreten durch ihre Administration, andererseits" vom 18. August 1903, MA V 381 und den Vertrag zwischen der Dr. Senckenbergischen Stiftung und der Carl Christian Jügel'schen Stiftung vom 18. August 1903, ASS Nr. 333, f. 4r./v. sowie A. de Bary, Geschichte, S. 216f.

153 Zitiert nach: G. Ebeling, S. 104.

154 Protokoll der Begehung des Bürgerhospitals von Kreisarzt Fromm, ohne Datum (Sommer 1907), ASS Nr. 574, f. 10r. Zum Kreisarzt: Th. Bauer, Stadt und Gesundheit, S. 33. Siehe auch den am 15. Februar 1905 für das Bürgerhospital ausgestellten Baubescheid, ASS Nr. 101, f. 6r.-7v.

155 Vgl. das Schreiben der Administration an den Bezirksausschuss vom 29. Oktober 1904, ASS Nr. 146, f. 6r.-8r., das Protokoll der Begehung, wie Anm. 154, G. Ebeling, Chronik, S. 140-163 und Th. Bauer, R Hoede, S. 31.

156 Vgl. die Schreiben von Hospitalmeister Ebeling an das Waisen- und Armen-Amt vom 22. Mai und 22. Juli 1907, ISG Wohlfahrtsamt Nr. 945, f. 21r. und 25r., 74. Nachricht (1907/08), wie Anm. 44, S. 1, das PAS am 28. Juni 1907, ASS B 22, S. 221f., das Protokoll der Begehung, wie Anm. 154, f. 12v., A. de Bary, Geschichte, S. 226 und das Schreiben der Administration an Gustav Ebeling vom 18. August 1913, ASS Nr. 831, f. 122r.

157 „Die Einweihung des neuen Bürgerhospitals", in: Kleine Presse vom 19. August 1907. Siehe auch das PAS am 8. August 1907, ASS B 22, S. 236f., 74. Nachricht (1907/08), wie Anm. 44, S. 1 und „Einweihung des neuen Bürgerhospitals und der Stiftungskirche", in: General-Anzeiger vom 19. August 1907.

158 Vgl. G. Ebeling, S. 140f. und 155 sowie A. de Bary, Geschichte, S. 229f.

159 Zitiert nach: „Das Schicksal des Senckenbergischen Stiftshauses", in: Frankfurter Nachrichten vom 2. August 1906. Siehe auch: „Das neue Bürgerhospital", in: Frankfurter Nachrichten vom 24. Juli 1907 und K. Maly, Das Regiment, S. 84.

160 „Vertrag. Zwischen der Stadtgemeinde", wie Anm. 152. Siehe auch das PAS am 2. Oktober und 13. November 1906, ASS B 22, S. 162f. und 172f. sowie das Schreiben des Magistrats an die Administration vom 19. Juli 1906, ASS Nr. 700, f. 145r./v.

161 Vgl. H. Gerber, S. 548.

162 Die mit zwei Magistratsangehörigen, drei von den Stadtverordneten nominierten Bürgern, dem Stadtarzt und einem Pfleger des Rochushospitals besetzte Anstalts-Deputation übte seit September 1894 die Aufsicht über das Städtische Krankenhaus aus. Die Deputation vertrat das Krankenhaus nach außen, entschied über die Aufstellung des Etats oder über die Besetzung vakanter Dienststellen.

163 Vgl. das Schreiben der Anstalts-Deputation an die Senckenbergische Stiftung und das Antwortschreiben der Administration vom 10. und 24. Dezember 1907, ASS Nr. 336, f. 3r.-5r. und 7r./v., das gedruckte Formular „Frankfurter Tarif" vom 30. März 1908, ASS Nr. 761, f. 73r., die Pflegesatz-Vereinbarungen zwischen der Allgemeinen Ortskrankenkasse und dem Bürgerhospital vom 7. April 1908 und 20. Februar 1914, ASS Nr. 479, f. 8r.-9r. und Nr. 613, f. 96r./v., 80. Nachricht (1913/14), wie Anm. 44, S. 2 und Th. Bauer, R. Hoede, S. 42.

164 Diakonieseminar = Krankenpflegeschule, die neben der Ausbildung zur Pflege eine schwesternschaftliche und christliche Erziehung umfasst.

165 Vgl. V. Mühlstein, S. 126-131 und 72. Nachricht (1910/11), wie Anm. 44, S. 2. Den Hinweis auf die Biographie von Helene Bresslau verdanke ich Björn Wissenbach.

166 Vertrag zwischen dem Diakonieverein und der Senckenbergischen Stiftung vom 10./24. Februar 1910, § 3, ASS Nr. 476, f. 1r. Siehe auch das Schreiben/ Durchschlag der Administration an den Regierungs-präsidenten vom 16. April 1908 und das Schreiben des Diakonievereins an die Administration vom 10. Dezember 1908, ASS Nr. 817, f. 61r. und 85r.-89r., „Die Schwesternschaft – selbstbewusst unter Gottes Schutz", in: UT-Extra Nr. 8, Juli 2002, S. 16 und 77. Nachricht (1910/11), wie Anm. 44, S. 2.

167 Zitiert nach: G. Kulicke, o. S.

168 Vgl. H. M. Müller, S. 197ff.

169 Vgl. H. Drüner, S. 82-92, W. Kallmorgen, Siebenhundert Jahre, S. 129ff., Th. Bauer, Rotes Kreuz, S. 59-63, 81. Nachricht (1914/15), wie Anm. 44, S. 3, den Kriegs-sanitätsbericht des Vereinslazaretts 42 vom 2. August 1914-31. August 1916, ASS Nr. 311, f. 290r.-308r., das „Militär-Patienten-Journal 1914-1918", ASS B 261 und A. de Bary, Zusammenstellung, S. 39.

170 Vgl. 81. und 83. Nachricht (1914/15 und 1916/17), wie Anm. 44, S. 1ff. und 2, das Schreiben der Senckenbergischen Stiftung an das Königliche Reservelazarett IV vom 21. Januar 1915, ASS Nr. 361, f. 150r./v. und das Schreiben von Friedrich Ebenau an die Administration vom 29. Dezember 1917, ASS Nr. 360, f. 123r.

171 Nachruf auf Albert von Metzler, in: Frankfurter Nachrichten vom 27. März 1918. Siehe auch die 84. Nachricht (1917/18), wie Anm. 44, S. 1.

172 Vgl. den Entwurf für ein Schreiben des Verwaltungs-direktors an das Statistische Amt vom 6. Juli 1915, ASS Nr. 354, f. 25r., das Schreiben/Durchschlag der Administration an das Tiefbauamt vom 10. April 1918, ASS Nr. 405, f. 141r. und die 84. Nachricht (1917/18), wie Anm. 44, S. 2.

173 Vgl. die 85. Nachricht (1918/19), wie Anm. 44, S. 3, den Auszug aus dem PAS am 9. August 1915, ASS Nr. 732, f. 54r., das Schreiben des Städtischen Fürsorgeamts für Kriegshinterbliebene an das Bürgerhospital vom 20. September 1917, ASS Nr. 589, f. 113r., den Auszug aus dem PAS am 28. November 1918, ASS Nr. 445, f. 137r. und W. Forstmann, Frankfurt, S. 418f.

174 Vgl. D. Rebentisch, S. 434-438 und A. de Bary, Zusammenstellung, S. 41.

175 Zitiert nach einem Schreiben von Verwaltungsdirektor Ebeling an die Administration vom 21. März 1919, ASS Nr. 613, f. 215v. Siehe auch: K. Hofacker, S. 5.

176 Vgl. „Streik im Heiliggeisthospital", in: Frankfurter Nachrichten vom 16. Mai 1919, das Schreiben von Heinrich Scharmann an die Administration vom 4. Mai 1919, den Tarifvertrag vom 24. Mai 1919 und die „Wahlausschreibung" für den Betriebsrat vom 24. April 1920, alle: ASS Nr. 690, f. 22r., 30r.-33r. und 52r., den Auszug aus dem PAS am 24. Mai 1919, ASS Nr. 831, f. 158r. und A. de Bary, Zusammenstellung, S. 41f.

177 Protokoll der Begehung von Kreisarzt Ascher, 24. Oktober 1919, ASS Nr. 574, f. 35v.

178 Vgl. die Auszüge aus dem PAS am 24.Mai 1919 und 10. Mai 1920, ASS Nr. 619, f. 134r. und 167r./v., das Schreiben von Reiniger, Gebbert & Schall an die Administration vom 28. Mai 1919, ebd., f. 140r.-142r., das Schreiben von Verwaltungsdirektor Ebeling an das Wohlfahrtsamt vom 18. Dezember 1920, ISG Wohlfahrtsamt Nr. 945, f. 39r. und den Dienstvertrag für Otto Neu vom 25. Dezember 1920, ASS Nr. 837, f. 2r./v.

179 Gustav Ebeling, Die Notlage der nichtstädtischen Krankenanstalten, in: Kleine Presse vom 12. August 1920. Siehe auch das Schreiben des Verbandes Frankfurter Krankenanstalten an den Magistrat vom 12. August 1920 und den Magistrats-Beschluss Nr. 1714 vom 28. Oktober 1920, MA R 1532, f. 49b/c und 54.

180 Spendenaufruf der Administration vom 11. August 1920, ASS Nr. 462, f. 83r. Siehe auch die 87. Nachricht (1920/21), wie Anm. 44, S. 1 und „Die Not unserer Stiftungs-Krankenhäuser", in: Frankfurter Nachrichten vom 12. August 1920.

181 Vgl. A. de Bary, Geschichte, S. 260f., den Vertrag zwischen der Administration und dem Werbe- und Finanzausschuss über die Gründung eines Verwaltungsausschusses vom 29. März 1921, ASS Nr. 677, f. 1r.-2v. und 88. Nachricht (1921-1926), wie Anm. 44, S. 1.

182 Allgemeine Revisions- und Verwaltungs-AG, Bericht über die Wirtschaftlichkeitsprüfung des Bürgerhospitals, Frankfurt a. M. 1920, S. 13, ASS Nr. 462, f. 115r. Siehe auch den Auszug aus dem PAS am 28. September 1920, ebd., f. 84r., das Protokoll der konstituierenden Sitzung des Verwaltungsausschusses am 31. März 1921, ASS Nr. 681, f. 1r.-2r. und das Schreiben des Betriebsrats an die Administration vom 6. März 1921, ASS Nr. 476, f. 208r.-209r.

183 Vgl. die Auszüge aus dem PAS am 22. März 1921 und 19. Dezember 1922, ASS Nr. 677, f. 31r. und 115r. sowie A. de Bary, Geschichte, S. 260ff.

184 Die Goldmark war nicht Währungseinheit oder umlaufendes Zahlungsmittel, sondern diente lediglich als Recheneinheit, die eine feste Wertrelation zwischen dem inflationierten deutschen Geld und den ausländischen Währungen auf Goldgrundlage herstellen sollte. 1 Goldmark = 0,358423 Gramm Feingold.

185 Vgl. den Vermerk von Alexander Majer vom 26. Januar 1924, ASS Nr. 677, f. 141r. und C. Kutz, S. 15f. Zur Inflationszeit: Bericht über die 75. Sitzung des Verwaltungsausschusses am 18. Oktober 1923, ASS Nr. 681, f. 210r., D. Rebentisch, S. 440f., A. de Bary, Geschichte, S. 267-271 und ders., Zusammenstellung, S. 51.

186 Vgl. „Grippe und Bettenmangel", in: Frankfurter Nachrichten vom 20. Januar 1927, den zwischen Magistrat und Senckenbergischer Stiftung vereinbarten Vertrag vom 21. Mai 1926, ASS Nr. 809, f. 24r.-28r., A. de Bary, Geschichte, S. 272-277 und Th. Bauer, R. Hoede, S. 47-51.

187 Schreiben/Durchschlag der Administration an die Dekane der juristischen und medizinischen Fakultät der Universität Gießen vom 16. Juni 1926, ASS Nr. 532, f. 4r./v., Schreiben der Administration an Oberbürgermeister Ludwig Landmann vom 17. August 1926, ASS Nr. 11, f. 64r., A. de Bary, Geschichte, S. 277f. und „August de Bary" in: W. Klötzer, Frankfurter Biographie, S. 41f.

188 Vgl. A. de Bary, Zusammenstellung, S. 15f. und das Schreiben von Fried Lübbecke an Oberbürgermeister Voigt vom 23. September 1924, MA W 382 (Akte nicht paginiert).

189 „25 Jahre Diakonieverein Zehlendorf im Bürgerhospital", in: Frankfurter Nachrichten vom 31. Dezember 1926.

190 Vgl. 89. Nachricht (1926-1928), wie Anm. 44, S. 1, das PAS am 15. Juli 1929, ASS Nr. 159, f. 200f., den Briefwechsel zwischen dem Verwaltungsausschuss und der Henkel AG vom 4./14. Oktober 1929, ASS Nr. 654, f. 1r.-3r., das Protokoll der außerordentlichen Besprechung des Verwaltungsausschusses am 4. November 1930, ASS Nr. 171, f. 25r. und D. Rebentisch, S. 477.

191 Vgl. die „Hausordnung für Kranke und Besucher des Bürgerhospitals zu Frankfurt a. M." vom 1. Oktober 1927, § 17, ASS Nr. 124 und D. Rebentisch, S. 469-476. Der Hinweis auf die Schlagzeile im „Frankfurter Beobachter" vom 10. März 1928 findet sich bei: F. Koch, S. 16.

192 Vgl. A. de Bary, Zusammenstellung, S. 87f., die Sitzungsprotokolle des Verwaltungsausschusses am 29. Juni, 15. August und 25. September 1933, ASS Nr. 683, f. 126r., 130r. und 132r. sowie D. Rebentisch, S. 473ff. und 479-491.

193 Übernahme einer in A. de Barys „Zusammenstellung" (S. 89) abgedruckten wörtlichen Rede. Von de Bary stammt auch die politische Einschätzung der Belegschaft des Bürgerhospitals im Jahr 1933, ebd., S. 88f. Siehe auch das Sitzungsprotokoll des Verwaltungsausschusses am 25. September 1933, ASS Nr. 683, f. 132r.

194 Aus einem von August de Bary 1945 verfassten Rückblick über die Entwicklung des Bürgerhospitals im Nationalsozialismus, ASS Nr. 778, f. 127r.-132r., hier: f. 127r.

195 Vgl. das PAS am 23. November 1933, ASS Nr. 159, S. 240 und 243, das Schreiben/Durchschlag der Administration an die Vereinigung der Freunde des Bürgerhospitals vom 28. November 1933, ASS Nr. 746, f. 1r., die 92. Nachricht (1932-1934), wie Anm. 44, S. 1 und A. de Bary, Zusammenstellung, S. 4 und 87.

196 Dienstordnung für das Bürgerhospital der Dr. Senckenbergischen Stiftung vom 1. Oktober 1934, S. 3, ASS Nr. 270.

197 Nach dem Verbot der Gewerkschaften hatte die am 10. Mai 1933 gegründete Deutsche Arbeitsfront (DAF) die Aufgabe, die in ihr zusammengefassten Arbeiter, Angestellten und Unternehmer dem Machtanspruch Hitlers zu unterwerfen, ideologisch im Sinne des Nationalsozialismus zu beeinflussen und in diesem Rahmen ihre Mitglieder sozial zu betreuen. Eine Sonderdienststelle der DAF war die Gemeinschaft „Kraft durch Freude" für Urlaubs- und Freizeitgestaltung.

198 Dienstordnung, wie Anm. 196, S. 3.

199 A. de Bary, Geschichte, S. 281. De Bary entschuldigte sich 1953 in seiner „Zusammenstellung" (S. III) für die „bräunliche Tönung" und die Unterschlagung „drückender Schatten" in dem letzten Kapitel seiner „Geschichte" (S. 279-286). Um 1938 die Druckerlaubnis für die Stiftungsgeschichte zu erhalten, habe er das Kapitel „Im neuen Reich" nicht „objektiv und frei" niederschreiben können.

200 Vgl. die 93. und 95. Nachricht (1934/35 und 1936/37), wie Anm. 44, S. 1 und 2 sowie A. de Bary, Zusammenstellung, S. 98f. und 102.

201 Vermerk der Administration vom 8. März 1934, ASS Nr. 295, f. 42r. Siehe auch das Schreiben der Administration an Oberbürgermeister Krebs und das Antwortschreiben des Revisions- und Organisationsamts vom 1./10. Dezember 1933, ASS Nr. 295, f. 39r.-41v. und A. de Bary, Zusammenstellung, S. 7.

202 Vgl. 93. Nachricht (1936/37), wie Anm. 44, S. 1, die PAS am 10. Dezember 1937 und 14. Juni 1938, ASS Nr. 160, S. 325 und 331 sowie A. de Bary, Zusammenstellung, S. 110.

203 Reinhard Frost, Otmar Freiherr von Verschuer, in: W. Klötzer, Frankfurter Biographie, S. 510. Siehe auch das Schreiben von Behrens an die Administration vom 22. März 1937, ASS Nr. 11, f. 149r., „Gauamtsleiter Dr. Behrens gefallen", Zeitungsausschnitt ohne Datum und Angabe zum Ort der Veröffentlichung (August 1940), ASS Nr. 10, f. 134r., 97. Nachricht (1938/39), wie Anm. 44, S. 2 und A. de Bary, Zusammenstellung, S. 109 und 119f.

204 Satzung der Dr. Senckenbergischen Stiftung vom 20. Februar 1940, § 1, ASS Nr. 220.

205 Vgl. A. de Bary, Zusammenstellung, S. 105f. und 117, die Richtlinien der NS-Schwesternschaft vom 21. Juni 1934, ASS Nr. 242, B. Breiding, S. 128ff., 135 und 203-207, das Schreiben/Durchschlag von August de Bary an die Generaloberin von Scheven vom 27. August 1938, ASS Nr. 818, f. 7r. und das Schreiben des Diakonievereins an de Bary vom 25. September 1939, ASS Nr. 243, f. 67r.

206 Schreiben/Durchschlag von de Bary an Emil Grossmann vom 11. November 1938, ASS Nr. 360. Siehe auch den von de Bary verfassten Rückblick, wie Anm. 194, f. 128r.-131r. und A. de Bary, Zusammenstellung, S. 107.

207 Vgl. ebd., S. 118f.

208 Vgl. ebd., S. 103f., 94. und 97. Nachricht (1935/36 und 1938/39), wie Anm. 44, S. 2 und 2f., Bericht des Bürgerhospitals über den Halbjahresabschluss April-September 1938, ASS Nr. 137, f. 24r. und das Schreiben/Durchschlag des Bürgerhospitals an Oberstabsarzt Hans Bleckmann vom 10. September 1937, f. 32r.

209 Schreiben von Oberin Bufe an den Diakonieverein vom 7. September 1939, Archiv des Diakonievereins Berlin-Zehlendorf. Siehe auch die Vereinbarung zwischen dem Wehrmachtsfiskus und der Senckenbergischen Stiftung vom 20. August 1940, ASS Nr. 708, f. 1r.-3r., das Schreiben/Durchschlag der Administration an den Diakonieverein vom 5. September 1939, ASS Nr. 243, f. 65r./v. und A. de Bary, Zusammenstellung, S. 122ff.

210 Todesanzeige Behrens, ASS Nr. 10, f. 133r.

211 Vgl. das Schreiben/Durchschlag von de Bary an Stadtrat Müller vom 18. März 1941, ASS Nr. 11, f. 193r.-194r., das Schreiben Bernhard de Rudders an die Administration vom 2. März 1943, ASS Nr. 10, f. 109r. und die 100. Nachricht (1942-1946), wie Anm. 44, S. 1.

212 Vgl. das PAS am 7. Juni 1934, ASS Nr. 159, S. 254f., das PAS am 10. Juli 1946, ASS Nr. 160, S. 372, A. de Bary, Zusammenstellung, S. 131 und D. Rebentisch, S. 512ff.

213 Vgl. die vom Town Major Joseph L. Zwahlen unterzeichnete Freigabebescheinigung für das Bürgerhospital vom 8. April 1946, ASS Nr. 26, f. 4r. und E. Schulze, S. 8ff.

214 Vgl. den von Albert Lezius am 21. März 1946 ausgefüllten Fragebogen der Militärregierung und das Schreiben/Durchschlag von A. de Bary an Lezius vom 1. November 1945, beide: ASS Nr. 92, f. 20r.-21v. und 71r. Siehe auch: A. de Bary, Zusammenstellung, S. 132f.

215 Walther Funk (1890-1960) war als Reichswirtschafts-Minister und Reichsbank-Präsident von 1938/39 bis 1945 für die wirtschaftliche und finanzielle Kriegsführung verantwortlich. Vor dem Internationalen Militärtribunal in Nürnberg wurde Funk 1946 im Prozess gegen die Hauptkriegsverbrecher zu lebenslanger Haft verurteilt, aus der er 1957 wegen Krankheit entlassen wurde.

216 E. Schulze, S. 9.

217 Schreiben/Durchschlag von A. de Bary an Lezius vom 23. Juni 1947, ASS Nr. 92, f. 6v. Vgl. „Wir wiegen 30 Pfund zu wenig", „Schulkinderspeisung für alle" und „Gesundheitszustand und Ernährungslage", in: FR vom 28. Juni 1946, 29. März und 9. Oktober 1947 sowie J. Heibel, S. 158.

218 Vgl. „Krankenhaus – nur noch, wenn unbedingt nötig", in: FR vom 19. September 1945 und das PAS am 25. März 1947, ASS Nr. 160, S. 382.

219 „Achtung Ärzte!", in: Frankfurter Presse vom 31. Mai 1945. Die Frankfurter Presse war ein Nachrichtenblatt der amerikanischen 12. Heeresgruppe für die deutsche Zivilbevölkerung.

220 Vgl. „Aerzte weiter tätig" und „Praxisverbot für 25 Aerzte", in: FR vom 3. Oktober und 8. November 1945 sowie A. de Bary, Zusammenstellung, S. 133 und 151ff.

221 Vgl. das Rundschreiben/Durchschlag A. de Barys an die Mitglieder der Administration vom 7. Oktober 1950, ASS Nr. 10, f. 19r.-22r. und die PAS am 2. Januar und 11. März 1953, ASS Nr. 160, S. 442f. und 447f. Die Presse berichtete mehrfach über den Arbeitsgerichtsprozess: „Chefarzt aus dem Dritten Reich" und „Professor Hessels Wiedereinstellung abgelehnt", in: FR vom 3. Januar und 7. März 1953 sowie „Zwei Chefärzte am Bürgerhospital", in: Neue Zeitung vom 10. Januar 1953.

222 Schreiben von Stadtrat Schlosser an A. de Bary vom 17. Juli 1945, ASS Nr. 778, f. 148r. Siehe auch die Anordnung der Militärregierung vom 13. November 1945, MA AZ 7110, Bd. 2 sowie L. Krämer, S. 144ff.

223 Vgl. die Anordnung der Militärregierung vom 20. Februar 1946, das Übergabeprotokoll vom 28. Februar 1946 und das Schreiben des Stadtgesundheitsamtes an das Personalamt vom 24. April 1946, ISG Stadtgesundheitsamt-Sachakten 21 (Akte nicht paginiert).

224 Vgl. A. de Bary, Zusammenstellung, S. 134-137 und das PAS am 10. Juli 1946, ASS Nr. 160, S. 373 sowie L. Katscher, S. 80.

225 Schreiben/Durchschlag von A. de Bary an Oberbürgermeister Blaum vom 20. Februar 1946, ASS Nr. 10, f. 84r.

226 Eduard Wagner, ein Neffe August de Barys, schied 1949 aus der Administration aus. Für Wagner kam 1950 Albert von Metzler.

227 Vgl. das Schreiben A. de Barys an Oberbürgermeister Kolb vom 28. Dezember 1946, ASS Nr. 295, f. 15r./v., die Schreiben A. de Barys an Herrmann Günther, Wilhelm Schöndube und Albert von Metzler vom 22. Januar 1947, 28. Dezember 1947 und 5. Mai 1950, ASS Nr. 10, f. 52r., 39r. und 25r. sowie das PAS am 10. Juli 1946, ASS Nr. 160, S. 370-375. Siehe auch: Th. Bauer, R. Hoede, S. 98f.

228 Schreiben von Bernhard Scholz an August de Bary, Mai 1946, in: Spruchkammer-Akte August de Barys, Hessisches Hauptstaatsarchiv Wiesbaden 520 F 701 (Akte nicht paginiert). Den Hinweis auf die Spruchkammer-Akte verdanke ich Björn Wissenbach. Vgl. H. Müller, S. 314f.

229 Vgl. den Beschluss der Frankfurter Spruchkammer vom 19. März 1948, ISG Personalakte August de Bary Nr. 15.576, f. 9r.-11r.

230 Satzung der Dr. Senckenbergischen Stiftung vom 16. November 1954, § 1, S. 7, ASS Nr. 129, f. 75r. Vgl. auch das Schreiben/Durchschlag der Administration an Oberbürgermeister Kolb vom 5. April 1950, ASS Nr. 295, f. 23r./v.

231 Schreiben/Durchschlag A. de Barys an den Coexecutor Frölich vom 10. März 1947, ASS. Siehe auch: Chr. Koopmann, S. 16ff. und Th. Bauer, Diese Frau, S. 11.

232 „Die helfenden Hände der Frau", in: FR vom 24. Dezember 1945.

233 Vgl. das PAS am 18. Juni 1947, ASS Nr. 160, S. 383, den Jahresbericht 1947 der Abteilung VI (Gynäkologie), ASS Nr. 778, f. 50r. und A. de Bary, Zusammenstellung, S. 142f.

234 A. de Bary, Pflegesatzfrage, S. 240.

235 A. de Bary, Zusammenstellung, S. 146. Vgl. die Reichsmark-Bilanz der Senckenbergischen Stiftung vom 1. April 1948 und die DM-Eröffnungsbilanz per 21. Juni 1948, ASS Nr. 840, f. 1r. und Nr. 79, f. 1r. sowie H. Müller, S. 323f.

236 Vgl. die Anmeldung der JRSO beim Zentralmeldeamt Friedberg vom 16. Dezember 1948 und den in der Rückerstattungsfrage zwischen dem Konsulenten Wilhelmi und der Administration vom 15. Juni 1950 bis zum 8. Februar 1951 geführten Schriftwechsel, ASS Nr. 296, f. 19r.-48r.

237 Schreiben des Schweizerischen Roten Kreuzes an die Dr. Senckenbergische Stiftung vom 20. Januar 1948, ASS Nr. 778, f. 39r.

238 Pressemitteilung der Dr. Senckenbergischen Stiftung, Mai 1948, ASS Nr. 778, f. 21v.

239 Vgl. das Protokoll der Revisions- und Administrations-Sitzung der Dr. Senckenbergischen Stiftung am 29. März 1951, ASS Nr. 289, f. 13r.-16r., H.-W. Müller, S. 7f. und M. Simon, S. 41-46.

240 Vgl. die Denkschrift der Hessischen Krankenhausgesellschaft über die derzeitige Lage der Krankenhäuser in Hessen vom 22. September 1951, S. 1f. in: MA AZ 7110, Bd. 3, den Schriftwechsel zwischen dem Evangelischen Diakonieverein und der Administration der Senckenbergischen Stiftung vom 10. Oktober 1950 bis zum 20. März 1951, ASS Nr. 243, f. 127r.-136r., eine im Archiv des Evangelischen Diakonievereins Berlin-Zehlendorf verwahrte Vereinschronik, S. 254, das Schreiben der Administration an Oberbürgermeister Kolb vom 14. Februar 1952, ISG Stadtgesundheitsamt-Sachakten 237 (Akte nicht paginiert) und „Bürgerhospital droht mit Schließung", in: FR vom 15. Dezember 1951.

241 Zitiert nach dem Antrag des Stadtgesundheitsamtes an den Magistrat vom 12. März 1952, MA AZ 7220, Bd. 1. Siehe auch den Protokoll-Auszug der Frankfurter Stadtverordnetenversammlung § 462 vom 3. April 1952, ebd. und „Hilfe für private Krankenhäuser", in: FR vom 29. März 1952.

242 Vgl. den zwischen der Administration und Heinrich Behr vereinbarten Aufbau- und Mietvertrag vom 17. Oktober 1951 und die Vereinbarung über die Vertragsauflösung vom 13. Mai 1953, ASS Nr. 296, f. 201r.-203r. und 264r.-265r. sowie „Abteilung für Augenkranke im Bürgerhospital", in: FR vom 24. September 1953.

243 Vgl. den Bauvermerk Nr. 3 der Architektengemeinschaft Mühlen/Hartwig vom 15. Mai 1952 und die Schlussabrechnung für den Wiederaufbau des Schwesternhauses der Architektengemeinschaft vom 22. Mai 1953, ASS Nr. 140, f. 3r. und 225r. sowie die von der Architektengemeinschaft eingereichte Baubeschreibung für den Wiederaufbau des Schwesternhauses vom 4. Juni 1952, ASS Nr. 902. Siehe auch: A. de Bary, Zusammenstellung, S. 148 und 158.

244 W. Kolb, S. 5. Vgl. die Protokolle der Magistratssitzungen AS 3447, S. 11 (19. Februar 1951) und „Krankenhausstadt auf der Ginnheimer Höhe?", in: FR vom 11. April 1953.

245 Bericht des Revisions- und Organisationsamtes vom 27. Mai 1954, MA AZ 7100, Bd. 2. Siehe auch den Antrag des Stadtgesundheitsamtes vom 20. Mai 1954 und die Magistrats-Beschlüsse § 467 und 832 vom 14. Juni und 19. Juli 1954, ebd.

246 Vgl. Zum 100. Geburtstag von Dr. med. dent. h. c. August de Bary, praktischer Arzt zu Frankfurt am Main, Sonderdruck aus: Hessisches Ärzteblatt, März 1974, ohne Seitenzahlen, „Wohltäter aus Passion und Berufung", in: FR vom 12. Oktober 1954, den Wortlaut der Ernennungsurkunde zum Ehrenvorsitzenden der Administration der Dr. Senckenbergischen Stiftung, ASS Nr. 289, f. 9r. und das Schreiben/Durchschlag de Barys an Direktor Barthmann vom 20. Juli 1945, ASS Nr. 778, f. 150r.

247 Vgl. die PAS am 3. Juli 1953 und 1. März 1955, ASS Nr. 160, S. 451 und 464ff. sowie den Magistrats-Beschluss Nr. 954 vom 18. Juli 1955, ISG Stadtgesundheitsamt-Sachakten 238, (Akte nicht paginiert).

248 PMV am 15. Juni 1955, ASS Nr. 247, f. 1r.

249 Vgl. ebd., f. 2r. und die PAS am 15. März und 17. Mai 1955, ASS Nr. 160, S. 467 und 471.

250 Zitiert nach: "Bequem – aber ohne Luxus", in: FR vom 31. Januar 1957. Siehe auch: „Bürgerhospital wird Hochhaus", in: FAZ vom 21. Juli 1955.

251 Zitiert nach: „Der Neubau des Bürgerhospitals", in: FNP vom 16. Mai 1957. Siehe auch den „Waschzettel" Herrmann Günthers für den Presseempfang am 30. Januar 1957, ASS Nr. 289, f. 117r.-119r.

252 Vgl. die Baubeschreibungen der Arbeitsgemeinschaft der Architekten Walrat von und zur Mühlen und Helmuth Hartwig vom 5. April 1955 und 16. April 1956, ASS Nr. 416, f. 32r.-41r.

253 Vgl. das Schreiben/Durchschlag des Bürgerhospitals e. V. an das Rechneiamt vom 3. November 1956, ASS Nr. 707, f. 39r./40r., „En bloc genehmigt", in: FR vom 16. Januar 1957 und die Schreiben des hessischen Innenministeriums an das Bürgerhospital e. V. vom 18. November 1957 und 14. Mai 1958, ASS Nr. 416, f. 28r. und 69r.

254 Vgl. die Baubeschreibung der Arbeitsgemeinschaft der Architekten Walrat von und zur Mühlen und Helmuth Hartwig vom 16. April 1956, ASS Nr. 416, f. 35r.-41r., hier: f. 39r.-40r. und das PVS am 14. August 1959, BHA.

255 Vgl. die statistischen Angaben zur Personalentwicklung des Bürgerhospitals vom 22. Mai 1958, ASS Nr. 302, f. 4r., den „Waschzettel" Herrmann Günthers für die Einweihungsfeier des Bettenhochhauses am 15. Mai 1957, ASS Nr. 289, f. 96r. und „Die schlimmste Not ist überwunden", in: FR vom 17. März 1958.

256 Vgl. den Entwurf für ein Schreiben des Magistrats an den hessischen Minister für Arbeit, Volkswohlfahrt und Gesundheitswesen vom 25. Juli 1963 mit den Anlagen „Übersicht über die Frankfurter Krankenhäuser, Stand 1. März 1963" und „Verzeichnis der in den Frankfurter Krankenanstalten im Jahre 1962 stationär behandelten Kranken sowie die Verweildauer", MA Nr. 2696, H. Apel, S. 27f., „Noteinweisung als letzte Rettung", in: FR vom 10. Mai 1962 sowie das Rundschreiben Nr. 8 des Hofacker-Verbandes vom 21. April 1967, HVA.

257 Vgl. M. Simon, S. 51-57, "Zur Pflege der Kranken: Ein System von Aushilfen", in: FR vom 6. August 1962, „Neue Belastung für die Krankenhäuser", in: FNP vom 23. Juni 1970 und das Protokoll der Jahreshauptversammlung des Hofacker-Verbandes am 23. November 1960, S. 10, HVA.

258 „Das Verdienstkreuz für Tante Lotte", in: FNP vom 5. November 1964. Siehe auch: Th. Bauer, Diese Frau, S. 11

259 Vgl. das Schreiben der Senckenbergischen Stiftung an Simon Fleischmann vom 30. Mai 1960, ASS Nr. 297, f. 125r., das PMV am 20. März 1959, ASS Nr. 247, f. 6r. und das PVS am 7. November 1961, f. 29r./v., BHA.

260 Vgl. das Schreiben/Durchschlag der Administration an das Amt für Wohnungsbau und Siedlungswesen vom 28. April 1962, ASS Nr. 296, f. 12r., die PMV am 7. November 1961 und 2. November 1971 und das PVS am 30. November 1965, BHA.

261 Vgl. M. Simon, S. 56, „Ersatzdienst im Pflegerkittel", „Krankenhaus statt Kaserne" und „Weißer Kittel statt grauem Rock", in: FR vom 12. April 1961, 31. März 1962 und 16. Juni 1967.

262 Vgl. „Koreanerinnen am Krankenbett" und „Weiße Häubchen vom Fortschritt vergessen?", in: FR vom 2. Februar 1966 und 22. Februar 1969, „Ein Hindernis – die deutsche Sprache", in: FAZ vom 6. Dezember 1968, das PMV am 27. April 1965, f. 48v., BHA, das Protokoll der Betriebsbesprechung am 28. Juli 1965, ASS Nr. 273, f. 16r. und die „Allgemeinen Überblicke" über die Geschäftsjahre des Bürgerhospitals 1965, 1969, 1972 und 1973, ASS Nr. 301, f. 47r., 153r., 259r. und Nr. 280, f. 41r. sowie M. Görtemaker, S. 431.

263 Vgl. das PMV am 1. Juni 1967 und die dazugehörige Tischvorlage „Begründung der Notwendigkeit der Baumaßnahmen", ASS Nr. 279, f. 40r.-41r. sowie das PAS am 25. März 1968, ASS Nr. 161, f. 525f. Siehe auch: Th. Bauer, R. Hoede, 124f.

264 „Ein Herz schlägt falsch – Alarm in der Zentrale", in: FR vom 25. Juli 1968.

265 Ebd.

266 Vgl. „Dr. Dressler wurde 65" und „Lawine tötete Ehepaar Dressler", in: FR vom 25. Februar 1969 und 26. Februar 1971. Zur Bettenzentrale siehe: „Bilanz und Erfolgsrechnung zum 31.12.1969/ Allgemeiner Überblick", ASS Nr. 301, f. 153r.

267 Vgl. V. Senger, S. 136-142. Siehe auch: S. Keval, S. 28ff.

268 Otto W. Lürmann, Abschiedsrede für Oberin Bussemer
am 31. Oktober 1973, ASS Nr. 270, f. 40r. Siehe auch:
„Professor Gottstein wird Chef im Bürgerhospital", in:
FR vom 3. April 1971 und Otto W. Lürmann, Rede zum
Amtsantritt des neuen Ärztlichen Direktors Johannes
Köhler am 4. April 1973, ASS Nr. 305, f. 158r.-160r.

269 Vgl. Die zwischen dem Bürgerhospital e. V. und Caprano
geschlossenen Dienstverträge vom 1. November 1959,
1. Februar 1964 und 1. Oktober 1972, ASS Nr. 306, f. 1r.-7r.

270 Vgl. „Hilfe für nichtstädtische Krankenhäuser", in: FR vom
10. September 1960, das PMV am 7. November 1961, ASS
Nr. 273, f. 152r. und die „Bilanz und Erfolgsrechnung zum
31.12.1966/ Allgemeiner Überblick", ASS Nr. 279, f. 25r.
sowie Th. Bauer, R. Hoede, S. 131f.

271 Vgl. „Frankfurter Krankenhäuser gehören zur
Spitzenklasse" und „Krankenhäuser kosten mehr", in: FAZ
vom 25. Oktober 1969 und 23. September 1970.

272 Vgl. den Gesundheitsplan der Stadt Frankfurt am Main,
Teil I: Krankenhauswesen, hrsg. vom Magistrat, Frankfurt
1970, passim, die Vorlage des Stadtgesundheitsamts für
den Magistrat vom 16. Mai 1969, MA Nr. 2696 sowie
„Ein Schritt zum klassenlosen Krankenhaus", in:
FR vom 29. Oktober 1970.

273 Gesundheitsplan, wie Anm. 272, S. 59.

274 Vgl. das PVS am 30. November 1972, BHA, „Bürgerhospital
ohne Privatstation", in: FR vom 25. November 1971
und „Die Besuchszeiten in den Krankenhäusern", in:
Mitteilungen der Stadtverwaltung Frankfurt a. M.
vom 27. Februar 1971.

275 Vgl. M. Simon, S. 69ff. und P. Browsky, S. 64f.

276 Paragraf 4, Absatz 1 des Krankenhausfinanzierungsgesetzes vom 1. Juli 1972, zitiert nach: M. Simon, S. 78.

277 Paragraf 19, Absatz 1, ebd. Zum Folgenden:
„Die Krankenhäuser auf der Anklagebank", in:
FAZ vom 9. Juni 1976.

278 Paragraf 1, Absatz 1 des Krankenhausfinanzierungsgesetzes vom 1. Juli 1972, zitiert nach: M. Simon, S. 74.

279 Zitiert nach: „Die Krankenhäuser auf der Anklagebank",
in: FAZ vom 9. Juni 1976. Siehe auch: M. Simon, S. 83f.,
das PVS am 15. November 1976 mit anliegendem
Redetext von Rolf Merk zum Geschäftsbericht 1975, BHA
und „Wer ist schuld an Kostenexplosion in
Krankenhäusern?", in: FAZ vom 26. August 1975.

280 Vgl. M. Simon, S. 80 und 89-95, „Keine neuen
Krankenhäuser mehr im Untermaingebiet", in: FR vom
23. September 1975, „Fünftausend Krankenhausbetten
weniger", in: FAZ vom 12. Dezember 1975, „Sinkende
Bevölkerungszahl – weniger Krankenhäuser", in: FR vom
8. Februar 1979 sowie die PVS am 5. und 27. November
1975, letztere mit einem Redetext von Rolf Merk zum
Stand des Bürgerhospitals, BHA und ASS Nr. 305, f. 174r.

281 Vgl. den Geschäftsbericht 1975 des Bürgerhospitals e. V.,
ASS Nr. 281, f. 67r., das Schreiben/Entwurf des
Bürgerhospitals e. V. an den hessischen Sozialminister
vom April 1976, ASS Nr. 276, f. 57r. und das PAS am
5. April 1973, BHA.

282 Hans Sautter, Gutachtliche Stellungnahme über die
Personalsituation am Bürgerhospital in Frankfurt/Main,
25. Mai 1976, ASS Nr. 271, f. 122r. und das PMV am
27. April 1965, ASS Nr. 247, f. 25r.

283 E. Stark, S. 20.

284 Ebd.

285 Vgl. die Schreiben von Professor Vetter an den Vorstand
des Bürgerhospitals e. V. vom 18. März 1975, 8. Januar
1976 und 11. Januar 1977, ASS Nr. 271, f. 169r./v., Nr. 281,
f. 75r.-80r. und Nr. 271, f. 76r.

286 „Neuer Operationstrakt für das Bürgerhospital", in: FNP
vom 25. März 1982. Siehe auch das PVS am 27. August
1979, ASS Nr. 119:1, f. 204r. und „Bürgerhospital wird
modernisiert", in: FAZ vom 26. September 1978.

287 Schreiben der Vorstandsoberin von Dewitz an den
Administrationsvorsitzenden Professor Naujoks vom
2. November 1981, BHA.

288 Schreiben von Professor Vetter an Verwaltungsdirektor
Merk vom 10. November 1980, ASS Nr. 119:2, f. 220r.

289 Auf dem Selbstkostenblatt stellen die Krankenhäuser ihre
Ausgaben dar als Verhandlungsgrundlage mit den
Kostenträgern.

290 Vgl. das Rundschreiben des Ärztlichen Direktors Köhler an
die Chefärzte des Bürgerhospitals vom 3. September 1980,
ASS Nr. 119:1, f. 91r., das Schreiben des stellvertretenden
Verwaltungsdirektors Wauch an Naujoks, von Metzler,
Vierhub und Köhler vom 5. Dezember 1981, ASS Nr. 120,
f. 174r.-183r. und H. Naujoks, Erfahrungen, S. 3ff.

291 Zytologie = Wissenschaft von der Zelle, ihrem Aufbau und
ihren Funktionen (Krebsfrüherkennung).

292 Ausschreibungstext für die Stelle des Verwaltungsdirektors
1982, ASS Nr. 121, f. 3r. Siehe auch: H. Naujoks,
Erfahrungen, S. 6f., H. Naujoks, Ein Dank, S. 158ff. und
das PAS am 30. November 1972, ASS Nr. 272, f. 123r.

293 Vgl. „Oberin Gramzow wurde verabschiedet", in:
Das Evangelische Frankfurt, November 1982.

294 Vgl. das PAS am 17. Dezember 1981, ASS Nr. 120,
f. 184r.-187r.

295 Vgl. das Schreiben der Stadtkämmerei an das
Bürgerhospital e. V. vom 28. Dezember 1984, BHA,
das PAS am 25. November 1983, ASS Nr. 162, f. 141r.
und das Rundschreiben der Krankenhausleitung vom
11. Juni 1982, ASS Nr. 120, f. 115r.

296 „Lebenswichtige Zeit gewonnen", in: FNP vom 27. März
1984. Siehe auch: H. Naujoks, Die Dr. Senckenbergische
Stiftung, S. 20.

297 Vgl. „Lebenswichtige Zeit gewonnen", in: FNP vom
27. März 1984 und das Schreiben Vetters an den
Vereinsvorsitzenden Lürmann vom 8. Januar 1976,
ASS Nr. 281, f. 78r.

298 Vgl. Das Schreiben des Bürgerhospitals e. V. an den
Ärztlichen Direktor Köhler vom 9. September 1982,
das Schreiben des Bürgerhospitals e. V. an Vetter vom
12. Februar 1983 und das PMV am 20. September 1984,
alle drei: BHA. Siehe auch: H. Naujoks, Erfahrungen, S. 9f.

299 Vgl. das PMV am 20. September 1984, BHA.

300 Vgl. H. Naujoks, Die Dr. Senckenbergische Stiftung,
S. 19, „Bürgerhospital bekommt neue Heizungsanlage",
in: FR vom 6. August 1987 und „Viel Freude über die neue
Cafeteria", in: UT Nr. 4, Oktober 1991, S. 4.

301 „Bürgerhospital: moderner, hübscher", in: FNP vom
5. Mai 1995.

302 „Ein Ort der wunderbaren Begegnung. Der neue Kreißsaal
im Bürgerhospital", in: UT Nr. 21, September 1997,
S. 3. Siehe auch: „Durch das entspannte Nass auftauchen
ans Licht der Welt", in: FR vom 13. November 1999.

303 Zitiert nach: „Klinik-Klima im Aufwind", in: FNP vom
21. August 1985. Siehe auch: „Das Bürgerhospital hat
zwei neue Chefärzte", in: FR vom 2. März 1984 sowie das
PVS am 20. September 1984 und das PMV am 28.
November 1985, beide: BHA.

304 Vgl. „Das Bürgerhospital hat neuen Chef für die
Kinderchirurgie", in: Frankfurter Nachrichten vom
18. Oktober 1984.

305 Vgl. „Bürgerhospital: Neuer Chef für die Augenklinik", in:
FAZ vom 24. November 1984 und „Ein Chefarzt geht in
Pension", in: FNP vom 24. Januar 1985.

306 Mammographie = röntgenologische Untersuchung der
weiblichen Brust zur Feststellung bösartiger Geschwulste.

307 Vgl. „Editorial", in: UT Nr. 9, April 1993, S. 1 und das
PMV am 28. November 1985, BHA.

308 Zitiert nach: Harald Kieffer, Im Operationssaal
hat Heldentum nichts zu suchen, in: FNP vom
28. August 1985.

309 Angiologie = Wissenschaftsgebiet, auf dem man sich mit den Blutgefäßen und ihren Erkrankungen beschäftigt.

310 Vgl. „Zum Jahresbeginn kommt ein neuer Chefarzt", in: FAZ vom 2. Januar 1992 und „Ivo Sedlmeyer in den Ruhestand verabschiedet", in: UT Nr. 28, Mai 2001, S. 19.

311 Zitiert nach: „Im Bürgerhospital hat sich die Zahl der neuen Erdenbürger inzwischen verdoppelt", in: FNP vom 24. Februar 1987. Hierzu auch: das Protokoll über die Gesamtvorstandssitzung am 22. September 1989, das Protokoll über die engere Vorstandssitzung am 11. Januar 1983 und das PMV am 9. Dezember 1986, alle drei: BHA.

312 Vgl. M. Simon, S. 106-117, Th. Bauer, R. Hoede, S. 151 und das Protokoll über die Gesamtvorstandssitzung am 22. September 1989, BHA.

313 J. Wauch, Es geht nicht nur, S. 3. Siehe auch: das Protokoll über die engere Vorstandssitzung am 21. März 1990, BHA, M. Simon, S. 188ff. und Th. Bauer, R. Hoede, S. 147f.

314 J. Wauch, Es geht nicht nur, S. 3f. „Personalmangel in Kliniken: Geld für Verbesserungen", in: FAZ vom 28. April 1990, „Stationsassistentinnen entlasten Pflegekräfte", in: FR vom 20. Dezember 1991 und „Rezept gegen Pflegenotstand", in: FAZ vom 30. Oktober 1992 sowie das Rundschreiben des Hofacker-Verbandes vom 7. Juni 1991, HVA.

315 Protokoll der außerordentlichen Mitgliederversammlung des Hofacker-Verbandes vom 20. Juni 1988, HVA.

316 Vgl. das UT-Extra Nr. 6, August 1994 mit dem Schwerpunktthema „Kernarbeitszeit"; dort insbesondere die Beiträge von Wolf-Günther Gerlach, Gruppenpflege ersetzt Funktionspflege, und von Ursula Barthelmey, Verantwortung für Pflegende, S. 4 und 5.

317 Vgl. „Im Bürgerhospital krabbeln zehn Kinder im Ultra-Schall", in: FNP vom 20. März 1992 und Sabine Drexler-Wagner, Harald Kieffer, Viel Interesse an „Ultra-Schall", in: UT Nr. 6, April 1992, S. 9 sowie „Auszeichnung und Lob für die Familienfreundlichkeit des Krankenhauses", in: UT Nr. 18, Oktober 1996, S. 6.

318 Horst Naujoks, Ansprache zur Grundsteinlegung am 5. September 1994, BHA. Siehe auch: „Neun Millionen Mark für Bürgerhospital-Wohnheim", in: FAZ vom 6. September 1994.

319 Vgl. „Neues Personalwohnhaus ein architektonischer Glanzpunkt", in: UT Nr. 16, Oktober 1995, S. 5 und „Nach der alten Gemeinschaftsküche sehnt sich niemand zurück", in: FR vom 5. September 1996. Siehe auch die Ausgabe des UT zum Feuer im Personalwohnheim, UT-Extra Nr. 5, Juli 1993.

320 Zitiert nach: „Gesundheitsministerin Nimsch besuchte Bürgerhospital", in: UT Nr. 18, Oktober 1996, S. 12. Siehe auch: „Mehr Ausbildungsplätze für Krankenpfleger", in: FR vom 17. Oktober 1996 sowie das Protokoll über die engere Vorstandssitzung am 21. März 1990, BHA.

321 Vgl. „Was hätte wohl Helene Breslauer gesagt?", in: UT Nr. 17, Dezember 1995, S. 2 und „Leitungswechsel in der KPS", in: UT Nr. 32, Dezember 2002, S. 27.

322 H. Naujoks, Das Bürgerhospital, S. 4. Siehe auch: M. Simon, S. 177-186, 212-218 und 228-243 sowie F. Riege, S. 85-94.

323 Vgl. das PVS am 24. November 1993, BHA, Wolf-Günther Gerlach, Keiner fragt nach den Leistungen, in: UT Nr. 13, September 1994, S. 9 und J. Wauch, Höchste Priorität, S. 11.

324 Vgl. Wolf-Günther Gerlach, Fremdfirma übernimmt hauswirtschaftlichen Dienst, in: UT Nr. 19, Dezember 1996, S. 12, das PMV am 4. Dezember 2000, BHA und Harald Kieffer, Schlüsselfigur im Bürgerhospital, in: UT Nr. 32, Dezember 2002, S. 14f.

325 Vgl. „Der Taschenrechner ist fast wichtiger als das Skalpell", in: FR vom 6. Januar 1997.

326 Zitiert nach: „Qualität mit System", in: UT Nr. 20, August 1997, S. 6. Siehe auch: „Bürgerhospital wurde für verbesserte Qualität ausgezeichnet", in: FR vom 12. Juni 1997.

327 „Im Mittelpunkt stehen die Patienten", in: UT Nr. 28, Mai 2001, S. 12. Siehe auch: „Chancen der Qualitätsentwicklung genutzt", in: UT Nr. 34, November 2003, S. 13f.

328 Hämatologie und Onkologie = Teilgebiete der Medizin, auf denen man sich mit dem Blut und den Blutkrankheiten sowie mit den Geschwülsten befasst.

329 Neonatologie = Neugeborenen-Intensivbehandlungs-Einheit. Zum Wechsel an der Spitze der Administration: H. Naujoks, Erfahrungen, S. 28 und „Menschlichkeit und Effizienz. Schopow Vorsitzender der Senckenbergischen Stiftung", in: FAZ vom 18. März 1999.

330 Satzung des Vereins Bürgerhospital Frankfurt am Main e. V., Frankfurt a. M. 25. November 1999/18. August 2000, § 2,1, BHA.

331 Vgl. „550 Klinikbetten weniger" und „In Frankfurt bald 600 Krankenhausbetten weniger", in: FAZ vom 23. Januar 1999 und 4. Januar 2000 sowie „Krankenhäuser: Kleiner, aber feiner", in: FR vom 28. Mai 2001.

332 Zitiert nach: „Entgiftungsstation wird gebaut", in: FR vom 27. Januar 1995. Siehe auch: W. Köhler, S. 13 und „Entgiftung für Drogenkranke im Bürgerhospital", in: FR vom 23. September 1994.

333 Vgl. „Suchtstation im Bürgerhospital" und „Abteilung für Süchtige am Bürgerhospital", in: FAZ vom 20. September und 29. November 1997 sowie H. Naujoks, Die Dr. Senckenbergische Stiftung, S. 19.

334 W. Köhler, S. 14. Siehe auch: „Suchtstation am Bürgerhospital" und „Die Entgiftung ist nur ein erster Schritt", in: FAZ vom 20. September 1997 und 9. Februar 1999.

335 Zitiert nach: „Frankfurter Gesichter: Wilfried Köhler", in: FAZ vom 7. März 1998.

336 Vgl. „Neubau für 13,2 Millionen Mark am Bürgerhospital" und „Lob für Innovationsfähigkeit des Bürgerhospitals", in: FAZ vom 15. Juni und 30. November 2000.

337 Sonographie = elektroakustische Prüfung und Aufzeichnung der Dichte eines Gewebes mittels Schallwellen (Ultraschall), Endoskopie = Ausleuchtung und Ausspiegelung einer Körperhöhle, Proktologie = Erkrankungen des Mastdarms behandelndes Teilgebiet der Medizin.

338 Vgl. „Sanierung an der Nibelungenallee", in: FR vom 29. September 2000, Alfred Wölfer, Die Chirurgische Ambulanz: Vollgas rund um die Uhr, in: UT Nr. 27, November 2000, S. 2f. und Bettina Rudhoff, Chirurgische Ambulanz mit modernster Medizintechnik, in: UT Nr. 28, Mai 2001, S. 14. Zur Unfallchirurgie: Wolf-Günther Gerlach, Behandlung, Beratung und schnelle Entscheidung, in: UT Nr. 13, September 1994, S. 2f.

339 Vgl. Werner Nicolai, Startschuss für den Ärztlichen Notdienst der KVH im Bürgerhospital, in: UT Nr. 27, November 2000, S. 8 und ders., Medizinische Versorgung der Bevölkerung optimiert, in: UT Nr. 33, Mai 2003, S. 18.

340 Vgl. „Neuer Chefarzt im Bürgerhospital", in: FAZ vom 16. August 2001 und „Es geht immer um den Menschen als Ganzes", in: UT Nr. 29, September 2001, S. 21f.

341 Endokrinologie = Lehre von den Drüsen mit innerer Sekretion, Fertilität = Fruchtbarkeit.

342 Zitiert nach: „Die meisten Frauen können ein Kind bekommen", in: UT Nr. 29, September 2001, S. 22.

343 Hysteroskopisches Gerät = optisches Gerät mit dem man die Gebärmutter untersuchen kann.

344 Schreiben/Kopie des Bürgerhospitals e. V. an den
Vorsitzenden der Krankenhauskonferenz Stadtrat Albrecht
Glaser vom 9. September 1996, BHA. Siehe auch:
„Die neue Abteilung für Neonatologie", in: UT Nr. 29,
September 2001, S. 4f.

345 Vgl. „Intensivstation für Neugeborene beantragt" und
„Neue Station auch für Frühgeborene", in: FR vom
7. April 1997 und 24. April 2001 sowie „Neue Intensivstation für Säuglinge im April 2001" und „Intensivstation
für Säuglinge", in: FAZ vom 7. Juni 2000 und
18. April 2001.

346 A. Frölich, S. 16.

347 Ebd.

348 Ebd., S. 17.

349 Vgl. J. Wauch, Zeit der Partnerschaft, S. 5f. und Joachim
Platz, Bürgerhospital wird Akademisches Lehrkrankenhaus,
in: UT Nr. 32, Dezember 2002, S. 6. Noch unter dem
Eindruck der Studentenproteste stehend hatte die
Administration der Dr. Senckenbergischen Stiftung 1977
die Bitte des hessischen Kultusministers abgeschlagen,
dass Bürgerhospital in den Kreis der Akademischen
Lehrkrankenhäuser einzubeziehen; siehe hierzu
die Niederschriften über die gemeinsamen Sitzungen
der Administration und des Vorstandes des
Bürgerhospitals e. V. am 18. Mai, 11. August und
21. Oktober 1977, ASS Nr. 161, S. 601-605.

350 Die Kosten pro Pflegetag betrugen im Jahr 2002 437 Euro.

351 J. Wauch, Zeit der Partnerschaft, S. 10. Siehe auch den
Jahresbericht 2002 des Bürgerhospitals Frankfurt am Main
e. V., S. 11-18, BHA.

352 Vgl. Jürgen Wauch, Liebe Leserinnen und Leser, in:
UT Nr. 35, März 2004, S.9, „Bettenabbau durch
Pauschalpreise", in: FR vom 7. September 2001 und
„Neue Ära in den Krankenhäusern startet ohne Glanz",
in: FR vom 3. Januar 2003.

353 Kosta Schopow, Festrede zur 225-Jahr-Feier des
Bürgerhospitals, 19. März 2004, BHA. Siehe auch die
Extra-Ausgabe des UT Nr. 9, Juli 2004: „Großes Fest zu
Ehren des Stifters".

354 Zitiert nach: Harald Kieffer, „Sie werden im Bürgerhospital
mit offenen Armen empfangen", in: UT-Extra Nr. 9, Juli
2004, S. 4.

355 Vgl. Harald Kieffer, „Dienstleister für die Kunden, die ins
Haus kommen", in: UT Nr. 29, September 2001, S. 2ff.

356 Sinngemäß: gebrauche es oder verliere es; zitiert nach:
„Die Symptome beginnen schleichend", in:
FR vom 5. September 2001. Vgl. Bürgerhospital (Hrsg.),
Informationen, S. 10f. und Philipp Jansen, Bedrohung:
Ohnmachtsanfall und Sturz, in: UT Nr. 35, März 2004,
S. 18-20.

357 Zitiert nach: Harald Kieffer, Der gemeinsame Traum vom
Kinderzentrum, in: UT Nr. 33, Mai 2003, S. 11. Zur
Chirurgischen Klinik: Das Bürgerhospital im Spiegel der
Presse, in: UT Nr. 28, Mai 2001, S. 10, Harald Kieffer,
Zunehmende Bedeutung der chirurgischen
Endokrinologie, in: UT Nr. 35, März 2004, S. 17f. und
Bürgerhospital (Hrsg.), Informationen, S. 12f.

358 Vgl. „Wochenstation des Bürgerhospitals wurde neu
gestaltet", in: FNP vom 3. März 2000 und Verena Geisel,
Neue Räume und neues Konzept, in: UT Nr. 26,
Juni 2000, S. 5.

359 Zitiert nach: „Ein neuer Chefarzt mit Visionen", in:
UT Nr. 35, März 2004, S. 11.

360 Ebd.

361 Ovarium = Eierstock.

362 Myom = gutartige Geschwulst des Muskelgewebes.

363 Vgl. „Neue Schwerpunkte für Glaukom-Erkrankungen
und Glaskörperchirurgie", in: UT Nr. 33, Mai 2003, S. 25,
Harald Kieffer, Ein breites therapeutisches Spektrum
anbieten, in: UT Nr. 34, November 2003, S. 10f. und Oliver
Schwenn, Neueste Untersuchungstechniken, in:
UT Nr. 35, März 2004, S. 24f.

364 Vgl. „Es kann jeden treffen. Deshalb haben Süchtige
Solidarität verdient.", in: FR vom 3. Januar 2002, „Ausgabe
von Heroin in der Frankfurter Innenstadt", in: FAZ vom
30. Januar 2002 und das PMV am 26. Juni 2002, BHA.

365 Angiographie = röntgenologische Darstellung von
Blutgefäßen mit Hilfe injizierter Kontrastmittel.

366 Vgl. Bürgerhospital (Hrsg.), Informationen, S. 19, „Moderne
Röntgentechnik im Bürgerhospital", in: FAZ vom 18. März
1999 und „Narkoseärzte verzichten auf Lachgas", in:
FR vom 10. Januar 2000.

367 Zitiert nach: „Freie Aussprache", in: UT Nr. 18, Oktober
1996, S. 6. Siehe auch: „Die Hilfe für die Schwestern und
Pfleger kam stets gut an", in: FR vom 11. Januar 2001,
Harald Kieffer, Mit beiden Füßen im Alltag der Stationen,
in: UT Nr. 29, September 2001, S. 9f., Claudia Welz,
Chancen der Qualitätsentwicklung genutzt, in:
UT Nr. 34, November 2003, S. 14 und Brigitte Roth,
Mitleidig und freundlich hatten Krankenwärter zu sein,
in: FAZ vom 19. März 2004.

Literaturverzeichnis

Appel, H.: Die freigemeinnützigen Krankenhäuser in Frankfurt am Main, in: Frankfurter Wochenschau, Sonderheft 23 (1961), S. 27-37.

Bary, August de: Geschichte der Dr. Senckenbergischen Stiftung 1763-1938. Ein Zeugnis des Frankfurter Bürgersinns in 175 Jahren, Frankfurt a. M. 1938.

Bary, August de: Johann Christian Senckenberg (1707-1772). Sein Leben auf Grund der Quellen des Archivs der Dr. Senckenbergischen Stiftung dargestellt, Frankfurt a. M. 1947.

Bary, August de: Johann Christian Senckenberg und seine Stiftung, Frankfurt a. M. 1935.

Bary, August de: Zur Pflegesatzfrage, in: Das Krankenhaus, Nr. 12 (1951), S. 240-242.

Bary, August de: Zusammenstellung der Geschehnisse der Dr. Senckenbergischen Stiftung in der Zeit von 1913-1953, Frankfurt a. M. 1953 (unveröffentlichtes Typoskript).

Bauer, Thomas: Das Alter leben. Die Geschichte des Frankfurter St. Katharinen- und Weißfrauenstifts, hrsg. vom St. Katharinen- und Weißfrauenstift, Frankfurt a. M. 2003.

Bauer, Thomas: Im Bauch der Stadt. Kanalisation und Hygiene in Frankfurt am Main 16.-19. Jahrhundert, Frankfurt a. M. 1998.

Bauer, Thomas: „Diese Frau ist geballte Energie." Lotte Mahler – Chefärztin und Ärztliche Direktorin am Bürgerhospital von 1947 bis 1964, in: UT Nr. 21, September 1997, S. 11.

Bauer, Thomas: „... die Hauptthätigkeit doch eine sociale ist." 125 Jahre Rotes Kreuz in Frankfurt am Main 1866-1991, Frankfurt a. M. 1991.

Bauer, Thomas: Senckenberg, in: Frankfurter Biographie. Personengeschichtliches Lexikon, Bd. 2, hrsg. von Wolfgang Klötzer, Frankfurt a. M. 1996, S. 376-381.

Bauer, Thomas: „der stede arzt" Stadt und Gesundheit in Frankfurt am Main vom Mittelalter bis zur Neuzeit, in: Vom „stede arzt" zum Stadtgesundheitsamt. Die Geschichte des öffentlichen Gesundheitswesens in Frankfurt am Main, hrsg. vom Stadtgesundheitsamt, Frankfurt a. M. 1992, S. 11-50.

Bauer, Thomas/ Hoede, Roland: In guten Händen. Vom Bockenheimer Diakonissenverein zum Frankfurter Markus-Krankenhaus 1876-2001, Frankfurt a. M. 2001.

Breiding, Birgit: Die Braunen Schwestern. Ideologie – Struktur – Funktion einer nationalsozialistischen Elite, Stuttgart 1998.

Browsky, Peter: Deutschland 1970-1976, Hannover 1980[4].

Bürgerhospital Frankfurt am Main e. V. (Hrsg.): Informationen für unsere Patienten, Frankfurt a. M. 2003.

Claus, Johann Andreas: Einweihungs-Rede in dem zur Senckenbergischen Stiftung gehörigen neuerbauten Burger- und Beysassen-Hospital allhier, am Sonntag Judica, 1779 gehalten, Frankfurt a. M. 1779.

Diehl, Robert: Frankfurt am Main im Spiegel alter Reisebeschreibungen vom 15. bis zum 19. Jahrhundert, Frankfurt a. M. 1939.

Drüner, Hans: Im Schatten des Weltkrieges. Zehn Jahre Frankfurter Geschichte von 1914-1924, Frankfurt a. M. 1934.

Ebeling, Gustav: Chronik der Dr. Senckenbergischen Stiftung 1900-1912, Frankfurt a. M. 1912 (unveröffentlichtes Typoskript, ASS Nr. 227).

Eulner, Hans-Heinz: Johann Christian Senckenberg (1707-1772) und sein Werk, in: Hessisches Ärzteblatt 22 (1961), S. 135-138 und 145-154.

Eulner, Hans-Heinz: Johann Christian Senckenbergs Tagebücher als historische Quelle, in: Medizinhistorisches Journal 7 (1972), S. 233-243.

Forstmann, Wilfried: Frankfurt am Main in Wilhelminischer Zeit 1866-1918, in: Frankfurt am Main. Die Geschichte der Stadt in neun Beiträgen, hrsg. von der Frankfurter Historischen Kommission, Sigmaringen 1991, S. 349-422.

Forstmann, Wilfried: Simon Moritz von Bethmann 1768-1826. Bankier, Diplomat und politischer Beobachter, Frankfurt a. M. 1973.

Freudenthal, Berthold/ Heilbrunn, Ludwig: Franz Adickes als Universitätsgründer, in: Franz Adickes. Sein Leben und sein Werk, hrsg. von der Frankfurter Historischen Kommission, Frankfurt a. M. 1929, S. 403-453.

Frölich, Andrea: Nachts schönste Zeit zum „Känguruhen", in: UT Nr. 35, März 2004, S. 16/17.

Gerber, Harry: Eine Herberge der Nächstenliebe. Zur Geschichte des alten Bürgerhospitals Stiftstr. 30, in: Frankfurter Wochenschau Nr. 47 vom 21. bis 27. November 1937, S. 547-549.

Goerke, Heinz: Arzt und Heilkunde. Vom Asklepiospriester zum Klinikarzt 3000 Jahre Medizin, München 1984.

Goethe, Johann Wolfgang von: Aus meinem Leben. Dichtung und Wahrheit, in: Goethes Werke, Bd. 9, hrsg. von Erich Trunz, München 1982[10].

Görtemaker, Manfred: Geschichte der Bundesrepublik Deutschland. Von der Gründung bis zur Gegenwart, München 1999.

Heibel, Jutta: Vom Hungertuch zum Wohlstandsspeck. Die Ernährungslage in Frankfurt am Main 1939-1955, Frankfurt a. M. 2002.

Hentschel, Volker: Geschichte der deutschen Sozialpolitik (1880-1980), Frankfurt a. M. 1983.

Hodes, Franz: Die Vorsitzenden der Dr. Senckenbergischen Stiftungs-Administration seit Senckenbergs Tod, in: Hessisches Ärzteblatt (1978), Heft 5.

Hofacker, Karl (Bearb.): Die Anstalten des Verbandes Frankfurter Krankenanstalten zu Frankfurt am Main, Düsseldorf 1932.

Hohenemser, Paul: Der Verfassungsstreit 1705-1732 und die Kaiserlichen Kommissionen, Frankfurt a. M. 1920.

Jetter, Dieter: Grundzüge der Krankenhausgeschichte (1800-1900), Darmstadt 1977.

Jütte, Robert: Obrigkeitliche Armenfürsorge in deutschen Reichsstädten der frühen Neuzeit. Städtisches Armenwesen in Frankfurt am Main und Köln, Köln, Wien 1984.

Kallmorgen, Wilhelm: Eine medizinische Fakultät in Frankfurt a. M. vor 120 Jahren, in: Westdeutsche Aerzte-Zeitung vom 1. Februar 1933.

Kallmorgen, Wilhelm: Siebenhundert Jahre Heilkunde in Frankfurt am Main, Frankfurt a. M. 1936.

Katscher, Liselotte: Geschichte des Ev. Diakonievereins und seiner Schwesternschaft, in: Die Diakonieschwester 90 (1994), S. 78-81.

Keval, Susanna: Widerstand und Selbstbehauptung in Frankfurt am Main 1933-1945. Spuren und Materialien, Frankfurt a. M., New York 1988.

Kirchner, Anton: Ansichten von Frankfurt am Main, der umliegenden Gegend und den benachbarten Heilquellen, 2. Teil, Frankfurt a. M. 1818.

Klötzer, Wolfgang (Hrsg.): Frankfurter Biographie. Personengeschichtliches Lexikon, Bd. 1, hrsg. im Auftrag der Frankfurter Historischen Kommission, Frankfurt a. M. 1994.

Klötzer, Wolfgang: Frankfurt am Main von der Französischen Revolution bis zur preußischen Okkupation 1789-1866, in: Frankfurt am Main. Die Geschichte der Stadt in neun Beiträgen, hrsg. von der Frankfurter Historischen Kommission, Sigmaringen 1991, S. 303-348.

Klötzer, Wolfgang: 200 Jahre Bürgerhospital in Frankfurt am Main (Festvortrag), in: 200 Jahre Bürgerhospital der Dr. Senckenbergischen Stiftung Frankfurt am Main 1779-1979, hrsg. von der Stiftungsadministration, Frankfurt a. M. 1979, S. 8-17.

Klötzer, Wolfgang: Die Deutsche Nationalversammlung 1848/49 in der Frankfurter Paulskirche, in: Ders., „Keine liebere Stadt als Frankfurt." Kleine Schriften zur Frankfurter Kulturgeschichte II, Frankfurt a. M. 2000, S. 412-427.

Kluke, Paul: Die Stiftungsuniversität Frankfurt am Main 1914-1932, Frankfurt a. M. 1972.

Knoblauch, Alexander: Das städtische Krankenhaus, in: Jahresbericht ueber die Verwaltung des Medicinalwesens, die Krankenanstalten und die Oeffentlichen Gesundheitsverhaeltnisse der Stadt Frankfurt a. M. 29 (1885), S. 125-129.

Koch, Fritz: „Die Artillerie des Nationalsozialismus."
Die NS-Gau-Presse vom „Frankfurter Beobachter" zur
„Rhein-Mainischen Zeitung" 1927-1945, in: Archiv für Frankfurts
Geschichte und Kunst 65 (1999), S. 9-52.

Koch, Rainer: Grundlagen bürgerlicher Herrschaft. Verfassungs-
und sozialgeschichtliche Studien zur bürgerlichen Gesellschaft
in Frankfurt am Main (1612-1866), Wiesbaden 1983.

Koch, Rainer (Hrsg.): Das Hospital zum Heiligen Geist.
Grundzüge seiner Entwicklung, Kelkheim 1989.

Köhler, Wilfried K.: Enge Verflechtung der Suchterkrankung
mit der Lebensgeschichte, in: UT Nr. 22, Dezember 1997 S. 13-15.

Kolb, Walter: Unsere Kommunalpolitik war richtig, in: Dem Ziele
näher. Jahresbericht 1955/1956 der Stadt Frankfurt am Main,
hrsg. vom Presseamt, Frankfurt a. M. 1956, S. 5-30.

Koopmann, Christian: Die Chirurgin Charlotte Mahler
(1894-1973). Ihr Leben und ihre Beiträge zur operativen
Versorgung der Lippen-Kiefer-Gaumenspalten, Diss.,
Frankfurt a. M. 1989.

Kramer, Waldemar: Eines Christen Schuldigkeit. Dr. Johann
Christian Senckenberg errichtete vor 200 Jahren seine Stiftung,
in: Frankfurt. Lebendige Stadt 3 (1963), S. 46-49.

Krämer, Leonie: Vom Mangel zum Wohlstand, in: Vom
„stede arzt" zum Stadtgesundheitsamt. Die Geschichte des
öffentlichen Gesundheitswesen in Frankfurt am Main, hrsg.
vom Stadtgesundheitsamt, Frankfurt a. M. 1992, S. 113-184.

Kriegk, Georg Ludwig: Die Brüder Senckenberg.
Eine biographische Darstellung, Frankfurt a. M. 1869.

Kropat, Wolf-Arno: Frankfurt zwischen Provinzialismus und
Nationalismus. Die Eingliederung der „Freien Stadt" in den
preußischen Staat (1866-1871), Frankfurt a. M. 1971.

Kulicke, Gustav: Das Lazarettwesen der Stadt Frankfurt am Main
im Ersten Weltkrieg 1914-1918, Frankfurt a. M. 1958
(unveröffentlichtes Typoskript, ISG).

Kutz, Corinna (Bearb.): Die Porträtsammlung der
Dr. Senckenbergischen Stiftung. Frankfurter Bildnisse aus fünf
Jahrhunderten. Bestandsverzeichnis und Ausstellungskatalog,
Frankfurt a. M. 2000.

Labisch, Alfons/ Spree, Reinhard: Die Kommunalisierung
des Krankenhauswesens in Deutschland während des 19. und
20. Jahrhunderts, München 1995.

Lorey, Johann Balthasar: Jahresberichte ueber das Frankfurter
Dr. Senckenbergische Bürgerhospital vorgetragen im ärztlichen
Verein zu Frankfurt a. M., Teil I: 1846 bis 1852, Göttingen 1854.

Lorey, Johann Balthasar: Jahresberichte über die medicinische
Abtheilung des Frankfurter Dr. Senckenbergischen Bürger-
hospitals, vorgetragen im ärztlichen Verein zu Frankfurt am Main,
Teil II: 1853 bis 1856, Frankfurt a. M. 1857.

Maly, Karl: Die Macht der Honoratioren. Geschichte der
Frankfurter Stadtverordnetenversammlung, Bd. 1:
1867-1900, Frankfurt a. M. 1992.

Maly, Karl: Das Regiment der Parteien. Geschichte der
Frankfurter Stadtverordnetenversammlung, Bd. 2: 1901-1933,
Frankfurt a. M. 1995.

Marcus, Emanuel: Die Anstalten für Krankenpflege, in:
Frankfurt am Main in seinen hygienischen Verhaeltnissen und
Einrichtungen. Festschrift zur Feier des Fünfzigjaehrigen Doctor-
Jubilaeums des Herrn Geh. Sanitaetsrath Dr. Georg Varrentrapp,
bearb. Von Alexander Spieß, Frankfurt a. M. 1881, S. 392-400.

Marcus, Emanuel: Dr. Georg Varrentrapp, in : Jahresberichte
ueber die Verwaltung des Medicinalwesens die Krankenanstalten
und die Oeffentlichen Gesundheitsverhaeltnisse der Stadt
Frankfurt am Main 30 (1886), S. 262-287.

Meidinger, Heinrich: Frankfurt's gemeinnützige Anstalten.
Eine historische Darstellung der milden Stiftungen, Stipendien,
Wittwen u. Waisen-, Hülfs- und Sparkassen, Vereine, Schulen etc.,
Bd. 1, Frankfurt a. M. 1845.

Mühlstein, Verena: Helene Schweitzer Bresslau. Ein Leben
für Lambarene, München 1988.

Müller, Christoph Sigismund (Hrsg.): Vollstaendige Sammlung
der kaiserlichen in Sachen Frankfurt contra Frankfurt ergangenen
Resolutionen und anderer dahin einschlagender Stadt-
Verwaltungs-Grund-Gesezzen, 2. Abteilung, Frankfurt a. M. 1777.

Müller, Hans-Werner: 25 Jahre Deutsche Krankenhausgesellschaft, in: Historia Hospitalium 11 (1976), S. 7-39.

Müller, Helmut M.: Schlaglichter der deutschen Geschichte,
Mannheim 1996.

Murken, Axel Heinrich: Geschichte des Hospital- und
Krankenhauswesens im deutschsprachigen Raum. Von den ersten
Hospitälern zur Zeit der Völkerwanderung bis zu den
Universitätskliniken der Gegenwart, in: Illustrierte Geschichte der
Medizin, Bd. 5, hrsg. von Sourina, Poulet, Martiny, Salzburg 1982,
S. 1595-1653.

Naujoks, Horst: Barrikadenkampf an der Schlimmen Mauer.
Das Bürgerhospital am verhängnisvollen 18. September 1848, in:
UT Nr. 24, Dezember 1998, S. 5.

Naujoks, Horst: Das Bürgerhospital und das
Gesundheitsstrukturgesetz, in: UT Nr. 16, Oktober 1995, S. 4/5.

Naujoks, Horst: Ein Dank für das Vorgestern. Transatlantischer
Dialog, Hamburg 2000.

Naujoks, Horst: Erfahrungen und Entscheidungen.
Senckenbergische Stiftung und Bürgerhospital 1981-1999,
Frankfurt a. M. 2003 (unveröffentlichtes Typoskript).

Naujoks, Horst (Red.): Die Dr. Senckenbergische Stiftung im
Jahre 1997, hrsg. von der Dr. Senckenbergischen Stiftung,
Frankfurt a. M. 1997.

Naujoks, Horst/ Preiser, Gert (Hrsg.): 225 Jahre
Dr. Senckenbergische Stiftung 1763-1988, Hildesheim 1991.

Oven, Anton Heinrich Emil von (Hrsg.): Neue Sammlung von
Gesetzen, Statuten und Verordnungen für Frankfurt a. M., Bd. 1,
Frankfurt a. M. 1872.

Preiser, Gert: Johann Christian Senckenberg und seine Stiftung,
in: 225 Jahre Dr. Senckenbergische Stiftung 1763-1988, hrsg.
von Horst Naujoks und Gert Preiser, Hildesheim 1991, S. 9-24.

Rebentisch, Dieter: Frankfurt am Main in der Weimarer Republik
und im Dritten Reich 1918-1945, in: Frankfurt am Main. Die
Geschichte der Stadt in neun Beiträgen, hrsg. von der Frankfurter
Historischen Kommission, Sigmaringen 1991, S. 423-519.

Reifenberg, Benno: Johann Christian Senckenberg in seiner Zeit,
in: Festansprachen anläßlich der 200-Jahrfeier der
Dr. Senckenbergischen Stiftung am 16.11.1963, hrsg. von der
Dr. Senckenbergischen Stiftung, Frankfurt a. M. 1963, S. 5-25.

Riege, Fritz: Kurzer Abriß der Gesundheitspolitik.
Das Gesundheitswesen in der Bundesrepublik Deutschland,
Frankfurt a. M. 1999.

Roth, Ralf: Stadt und Bürgertum in Frankfurt am Main.
Ein besonderer Weg von der ständischen zur modernen
Bürgergesellschaft 1760-1914, München 1996.

Scheidel, Sebastian Alexander: Geschichte der
Dr. Senckenberg'schen Stiftshäuser, Frankfurt a. M. 1867.

Schlosser, Karl: Welches sind heute die dringlichsten Aufgaben
auf dem Gebiete der Kommunalhygiene?, in: Deutsche Zeitschrift
für öffentliche Gesundheitspflege 1 (1924/25), S. 16.

Schmidt-Scharff, Wolfgang: Das Versorgungshaus in Frankfurt
am Main 1816-1924, Frankfurt a. M. 1924.

Schrotzenberger, Johannes Robert: Notizen über die
Dr. Senckenberg'sche Stiftung beider Institute von deren
Gründung (1763) bis zum Ende des Jahres 1855, Frankfurt a. M.
1857 (unveröffentlichtes Manuskript, ASS Nr. 225).

Schulze, Elli: SS-Ärzte und amerikanische Besatzer. Die Zeit im
Bürgerhospital von März 1945 bis April 1946, in: UT-Extra Nr. 3,
Juni 1992, S. 8-10.

Senger, Valentin: Kaiserhofstraße 12, München 1999[3].

Simon, Michael: Krankenhauspolitik in der Bundesrepublik
Deutschland. Historische Entwicklung und Probleme der
politischen Steuerung stationärer Krankenversorgung, Opladen,
Wiesbaden 2000.

Spieß, Alexander (Bearb.): Frankfurt am Main. Führer durch die Stadt mit besonderer Berücksichtigung der naturwissenschaftlichen, ärztlichen und hygienischen Anstalten und Einrichtungen, Frankfurt a. M. 1896.

Spree, Reinhard: Anspruch und Wirklichkeit der Krankenhausbehandlung im 19. Jahrhundert, in: Medizin, Gesellschaft und Geschichte 19 (2000), S. 143-151.

Stark, Edith: Die Behandlung der Augenpatienten vor ca. 30 Jahren durch das Pflegepersonal, in: UT Nr. 33, Mai 2003, S. 19-21.

Steen, Jürgen: „Frankfurt steht glänzend da ...!" Stadt und Wissenschaft im 19. Jahrhundert, in: Forschung Frankfurt 18 (2000), Heft 3, S. 16-27.

Steffan, Philipp: Allgemeine Ortskrankenkasse in Frankfurt a. M. 1884/85-1896, Sonderdruck aus dem Aerztlichen Vereinsblatt für Deutschland (1897), Nr. 352 und 353.

Stoltze, Friedrich: Ausgewählte Gedichte und Erzählungen in Frankfurter Mundart, hrsg. von Otto Hörth, Frankfurt a. M. 1913[4].

Stricker, Wilhelm: Geschichte der Heilkunde und der verwandten Wissenschaften in der Stadt Frankfurt am Main, Frankfurt a. M. 1847.

Varrentrapp, Georg: Zelt- und Barackenbau in Frankfurt a. M., in: Deutsche Vierteljahrsschrift für öffentliche Gesundheitspflege 3 (1871), S. 387-409.

Wauch, Jürgen: Es geht nicht nur um's Geld. Zur Pflegesituation aus der Sicht des Verwaltungsleiters, in: UT Nr. 7, Oktober 1992, S. 3/4.

Wauch, Jürgen: Höchste Priorität für die medizinische Versorgung, in: UT Nr. 19, Dezember 1996, S. 10/11.

Wauch, Jürgen: Zeit der Partnerschaft mit den Kostenträgern genutzt, in: UT Nr. 33, Mai 2003, S. 5-10.

Wendling, Friedrich: Die Dr. Senckenbergische Stiftung in den Jahren 1856 bis Ende 1899, Frankfurt a. M. 1911 (unveröffentlichtes Manuskript, ASS Nr. 226).

Wolff, Carl/ Jung, Rudolf (Bearb.): Die Baudenkmäler in Frankfurt am Main, Bd. 2: Weltliche Bauten, Frankfurt a. M. 1898.

Abkürzungen

ASS Archiv der Dr. Senckenbergischen
Stiftung (ISG)

BHA Bürgerhospital-Archiv des
Krankenhausdirektors

FAZ Frankfurter Allgemeine Zeitung

FNP Frankfurter Neue Presse

FR Frankfurter Rundschau

HVA Hofacker-Verband Archiv

ISG Institut für Stadtgeschichte
Frankfurt a. M.

MA Magistratsakten (ISG)

PAS Protokolle der Administrations-
Sitzungen der Dr. Senckenbergischen
Stiftung

PMV Protokolle der Mitgliederversammlungen
des Bürgerhospitals e. V.

PVS Protokolle der Vorstandssitzungen des
Bürgerhospitals e. V.

SB Senckenbergische Bibliothek
Frankfurt a. M. (Senckenberg-Archiv)

UT Rund um´s UhrTürmchen.
Das Hausblatt des Bürgerhospitals der
Dr. Senckenbergischen Stiftung

Bildquellennachweis

Berneburg, Karin 157 m. li., 158 o. li. und o. re.,
159 o. m. und o. re.

Dabrowski, Tadeusz 112

Ev. Diakonieverein Berlin-Zehlendorf e. V. 59 u., 82, 84, 94,
114, 122

Frauenklinik 159 u.

Grosse, Mick 123, 127 u.

Günther, Jochen 128

Hermann, Olaf 141

Historisches Museum Frankfurt 15, 18, 21, 22, 24, 26, 28, 35,
38, 41, 50, 61 u., 62 o., 63, 67, 70, 73, 81, 85

Institut für Stadtgeschichte Frankfurt 45, 52, 61 o., 62 u., 66,
83, 91, 93, 95, 96

Kolb, Ulrike 157 o.

Luftbildverlag Bertram GmbH, Haar 149

Oeser, Rolf 176

Orth, Falk 124, 132

Pagés, Gisela 133 re.

Platz, Joachim 136

Roselieb, Bernd 134, 138–140, 142, 146, 148, 156 m. li.

Scheffler, Gerd 119

Seitz-Gray, Ursula 118

Senckenbergische Bibliothek Frankfurt 19, 27, 44

Dr. Senckenbergische Stiftung Frankfurt 10–14, 16, 17, 20,
23, 25, 31, 33, 36 u., 39, 40, 42, 46, 48, 51, 53–57, 59 o., 60,
68, 69, 71, 74–76, 78–80, 86, 88, 89, 92, 100, 103–109, 111 u.,
117, 133 li.

Städelsches Kunstinstitut Frankfurt 36 o.

UhrTürmchen-Archiv 113, 121, 127 o., 145, 147

Valerius, Georg 137 u. re., 156 u. re.

Welzel, Petra 125, 129

Wiesemann, Hannelore 99, 111 o., 116

Wölfer, Alfred 137 o. und u. li., 143, 156 m. und u. li.,
157 u. li. und m. und re. m. und re. u.

Zapp, Sabine 90

Zapp-Klier Designer-Team Buchtitelbild, 130, 154, 156 o.,
156 m. re., 158 u., 159 o. li.

Zentralarchiv Albert Schweitzer, Günsbach 72

Danksagung

Das vorliegende Buch ist keine Einzelleistung.
Viele haben bei der Entstehung mitgeholfen.
Der gute Geist des Büros des Krankenhaus-
direktors seit 1983, Sigrid Marschas, hatte für
Fragen und Wünsche jederzeit ein offenes Ohr.
Bei Joachim Platz liefen alle Fäden zusammen.
Als Koordinator des Buchprojekts sorgte er für
einen reibungslosen Ablauf.

Im Institut für Stadtgeschichte ermöglichte
die Leitende Direktorin Dr. Evelyn Brockhoff
trotz Umbau des Lesesaals optimale Arbeitsbedingungen. Für den zweiten Teil der Hospital-
geschichte besorgte Björn Wissenbach
umfangreiche Recherchen, die insbesondere
für die Bebilderung sehr hilfreich waren.
Die Fotografen Ursula Seitz-Gray,
Michael Schmidt und Frank Plate steuerten
die Abbildungsvorlagen bei. Astrid Auktor und
Sybille Wilhelm haben den Text Korrektur
gelesen und ihm den letzten Schliff gegeben.
Sabine Zapp vom red.kommunikations-
management und das Diplom Designer Team
Zapp & Klier haben aus dem vorgelegten
Text- und Bildmaterial ein schönes Buch
gemacht.

Ihnen allen danke ich.

Frankfurt am Main, im November 2004
Thomas Bauer

Der Autor

Dr. Thomas Bauer promovierte 1997 nach
Geschichtsstudium und Museumsvolontariat
in Frankfurt am Main. Als freiberuflicher
Historiker hat er zahlreiche Bücher und
Ausstellungen zur Stadtgeschichte realisiert.
Die Geschichte des Gesundheits- und
Krankenhauswesens bildet einen Schwerpunkt
seiner Tätigkeit. Bauer ist Mitglied der
Frankfurter Historischen Kommission
und gehört dem Wissenschaftlichen Beirat
der Gesellschaft für Frankfurter
Geschichte e. V. an.